设计赋能乡村振兴：
理论与实践

陈国栋 ◎ 著

中国农业出版社
北 京

图书在版编目（CIP）数据

设计赋能乡村振兴：理论与实践 / 陈国栋著.
北京：中国农业出版社，2025. 3. -- ISBN 978-7-109
-33128-0

Ⅰ. F320.3
中国国家版本馆 CIP 数据核字第 20259FC528 号

设计赋能乡村振兴：理论与实践

SHEJI FUNENG XIANGCUN ZHENXING：LILUN YU SHIJIAN

中国农业出版社出版

地址：北京市朝阳区麦子店街 18 号楼
邮编：100125
责任编辑：郑　君　　文字编辑：张斗艳
版式设计：小荷博睿　　责任校对：张雯婷
印刷：北京中兴印刷有限公司
版次：2025 年 3 月第 1 版
印次：2025 年 3 月北京第 1 次印刷
发行：新华书店北京发行所
开本：700mm×1000mm　1/16
印张：15.75
字数：220 千字
定价：68.00 元

　　本书受浙江省哲学社会科学规划一般项目（22NDJC159YB）和国家社会科学基金一般项目（21BGL023）资助

　　乡村振兴是实现中华民族伟大复兴的一项重大任务，是新时代中国应对城乡发展不平衡、推动农业农村现代化的重要战略。然而，城乡二元结构的长期存在、农村人才流失、传统发展模式的局限性等问题，仍制约着乡村的可持续发展与全面振兴。如何在工业化与城市化浪潮中守护乡村本源、激活内生动力，成为亟待破解的难题。

　　在此背景下，"设计赋能"作为一种新兴的乡村建设策略应运而生。它突破了传统"外生"与"内生"二元对立的思维定式，以"新内生发展理论"为指引，强调"上下联动、内外共生"，通过整合内外部资源、激发多元主体参与，推动乡村社会、经济、文化、生态的协同发展。浙江省作为中国乡村振兴的先行者，其"千村示范、万村整治"工程不仅重塑了乡村面貌，更孕育出"艺术乡建"这一独特模式。艺术家驻村、文化景观营造、传统手工艺复兴等实践，将设计思维与社会创新深度融合，为乡村注入了新活力。2022年《关于推动文化产业赋能乡村振兴的意见》提出从"创意设计赋能"等层面推动文化产业赋能乡村振兴，为乡村建设提供创意设计支持。

　　本书以"设计赋能"为核心议题，构建了涵盖理论探索、路径分析与案例验证的研究框架，共分为八章，层层递进，逻辑严密。本书明确了设计赋能的双重使命：既要激活乡村文化价值，又要构建可持续的产业生态。将农民主体性、文化认同与资源整合置于核心位置，倡导跨学科协作与参与式决策，推动乡村治理从"政府主导"转向"多元共治"，指出设计不仅是空间美化的工具，更是解决社会问题、重构社会关系的媒介。

本书创新性地引入"组态思维"，以设计行为为条件变量、村民幸福感为结果变量，运用 fsQCA 方法（模糊集定性比较分析）构建了设计赋能乡村振兴的组态模型，量化了设计行为的组合效应，揭示出内生动力型乡村、文化活化型乡村、生态宜居型乡村、产业助推型乡村四类典型乡村发展路径，为乡村分类施策提供依据。本书以浙江省为样本，选取四个案例村庄验证了理论路径，结合"五重螺旋模型"，剖析了政府、企业、高校、村民与乡村资源在设计赋能中的互动机制，展现了设计赋能的多样性，也揭示了尊重乡村本源、强化主体参与、整合跨界资源的共性规律。

本书的价值体现在学术理论创新与为乡村振兴提供可复制、可推广的实践范式两个方面。在理论层面，有着三大突破：一是构建了跨学科的理论框架，将新内生发展理论、社会创新理论与社会设计思想深度融合，打破了学科壁垒，提供了新的乡村研究分析工具，其中"设计赋能组态模型"与"五重螺旋协同机制"填补了乡村社会创新系统化研究的空白；二是重新定义了设计角色，突破了"设计即美化"的狭隘认知，将设计定位为"社会关系的重构"与"多元价值的整合"，拓展了设计学社会干预边界，使设计成为推动乡村治理现代化的重要力量；三是通过类型学分析揭示了中国乡村振兴的差异化路径，阐明了乡村振兴需依据资源禀赋、文化传统与主体能力选择适配路径，为政策制定提供了科学依据，避免"一刀切"。在实践层面，也具有四重启示：通过参与式设计培育村民主人翁意识，激活内生动力，破解"等靠要"的被动局面；以文旅融合模式，利用设计赋能，通过 IP 打造、场景营造等手段，将传统文化转化为差异化竞争的核心资产，实现文化经济化；通过低干预设计、循环利用技术等生态设计实践，转化生态价值，协同推进生态保护与经济发展，为"绿水青山就是金山银山"提供注脚；以能人带动模式推动政府、企业、高校与村民深度协作，形成"资源互补—风险共担—利益共享"的多元共治创新生态。

　　《设计赋能乡村振兴：理论与实践》是一部兼具学术深度与实践温度的作品。它既是对浙江经验的系统总结，更是对中国乡村振兴道路的开拓性探索。在城市化与乡土性并存的今天，本书以设计为纽带，重新诠释了乡村的价值——不仅是粮食生产的基地，更是文化传承的载体、生态文明的窗口与社会创新的试验田。书中提出的理论模型与实践案例，为政策制定者、乡村建设者与学术研究者提供了宝贵的参考。期待本书的出版能够激发更多跨界对话，推动乡村振兴从"模式探索"迈向"范式创新"，为实现农业农村现代化注入持久动力。

　　　　　浙江大学中国农村发展研
　　　　　究院（CARD）首席专家

　　　　　　　　　　　　2025 年 2 月

2004 年到 2025 年，中央 1 号文件连续 22 年围绕 "三农" 工作展开部署。中央持续关注 "三农" 问题，有三个基本原因：一是，"三农" 问题一直是中国革命、建设和改革的重要问题。中国是农业大国，农业、农村和农民的稳定与发展直接关系到国家的长治久安。在中国历史进程中，无论是新民主主义革命时期的土地改革，社会主义革命和建设时期的农业制度探索，改革开放和社会主义现代化建设新时期的新农村建设，还是新时代的乡村振兴战略，"三农" 问题贯穿于其中，是国家发展的重要基础。解决 "三农" 问题，不仅有助于提升农业生产效率，改善农民生活，还能促进城乡协调发展，推动社会公平与效率的全面提升。二是，"三农" 问题是实现中华民族伟大复兴的基础问题。农业是国家的基础产业，只有农业发达，才能确保国家有足够的粮食和其他农产品储备，从而维护社会稳定和经济发展。农村是国家的根基所在，农村地区的发展状况直接影响国家的整体发展，农村地区的生态环境保护和文化传承是实现中华民族伟大复兴的重要组成部分。农民是国家的基石，农民的生活水平和幸福感直接关系到国家的稳定和发展，重视农民的教育和培训，提高他们的素质和能力，也是实现乡村振兴和国家现代化的重要途径。三是，"三农" 问题是应对每个时代风险挑战的需要。农业是国民经济的基础，粮食和其他农产品的稳定供应是国家经济安全的重要保障，在任何时期，确保农业生产的稳定和农产品的充足供应，都是应对各种经济风险挑战的基础。农村是中国社会的重要组成部分，农民是农业生产的主力军，提高农民收入，改善农村生活条件，对于维护社会稳定具有重要意义。农业、农村和农民的可持续发展是国家整体可持续发展的重要动力，通过推动农业现代化、农村基础设施建设和农民素质提升，可以为国家的发展提供源源不断的内生动力，从而更好地应对各种挑战。

尽管我国在农业农村领域取得了显著的发展成就，但城乡之间的发展不平衡以及农村发展的不充分性仍然较为突出。目前，城乡二元结构体制尚未得到根本性改变，农村边缘化的现象依然存在。这种边缘化具体表现为农村人口的持续减少、农村经济的相对衰退以及就业机会的显著缩减。自国家实施乡村振兴战略以来，各级政府开始以一种更为全面和综合的视角审视农村发展。从国内外乡村发展的学术研究来看，传统农村发展长期受到"外生"与"内生"二分法的局限。其中，"外生"模式侧重于自上而下的行政部门主导，核心在于解放农村生产力；而"内生"模式则强调自下而上的社区主导和农民积极参与。然而，随着全球城市化与工业化的加速推进，这两种传统理念已难以适应农村发展的新趋势。因此，一种旨在融合两者优势的"新内生发展理论"应运而生。该理念强调"上下联动、内外共生"，主张通过构建农村发展的内外关系网络，作为推动农村社会创新的主要路径，从而有效整合二分法的长处，促进农村的综合发展。在新内生发展理论的引领下，全球范围内兴起了一场规模宏大的乡村建设运动，极大地激发了社会各界参与乡村建设的热情。学者、专家、艺术家、回归乡村的创业者以及专注于古村落保护的青年志愿者等群体，纷纷积极投身于这一进程。在知识经济时代背景下，文化与创意产业已成为乡村振兴战略中不可或缺的关键要素，对于推动农村综合发展具有极其重要的意义。设计师（艺术家）作为文化与创意产业的核心力量，他们深入农村地区，不仅承担了社会学家的角色，还凭借自身的专业知识储备和社会影响力，致力于构建农村发展的多元化关系网络。通过运用艺术手段，他们发起了一系列旨在通过设计赋能提升乡村治理效能的活动，深入挖掘并弘扬乡村文化价值，有效激活了乡村传统手工艺，为农村经济的可持续发展注入了新的生机与活力。

对待农村所持的视角，将直接决定所采取的乡村建设策略。部分学者主张以工业化的理念引领农村发展，而另一部分则提议采用城市化的思路对农村进行改造。然而，深入分析这两种观点，我们可以发现其潜在的问题。若以工业化理念为主导来发展农村，可能会导致农村生态环境的破坏，资本过度榨取乡村资源价值，以及政府在农村地区的管理权限被进一步削弱。相反，若采用城市化的思路对农村进行改造，则可能使农村既无法具备城市应有的功能，又失去了其传统的文化价值，进而加剧农村的边缘化现象。鉴于工业化和城市化发展理念在农村实践中所遇到的困境，我们有必要重新审视并回归乡村的本源，探索更符合农村实际的发展路径。乡村的本源是什么？笔者认为：乡村是看得见的乡愁，乡村是中国传统文化的承载者，乡村是自然景观的保留地。设计师（艺术家）以公益性质介入乡村建设，他们既坚守乡村的本源特质，又致力于开拓可持续发展的路径。"艺术介入乡村建设，设计赋能乡村发展"已成为新时代乡村建设的典范模式，在中国广袤的土地上，此类乡村设计赋能的实践案例丰富多样。然而，将新内生发展理论与社会创新理论深度融合，对乡村设计赋能进行系统性研究的学术成果仍较为稀缺。

本书聚焦浙江省艺术介入乡村建设（以下简称"艺术乡建"）这一特色工程，深入剖析在艺术乡建的背景下，设计赋能的理论基础、实施路径及其运作机制。值得注意的是，尽管浙江省的艺术乡建项目直至2022年才首次被正式纳入政府部门的政策文件之中，但在浙江省的实践探索实则已历经二十余年。本书紧扣艺术乡建背景下的"设计赋能"这一核心议题，基于新内生发展理论、社会创新理论以及社会设计思想的学术框架，旨在揭示设计赋能推动乡村振兴的理论逻辑，探讨设计赋能所塑造的多样化乡村，以及设计赋能在新内生发展视阈下所遵循的规律与特征。具体而言，本书旨在达成以下研究目标：其一，深入探索设计赋能的理论基础。鉴于设计赋能"实践先行"的显著特点，本书旨在从新内生发展理论与社会创新理论的视角出发，系统地阐释设计赋能的概念内涵、理论框架及应用范畴，并揭示其内在的逻辑脉络。此举旨在为中国乃至全球的乡村设计赋能现象提供理论支撑与指导。其二，基于组态思维，构建设计赋能乡村振兴的组态模型。本书将从设计行为与农民幸福感的角度出发，构建一套全面的设计赋能乡村振兴组态模型，进而采用科学方法计算出相关的路径。在此基础上，本书将进一步探讨每条路径下乡村发展的典型特征与规律，为深入理解设计赋能的多元影响提供有力依据。其三，通过对四个典型案例的深入分析，提炼出中国乡村振兴语境下设计赋能的"新内生"规律。结合五重螺旋模型，本书将分析框架聚焦于政府、企业、设计师、村民以及乡村资源这五个关键要素，详细探讨它们在设计赋能过程中的作用与角色。在此基础上，本书将构建设计赋能的乡村振兴"新内生"模式，为后续更加科学、有效地开展艺术乡建实践提供可借鉴的依据与有价值的参考，以期助力中国乡村实现持续、稳定的振兴与发展。

本书得出的研究结论如下：其一，新内生发展理论、社会创新理论和社会设计思想奠定了设计赋能的理论基础。设计赋能以社会设计为手段，在新内生发展理论与社会创新理论的基础上得以深化。新内生发展理论强调资源内生、农民参与和文化认同，为设计赋能提供了资源整合、农民主体性和文化价值挖掘的理论支撑。社会创新理论则注重开放性、加速度以及以人为本的参与式协作，为设计赋能引入了创新思维、社会关系重构和经济收益导向的实践路径。两者共同构建了设计赋能的理论框架，强调通过设计思维和方法，整合内外部资源，激发乡村内生动力，实现社会、产业、文化和生态的全面发展。设计赋能不仅注重提升乡村外在形象，更注重价值共创与传递，跨领域合作与资源整合，推动乡村产业、人才、文化、生态和组织全面振兴。其二，设计赋能塑造出四种不同类型的乡村：内生动力型乡村、文化活化型乡村、生态宜居型乡村和产业助推型乡村。内生动力型乡村强调通过提高农业生产效率和村民参与，激发乡村内生发展动力，实现"以人为中心"的农村发展模式。文化活化型乡村则注重挖掘和转化乡村文化资源，重塑乡村文化，同时引导村民参与和开发乡村产业，形成文化振兴的乡村图景。生态宜居型乡村关注生态环境改善、特色风貌保留和美好社会关系建构，通过设计赋能保护建筑风格、改善人居环境，打造生态宜居的乡村环境。产业助推型乡村则将产业兴旺放在首位，通过开发乡村产业、保障公共安全、打造宜居环境等要素的组合，提升村民幸福感，实现乡村振兴。这四种类型的乡村各具特色，共同构成了我国乡村振兴战略下的多元发展模式。其三，设计赋能是一个涉及多元主体参与和互动的、复杂的社会文化系统。政府组织协调、资助支持并监管引导；设计师引领文化、介入社会并教育村民；企业连接艺术与项目，推动经济多元化，增强乡村韧性；村民作为内生动力源，体现主体性并创造文化；乡村资源为设计赋能提供素材，经挖掘创新转化为市场竞争力产品，共促乡村振兴。设计赋能中，政府、设计师、企业、村干部与村民等多元主体通过参与式决策、价值共创和利益共享形成紧密互动。政府提供政策与资源，设计师引领创意，企业带来效益，村干部组织协调，村民积极参与，多元主体共同推动乡村文化建设、经济发展与社会进步，实现共赢。

本书承蒙浙江大学中国农村发展研究院（CARD）首席专家黄祖辉教授作序推荐，在此表示诚挚感谢。在本书撰写过程中，得到台州学院韩秀平博士、唐跃武博士、杨卫忠博士，台州市委党校刘远鑫老师的鼎力支持。韩秀平博士整理汇编了第五章和第六章的第一手材料，唐跃武博士随我一起调研，整理汇编了第四章和第七章的第一手材料，刘远鑫老师收集汇编了我国乡村振兴的政策举措，杨卫忠博士对全书进行审定，提出了一些极具价值的修改意见。同时，还要感谢台州学院陈梓轩、廖芮、邱志超、信吉焕、顾沈豪、王锦、刘士欢、施文清等学生。特别感谢台州学院柯胜海教授、叶高峰教授、塔后村村支书陈孝形先生、松阳县横坑村玖层美术馆杨洋女士的支持。后续，将继续与叶高峰教授、陈孝形先生、杨洋女士推进艺术乡建的田野实验，将本书的研究成果进行实践转化。

陈国林

2025 年 2 月于文景苑

目录

CONTENTS

序

前言

第六章　设计赋能的生态宜居型乡村：以横坑村为例

第七章　设计赋能的产业助推型乡村：以塔后村为例

第八章 结论与启示

第一章

绪　　论

第一节　研究背景与意义

　　目前，中国的乡村建设已逐渐形成政府主导、市场推动和社会组织拉动三种模式（张挺等，2018）。作为社会组织拉动乡村振兴的重要手段，社会设计在解决乡村问题、提升乡村品质、促进乡村可持续发展，从而拉动中国"自下而上"的乡村振兴中起到了举足轻重的作用。由此形成了一种以社会设计为手段的乡村振兴模式：设计赋能。

一、研究背景

　　民族要复兴，乡村必振兴。实施乡村振兴战略，是在中国特色社会主义进入新时代的背景下，党中央作出的具有深远意义的重大战略决策。自 2004 年以来，连续 22 年的中央 1 号文件聚焦于"三农"工作，为乡村振兴战略的实施奠定了基础。在党的十九大报告中，乡村振兴战略被正式提出。2018 年，中央 1 号文件《中共中央　国务院关于实施乡村振兴战略的意见》以及随后印发的《乡村振兴战略规划（2018—2022 年）》，对乡村振兴战略的实施进行了全面而深入的部署，明确了新时代背景下实施乡村振兴战略的重大意义、总体要求、具体目标任务等。2021 年，《中共中央　国务院关于全面推进乡村振兴加快农业农村现代化的意见》旨在提升农村公共服务水平，强化农业农村优先发展投入保障，并强化五级书记抓乡村振兴的工作机制等。同年，十三届全国人大常委会第二十八次会议审议通过了《中华人民共和国乡村振兴促进法》，该法从乡村产业、乡村人才、乡村文化、乡村生态、乡村组织、城乡融合、扶持措施等多个维度，为我国全面实施乡村振兴战略提供了法制保障，进一步推动了乡村振兴的法治化、规范化进程。2023 年，《中共中央　国务院关于做好 2023 年全面推进乡村振兴重点工作的意见》聚焦于全面推进乡村振兴的重点工作，包括强化农业科技和装备支撑、巩固拓展脱贫攻坚成果、推动乡村产业高质量发展、拓宽农民增收致富渠道等。2024 年，中央 1 号文件要求学习运用"千村示范、万村整治"工程（以下简称"千万工程"）的发展理念、工作方法和推进机制。这一系列文件的出台，为乡村振兴战略的实施提供了清晰的路径和有力的指导。在党的二十大报告中，"全面推进乡村振兴"被确立为"加快构建新发展格局，着力推动高质量发展"的五大举措之一，并明确提出了"统筹乡村基础设施和公共服务布局，建设宜居宜业和美乡村"的发展目标。这不仅体现了党中央对乡村振兴工作的高度重视，也为我国未来乡村发展的方向和路径提供了明确的指引。

浙江省，作为中国经济发展的前沿阵地之一，近年来在乡村振兴领域取得了斐然成就。其中，"千万工程"作为标志性举措，不仅极大地改善了农村人居环境，还促进了乡村产业、生态、文化等多维度的全面发展。在此背景下，艺术乡建运动逐渐兴起，为乡村振兴事业注入了崭新的活力与动能。艺术与文化的深度融合，以及创造力的激发，被视为推动乡村社区建设（Duxbury and Campbell，2011）和实现可持续振兴（Qu and Cheer，2021）的关键因素。2021 年，文化和旅游部发布的《"十四五"文化产业发展规划》明确指出，要大力发展县域和乡村特色文化产业，推动城乡融合发展。随后，在 2022 年 3 月，文化和旅游部等六部门联合出台的《关于推动文化产业赋能乡村振兴的意见》深入剖析了"赋能什么""谁来赋能""怎样赋能"的核心问题，为文化产业助力乡村振兴提供了清晰的方向指引。同年 5 月，浙江省委宣传部等三部门携手发布了《关于开展"艺术乡建"助力共同富裕的指导意见》，这一文件为艺术乡建工作绘制了详尽的指导蓝图，指明了行动路径。到了2023年，中央1号文件再次强调，要实施文化产业赋能乡村振兴计划。这一系列自上而下的政策支持，不仅为艺术力量深入乡村、文化力量推进乡村振兴提供了前所未有的战略机遇，更为乡村振兴的宏伟蓝图增添了浓墨重彩的一笔。

浙江的艺术乡建项目使艺术介入乡村发展，通过实施艺术家驻村计划、策划丰富多彩的文化活动以及构建特色艺术景观等策略，来解决乡村发展问题，已经成为中国社会设计的独特模式（李牧，2024），同时，社会设计思想和工具为艺术乡建运动奠定了方法论基础。本书将基于社会设计的艺术乡建运动定义为乡村"设计赋能"运动，在艺术乡建的背景下，对设计赋能机制的深入探索显得尤为迫切，具体表现在以下几个方面：首先，社会设计作为一种新兴的设计理念与方法，在艺术乡建项目中得到了广泛应用。它秉承用户中心原则，致力于解决社会问题（Margolin V，2015），提升民众生活质量。随着社会设计理念的日益普及，越来越多的艺术乡建项目倾向于采用社会设计作为主要策略。因此，设计赋能研究需紧跟这一潮流，深入剖析艺术乡建中的设计路径与成效。其次，艺术融入乡村发展的理论体系建设同样迫切需要设计赋能研究的深化，设计赋能是推动乡村全面振兴的关键举措之一。研究设计赋能，旨在发掘更多符合乡村实际条件及长远发展愿景的赋能模式方法与运作机制，为乡村的全面振兴提供坚实的理论与实践支撑。

二、研究意义

设计赋能乡村振兴具有重要的理论与实践意义，在理论方面它丰富了乡村振兴的理论体系并且拓展了设计学的研究领域，实践意义表现在推动乡村持续发展、提升乡村品质上。

（一）从跨学科视角丰富了乡村振兴的理论体系

乡村设计赋能将设计学与社会经济学、公共管理学等学科知识相融合，吸纳了新内生发展理论、社会创新理论以及社会设计思想的核心观点。在新内生发展理论和社会创新理论的指导下，乡村设计赋能蕴含了丰富的理论价值。

新内生发展理论强调乡村发展的自主性和可持续性，主张在尊重乡村原有资源与文化的基础上，通过合理规划和有效整合内外部资源（Ray，2006；Bock，2016），实现乡村经济、社会、文化的全面进步。该理论为乡村设计赋能提供了宏观的指导框架，促使设计师在实践中更加注重乡村内部潜力的挖掘与发挥，以及外部资源的引入与融合，从而推动乡村多维度的可持续发展（Qu and Cheer，2021；Qu and Zollet，2023a）。社会创新理论进一步强调了创新在乡村发展中的重要性，认为通过创新性的设计思维和方法，可以解决乡村发展中遇到的各种问题（Chen et al.，2022），提升村民的生活质量和幸福感。在乡村设计赋能中，社会创新理论的应用体现在对乡村社区内外部多元主体的关注上（Richter and Christmann，2023），包括政府、企业、高校、社会组织以及村民等（张海彬等，2022），通过设计活动促进他们之间的交流与合作（吴文治等，2023），共同推动乡村社会的创新发展。

乡村设计赋能融合了新内生发展理论和社会创新理论，实现了乡村内外部资源的有机整合，推动了乡村多维度的可持续发展。更为重要的是，乡村设计赋能激发了乡村社区内部的创新活力。通过设计，村民被赋予了更多的参与权和决策权（丛志强和张振馨，2022），他们的智慧和创造力得到了充分的发挥，为乡村发展注入了源源不断的动力。同时，乡村设计赋能也注重提升村民的生活品质，通过改善乡村环境、提升公共服务水平等方式，让村民享受到更加便捷、舒适、美好的生活环境。

（二）乡村设计赋能从乡村物质空间拓展到乡村社会关系

乡村设计赋能理念不仅聚焦于乡村的建筑风貌、自然景观与空间结构，而且深入探究了村民间的互动关系、社会组织的架构与功能，以及乡村与外部环境之间的联结机制，这涵盖了村民间的协作与互助模式、社区组织的构建、乡村的凝聚力提升及自治能力强化（Lu and Qian，2023）等方面，尤其强调了对乡村社会网络的构建与优化（Jørgensen et al.，2021）。在此基础上，乡村设计赋能进一步将设计范畴延伸至乡村的产业体系与文化内涵（陆梓欣和齐骥，2022），致力于通过整合与优化乡村产业，培育特色与新兴产业（张朵朵，2020），从而增强乡村产业的综合竞争力。同时，在设计中融入当地传统工艺元素，以彰显乡村建筑的独特风貌，并展现丰富的乡村文化底蕴。

此外，乡村设计赋能还推动了社会关系设计方法的创新。具体而言，它采用参与式设计策略（唐啸，2017），积极吸纳当地居民参与设计流程，广泛听取其意见与建议；实施协同设计（张朵朵和季铁，2016；徐聪，2021），促进跨学科、跨领域的合作与交流；并运用数字化设计手段（王鹏飞和李祯，2024；邹其昌和许王旭宇，2022），如地理信息系统（GIS）、虚拟现实技术（VR）等，对乡村的空间布局、产业发展、文化资源等进行深度剖析与可视化呈现，为乡村设计赋能提供了更为科学、直观的理论支撑与实践指导。

（三）乡村设计赋能在推动乡村可持续发展方面具有重要的实践意义

设计赋能，作为一种新兴的乡村发展与治理模式，通过设计的介入影响着乡村建设的各个方面，不仅丰富了乡村的文化生活，还全面促进了乡村经济与社会的协同发展。其实践意义具体体现在以下几个维度：首先，设计赋能能够有效激活乡村文化（陆梓欣和齐骥，2022，方李莉，2018）。设计作为一种乡村文化表达形式，能够挖掘并展现乡村独特的历史底蕴、风俗习惯与自然景观（徐聪，2021），进而增强乡村的文化自信与集体认同感（何人可等，2016）。通过设计策划各类艺术活动，诸如绘画展览、雕塑创作、民俗节庆庆典等，不仅能够吸引村落外部游客的关注，提升乡村的知名度与吸引力，还能有效带动乡村旅游业的发展（Qu and Zollet，2023a），为乡村文化产业的繁荣注入新的活力。其次，设计赋能对于促进乡村经济的持续增长具有显著作用。设计项目往往能够成为乡村经济的新增长点，通过设计师与艺术家的专业介入，可以为传统农业产品增添独特的文化附加值，如通过创新的包装设计显著提升农产品的市场竞争力（黄海涛，2020）。同时，设计赋能还能够吸引外部投资，创造更多的就业机会，从而有效促进当地居民收入水平的提升（Qu and Cheer，2021），为乡村经济的多元化发展奠定基础。再者，设计赋能对于改善乡村环境具有不可忽视的积极作用。设计的介入能够显著提升乡村的美学价值，优化乡村的居住环境（吕品晶等，2023）。通过实施公共设计项目，如街道美化工程、艺术公园建设等，不仅能够有效提升乡村的整体形象，还能显著增强居民的幸福感与归属感（徐聪，2021），为构建宜居宜业的美丽乡村提供有力支撑（设计编辑部，2023）。最后，设计赋能有助于推动乡村社会创新。设计赋能倡导跨学科合作（郭寅曼和季铁，2018），鼓励不同领域的专家与当地村民共同参与乡村建设的全过程。这种创新的合作模式能够激发新的创意与解决方案，为解决乡村在教育、卫生、环境保护等方面面临的社会问题提供支持（钟芳和刘新，2018），为乡村社会的可持续发展注入新的动力。

第二节 研究内容与方法

一、主要研究对象

2003年，浙江"千村示范、万村整治"工程开始启动，该工程以改善农村生产、生活、生态的"三生"环境为核心目标（严力蛟，2024）。历经 20 余年的不懈努力，浙江凭借"千万工程"的成功实践，成为全国乡村振兴的典范，并孕育出了十大乡村振兴模式。这些成就不仅改善了农村人居环境，还推动了城乡融合发展，促进了乡村产业的蓬勃兴起，提升了乡村治理的效能，改善了农民的精神风貌，其影响力已远播国内外（专题调研组，2023）。鉴于此，2024 年 2 月，中共中央、国务院正式颁布了《关于学习运用"千村示范、万村整治"工程经验有力有效推进乡村全面振兴的意见》，明确号召全国各地深入学习并借鉴"千万工程"的发展理念、工作方法及推进机制，以期在更广阔的范围内推动乡村的全面振兴。浙江的艺术乡建作为"千万工程"重要组成部分，也以其独特的魅力和成效，为乡村的文化繁荣与发展增添了新动能。以浙江为例，探索艺术乡建背景下的设计赋能现象，具有典型性、科学性和说服力。

（一）设计赋能的理论基础

新内生发展理论强调当地资源和外部资源的交织融合以及系统内外部的协调联动（文军和刘雨航，2022；顾鸿雁，2021）。这一理论视角下，乡村设计赋能不再仅仅依赖于外部资源的输入，而是更加注重挖掘乡村自身的文化、生态和经济潜力，通过设计手段将这些潜力转化为乡村发展的新动力。设计赋能是连接乡村内部资源和外部需求的桥梁，既促进了乡村内部资源的合理利用，又满足了外部社会对乡村特色文化或产品的需求，实现了乡村与外部社会的良性互动。社会创新理论则强调通过创新性的方法解决社会问题，提升社会整体的福祉（刘志阳等，2018）。在乡村设计赋能中，社会创新理论的应用体现在鼓励跨学科、跨领域的合作，推动设计思维与方法在乡村建设中广泛应用。设计赋能不再局限于传统的设计学领域，而是融合社会经济学、公共管理学等多学科的知识与方法，形成了跨领域的创新解决方案。鉴于此，本书将详细阐述新内生发展理论、社会创新理论与社会设计思想的学术史，它们之间的内在逻辑关系，以及这些理论在设计赋能中的应用和体现。同时，基于以上理论，还会详细探讨艺术赋能、设计赋能的概念和脉络，尤其是重点阐述设计赋能的理论边界和应用边界。

（二）设计赋能在塑造多样化乡村中的应用与解析

设计赋能作为一项复杂而系统的工程，在推动乡村振兴的进程中，展现出独特的价值与潜力。设计赋能通过一系列设计行为的组合，如乡村安全设计的强化、基础设施的现代化改造以及生态环境的优化提升等，为乡村的全面发展注入活力。这些设计行为并非孤立存在，而是相互交织、共同作用的，进而形成了多样化的乡村发展路径与模式。在这一背景下，我们引入组态思维（杜运周等，2021）来解析设计赋能对不同乡村塑造的影响。组态思维强调系统内部各元素之间的组合关系与配置状态对系统整体的影响（杜运周和贾良定，2017），这与设计赋能中不同设计行为组合导致乡村差异化的现象高度契合。因此，构建组态模型成为对乡村分类分析的有效工具，它能量化评估不同设计行为组合对不同类别乡村产生的具体影响，从而揭示设计赋能的内在逻辑与规律。为了深入探究设计赋能在不同类型乡村中的具体应用与效果，本书选取了一系列典型的设计赋能型乡村作为案例研究对象。通过对这些案例的细致分析与解读，不仅揭示了每种类型乡村在设计行为上的独特之处，还深入剖析了这些设计行为如何与乡村的地理环境、历史文化、社会经济等因素相结合，共同塑造了乡村的独特特征。

（三）设计赋能在新内生发展视角下的规律遵循与特征体现

设计赋能作为一种乡村建设策略，核心在于强调乡村内部利益相关者的深度合作与价值共创过程，旨在通过集体智慧的汇聚与资源的有效整合，最大化地实现乡村的多元价值。在这一核心内涵的指引下，五重螺旋模型作为一种具有高度复杂性的理论分析框架（Carayannis and Campbell，2011），为我们提供了一种透视设计赋能运作机制的全新视角。五重螺旋模型明确地界定了五种核心的创新主体：政府、行业（企业）、高等教育机构、公民社会以及自然资源（霍影，2023）。这些主体在创新生态系统中各自扮演着不可或缺的角色，并通过遵循资源整合与利用的特定规律，共同驱动着整个系统的协同发展。五重螺旋模型的核心观点与乡村新内生发展的核心理念不谋而合，均强调乡村社区内部各子系统之间必须实现紧密协同与互动，以此作为实现乡村全面振兴的基石。

为了更为深入地探讨设计赋能在新内生发展中的运作规律和独特特征，本书选取四个具有代表性的乡村进行案例分析。这些案例不仅展示了政府、企业、设计师、村民以及乡村资源在设计赋能过程中所发挥的关键作用，还揭示了它们如何通过高效的资源整合与利用策略，有力地推动了乡村的转型升级与可持续发展。尤为重要的是，设计赋能重视并尊重村民的自主性与创造性，鼓励他们全方位地参与到乡村发展的进程中来。因此，在每个案例的分析中，我们都将村民的主体地位与参与度作为研究的重点，深入剖析村民在设计赋能过程中所扮演的核心角色以及所发挥的积极作用。

二、主要研究内容

第一章是绪论。本章开篇即探讨了设计赋能乡村振兴研究的时代脉络与学术价值，明确了研究的核心对象——乡村振兴中设计赋能的理论与实践。通过对研究内容的系统梳理与研究方法的选择，本章为后续研究奠定了基础。具体而言，本章阐述了在当前时代背景下，乡村振兴的重要性和紧迫性，以及设计赋能作为新兴策略在其中的独特作用。同时，通过明确研究对象，即设计如何在乡村振兴中发挥效能，本章进一步界定了研究的边界与范围。

第二章是设计赋能乡村振兴的理论基础。本章深入探讨设计赋能乡村振兴的理论基础，选取新内生发展理论、社会创新理论和社会设计思想作为理论基础。首先，详细阐述内生式发展理论向新内生发展理论的演进过程，以及这两个理论的核心观点与实践应用。其次，对社会创新理论的核心概念及其在现实中的应用进行全面剖析。再次，对社会设计的研究历程进行系统梳理，回答社会设计的基本定义、运作机制及其潜在问题。在此基础上，本章进一步探讨社会设计在中国乡村振兴过程中的两种典型表述——艺术赋能与设计赋能，对两者的定义、研究现状及相互关系进行深入剖析。最后，运用新内生发展理论和社会创新理论，对设计赋能的理论和应用边界进行界定，明确了设计赋能作为中国艺术乡建独特手段的重要地位。

第三章是设计赋能乡村振兴的路径探索。在新内生发展理论、社会创新理论和社会设计思想的基础上，本章提炼出设计赋能乡村振兴的路径。本章以设计赋能的六种设计行为为条件变量，以村民幸福感为结果变量，采用组态思维构建研究模型。通过综合运用基于组态的 fsQCA 方法和田野访谈法，本章计算出产生村民幸福感的设计行为组态。结合我国设计赋能乡村振兴的现实基础，本章归纳出四种类型乡村：内生动力型乡村、文化活化型乡村、生态宜居型乡村和产业助推型乡村。

第四章是设计赋能的内生动力型乡村：以葛家村为例。本章以浙江省宁波市宁海县葛家村为例，探讨设计赋能在内生动力型乡村中的应用。首先介绍葛家村的地理面貌、社会经济状况及设计赋能的背景。然后围绕引导村民参与、确保村民安全感、开发乡村产业及改造基础设施等四个设计赋能行为，详细阐述葛家村设计赋能的四个阶段及其产生的影响力。最后，本章归纳出"政府-设计-市场"三元治理模式，为内生动力型乡村的乡村振兴提供了可借鉴的经验。

第五章是设计赋能的文化活化型乡村：以沙滩村为例。本章以浙江省台州市黄岩区沙滩村为例，探讨设计赋能在文化活化型乡村中的应用。首先介绍沙滩村的文化历史及设计赋能的历程，然后详细分析实现文化活化的关键要素及成效，并使用五重螺旋模型对沙滩村设计赋能中的设计团队、地方政府、产业、村民和乡村文化资源的作用和关系进行深入解读。本章揭示了这些要素在设计赋能过程中的重要作用，为文化活化型乡村的乡村振兴提供了理论依据和实践指导。

第六章是设计赋能的生态宜居型乡村：以横坑村为例。本章以浙江省丽水市松阳县横坑村为例，探讨设计赋能在生态宜居型乡村中的应用。首先介绍横坑村的地理特征、生态环境及乡村文化。然后围绕设计赋能这一主题，详细阐述打造宜居环境、引导村民参与、改造升级基础设施及确保村民安全感等四种设计赋能行为。在此基础上，本章进一步讨论了设计师与政府、村民、企业与乡村资源等多元主体之间的互动机制，为生态宜居型乡村的乡村振兴提供了新的视角和思路。

第七章是设计赋能的产业助推型乡村：以塔后村为例。本章以浙江省台州市天台县塔后村为例，探讨设计赋能在产业助推型乡村中的应用。首先介绍塔后村的产业基础及设计赋能的过程。然后详细分析设计赋能行为及取得的成效，并归纳出塔后村"能人带动"的设计赋能模式。在此基础上，本章深入剖析了在这种模式中村干部、政府、行业企业、村民和自然资源等要素的角色和作用，为产业助推型乡村的乡村振兴提供了有益的借鉴。

第八章是结论与启示。本章对全书的研究结论进行系统梳理和总结，凝练出研究的主要贡献和未来的研究方向。同时，本章深入剖析我国设计赋能在实践中存在的困境和挑战，并在此基础上提出了持续推进艺术乡建的方向和对策建议。这些结论和启示对于推动我国乡村振兴事业的深入发展具有重要的理论和实践意义。

三、主要研究思路与方法

现今对乡村设计的研究过多集中于设计赋能的方法、步骤，更多是从设计学理论出发关注设计本身，缺乏从创新驱动视角对设计赋能后的乡村类型，以及各种类型乡村的嬗变过程与机制进行深度解读。本书以问题为导向，遵循"现象阐述→理论建构→理论路径→案例解读→研究发现（理论贡献）"的逻辑思路，首先，对中国乡村的设计赋能现象进行解读，包括设计赋能现象所涉及的新内生发展理论、社会创新理论和社会设计思想，辨析艺术赋能与设计赋能区别与联系；其次，运用新内生发展理论、社会创新理论和社会设计思想建构设计赋能的组态模型，并基于组态思维进行 fsQCA 计算，得到设计赋能乡村振兴的可能模式，在设计赋能与乡村振兴之间进行理论嫁接，并产生新的理论路径；再次，选择合适案例对设计赋能的不同类型乡村进行案例解读，探寻这些乡村从资源匮乏到和美乡村嬗变的设计赋能过程、关键设计行为及其成效，采用五重螺旋模型，重点归纳设计师、企业、政府、村民和乡村资源在设计赋能中的作用；最后，对整体研究进行系统梳理，凝练出具有中国特色的设计赋能新理论。运用 QCA 和案例分析对以上研究内容层层展开，具体的研究方法有：

1. 基于系统思维的文献研究。文献研究从三个层面展开：一是理论文献的梳理。在乡村发展的情境中，围绕内生发展、社会创新、社会设计等主题，检索近年来的理论研究文献，通过系统的文献汇总和细致的文献阅读，从是什么（概念与内涵）、怎么样（影响与应用）、与设计赋能的关系等三方面评述学术研究脉络，并且从学理上对赋能乡村振兴的设计行为、村民内生动力表征和乡村创新发展机理之间的逻辑关系进行关联。二是政策性与报道类文献的梳理，包括中央和地方有关"乡村设计""艺术乡建""艺术赋能""乡村振兴"等的政策文件，以及对案例村庄的新闻报道材料。从文件和报道中梳理政府、企业、设计师、村民、乡村资源等要素条件的配置要求，进一步推断我国乡村设计赋能的保障机制，凝练设计赋能视角下的我国乡村社会创新规律。三是访谈整理的语言文字。本书的相关研究成员走访浙江省 10 个设计赋能乡村，与 500 多名受访者（包括村民、村干部、外来务工人员、设计师、其他相关者）进行面对面访谈，得到了第一手资料数据。文献研究遵循交叉验证的原则，具有两个特征：一是文献来源多元化，既有国内文献又有国外文献，既有政策文件又有新闻报道资料，这些文献能够从不同角度验证同一个规律；二是文献之间可以相互印证，保证了资料的可信度。

2. 基于组态思维的 fsQCA 方法。QCA 是一种集合质性分析和案例研究的研究范式，它突破了传统单变量之间的净效应，可以解释特定结果的条件组合（池毛毛等，2024），它的出现为解决某种现象的分类问题提供了新的方法论。在新内生发展理论、社会创新理论和社会设计思想基础上建构设计赋能乡村振兴的组态模型，其中代表村民内生发展水平的幸福感为组态模型的结果变量，而以社会创新理论为基础的乡村社会设计行为要素为组态模型的条件变量；使用问卷调查法，选择有代表性的案例村进行问卷调查，收集一手数据；再使用因子分析和 fsQCA 计算方法，提高问卷的科学性，并计算出能够使村民产生幸福感的不同设计行为组态，每个组态可以被视为设计赋能所产生的不同类型的乡村。这为后续深入探讨不同乡村实施设计赋能的行为机制奠定了基础。

3. 基于探索思维的案例研究方法。案例研究是分析设计赋能行为机制的有效方法，它通过对具体案例的深入剖析，揭示设计在赋能过程中的作用机制与效果。在专家推荐和课题组调研的基础上，本书选择宁波葛家村、台州沙滩村、丽水横坑村、台州塔后村作为典型案例，通过实地调研、访谈、观察、文献分析等多种方式，收集案例相关的详细数据和信息，包括设计赋能活动的形式、内容、参与人群、经济效益、社会影响等。根据 fsQCA 所计算的不同组态条件，构建合适的分析框架，从政府、行业企业、设计师（高校设计团队或其他研究团体）、村民、乡村资源和经济、社会、文化等多个维度对设计赋能的过程、效果进行描述、推断和评估。综合运用定性或定量分析方法，对收集到的数据和信息进行深入剖析，揭示设计赋能乡村振兴的内在机制、成功因素及社会影响力，提炼出具有普遍意义的结论和启示，为其他地区的设计赋能实践提供参考和借鉴。

本书在广泛借鉴国内外相关研究成果的基础上，力求在以下几个方面实现突破：首先，聚焦于浙江省艺术乡建过程中的设计赋能现象，借助新内生发展理论和社会创新理论，构建设计赋能的理论支撑体系；其次，从更加新颖的视角深入剖析设计赋能不同类型的乡村的发展模式，并揭示其路径和特征；最后，通过典型乡村的案例分析，结合五重螺旋模型，多角度探讨浙江省在设计赋能驱动下构建多元共治新型乡村共同体方面的实践探索。

第二章

设计赋能乡村振兴的理论基础

21世纪初，中国政府大力推进乡村建设。受到日本"大地艺术节"、中国"许村计划"的影响，我国一批艺术家、设计师走进农村，开展了一场轰轰烈烈的艺术乡建运动，试图通过公益方式解决乡村棘手问题。2022年，浙江省委宣传部等三部门共同印发《关于开展"艺术乡建"助力共同富裕的指导意见》，为从省域层面全面铺开艺术乡建工作提供了指导性纲领和行动方案。实践中的长足发展，也引发了学界对艺术乡建的竞相讨论。纵观国内外研究，艺术赋能和设计赋能是艺术乡建模式中的两种典型提法，作为学术研究的焦点，两者存在概念混淆、理论基础不明确、理论和应用边界不明晰的问题，这些问题并没有引起学界的重视。

梳理艺术乡建研究脉络，会发现两条不同的逻辑路线：一是以社会设计为工具的设计驱动路径，二是以社会创新为支撑的创新驱动路径。在设计驱动路径中，根深蒂固的社会设计思维强调设计师要解决政府与市场之外的棘手问题，关注构建一种新型的乡村社会关系，潜意识中与政府、市场有着天然的隔离。在创新驱动路径中，新内生发展理论被普遍采用于解释乡村社会创新现象，也是为了解决乡村问题，但更加强调乡村内外资源（包括政府与市场）的协作，讲究创新的方式和社会的变革。在中国乡村振兴的情境中，设计赋能既有帕帕奈克（Papanek，1985）和马格林（Margolin，2002）社会设计的烙印，又体现了克里斯托弗·雷（2006）新内生式发展理念，加之设计所具备的创新属性，完全有理由采用"设计赋能"来表达我国乡村艺术建设这种特殊现象。基于此，本章重点梳理新内生发展理论、社会创新理论、社会设计思想脉络，探寻三大理论在共同支撑"设计赋能"方面的理论交叉点，从而进一步明晰艺术赋能与设计赋能的区别与联系，提炼设计赋能的理论和应用边界，使得"设计赋能"在理论上融入中国式现代化的话语体系。

第一节　新内生发展理论

阐述新内生发展理论要先从内生式发展理论谈起。内生式发展 (endogenous development) 理论诞生于 20 世纪 70 年代。由于工业化、城市化的迅速发展，人口、资本源源不断地向大都市集中，造成了传统乡村发展停滞，甚至日益空心化、衰竭化。为解决乡村贫困脆弱问题，在批判外生式发展道路的基础上，内生式发展理论应运而生。

一、内生式发展理论的起源

在 20 世纪 70 年代，欧美发达国家曾希望通过引入外来资金与先进技术来增加欠发达地区（农村）的社会资本积累，进而推动乡村的可持续发展。然而，实践的结果却远未达到预期效果。这些地区在引进外部产业的过程中，遭遇了引进的产业与原有地方产业体系难以有效融合的困境。此外，外部产业的进驻，还导致了地方文化的逐渐没落以及生态环境的严重破坏，使得欠发达地区不仅未能获得经济上的自主发展权，还丧失了对自身资源和文化的主导权。由此可见，单纯依靠外来资金和技术输入，并不能从根本上解决乡村发展问题。

西方农村发展干预策略的失效，也逐渐引起学者的反思。1975 年，瑞典哈马舍尔德基金会提出一种发展理念：发展需要从内部来推动（张环宙等，2007）。1976 年，日本社会学家鹤见和子提出了内生式发展理论，用于反驳以帕森斯为首的美国社会学派现代化理论：帕森斯等人认为英美等国家是内生式发展模式，非欧美国家的发展是外生式发展，是按照英美的模式来实现现代化的；鹤见和子则认为非欧美国家的发展也可以是内生式发展（鹤见和子和胡天民，1989）。鹤见和子所阐述的内生式发展，强调的是一个地区的发展应源自当地居民的自主努力。这一发展模式根植于当地的自然生态环境与文化传统之中，并通过整合外部资源，确保能够满足该地区所有社会群体的基本需求，从而实现可持续的社会进步（Tsurumi and Kawata，1989）。英国苏塞克斯大学发展研究所的罗伯特·钱伯斯是参与式发展理论的重要倡导者，他深入反思发展项目失效的理念根源，于1983年出版《农村发展：以末为先》一书，号召将乡村的地方要素置于优先发展的地位，以公平和尊重的态度对待乡村弱势群体，倡导参与式行动（郭占锋等，2023）。

二、内生式发展理论与乡村振兴实践

乡村内生式发展包含三个要义：培育基于乡村的内在发展能力，同时要保护好乡村生态环境；以当地村民作为发展主体，使当地村民成为地区开发的主要参与者和受益者；建立一个体现当地村民意愿，有权力干涉发展决策的基层组织（张环宙等，2007）。乡村振兴，基础在产业，关键在村民。乡村内生式发展基于这样的假设：村民是主体，是关键前提，要充分激发村民参与乡建的积极性，聚合村民力量；建立和维护可持续发展的乡村产业是重要基础；要充分利用乡村内各类资源，解决要素禀赋失衡带来的约束（胡霞和刘晓君，2022），以乡村资源为基础（张晓溪，2022）培育发展动能。具体而言：

首先，坚持村民主体地位，充分激发村民参与乡建的热情并引导他们积极参与，这是乡村内生式发展的重要前提。"农民主体"于2008年被写入《中共中央关于推进农村改革发展若干重大问题的决定》，之后有关乡村振兴的中央文件中多次出现"农民主体"的表述。坚持以村民为主体是内生式发展理论的核心，充分肯定了村民是乡村振兴的主体力

17

量。村民是乡村建设的内生性主体，天然具有乡村建设的内生动力（张海彬等，2022），村民是乡村振兴的直接参与者和实践者，是推动乡村发展的主力军（尹晶晶，2019）。切实保障村民根本利益，激发村民主体性和内生式发展动力是我国乡村振兴的关键抓手（孔梅，2023），是实现农业农村现代化的必然要求，也是实施乡村振兴战略的重要力量源泉（杨希双和罗建文，2023）。

对于如何加强村民主体性建设，陈晓莉和吴海燕（2019）提出通过"增权赋能"来实现村民的主体性地位。尹晶晶（2019）提出适度推动农村机械化生产，减轻村民劳作压力，助力农业产业发展壮大，让村民劳有所得，推动农村文化建设，丰富村民文化生活。李卫朝和荆玉杰（2020）提出采取"理论上的勇敢＋策略上的慎重"的方略，在生产上给村民松绑，在政治上给村民以完整权利，用教育引导村民具备新时代思想。张海彬等（2022）认为在艺术乡建中，村民具有天然的内生性动力，还需要通过艺术教育进一步涵养内生动力。杨希双和罗建文（2023）指出要通过转变村民观念，保障村民合理权益，提升村民的价值创造能力和自我发展能力，激发村民推进农业农村现代化进程、积极有为的内生动力。孔梅（2023）认为首先要保证村民用地上的权利，其次要保障村民种粮收益，最后要保障村民的民主权利。在设计赋能乡村振兴过程中，段胜峰等（2024）进行了"村民＋设计师"的在地实验，设计师与村民一起研究乡村资源，寻找设计材料，鼓励村民自己创作，开发村民的手工技艺，切实发挥了村民作为乡村振兴中"第一资源"的作用。皮永生等（2024）分析了阻碍村民主体性发挥的因素有在地文化认同的缺失、乡村制度结构冲突和村民发展受限，随之，他们提出以"共鸣"唤醒文化认同意识、以"共济"消解制度结构冲突、以"共通"打破行为能力限制，进而激发村民主体性。

其次，建立可持续发展的乡村产业，这是内生式发展的基础保障。乡村电商、农业和旅游等产业业态对乡村可持续发展具有重要作用和意义（耿小烬，2019）。耿言虎（2019）以云南芒田村茶产业发展为例，指出内生式发展模式需要转变政府职能和服务模式，需要乡村能人带动发展，需要乡村资源与产业发展相匹配，需要搭建多利益主体合作的组织模式。他进一步指出乡村产业绿色转型更需要激发乡村经营者的内生动力，匹配产业发展要素供给和地方资源，探索多途径的内生式发展道路（耿言虎，2023）。

最后，实现乡村资源内生式发展，打破要素禀赋失衡带来的约束，这是内生式发展的关键动能。乡村内生式发展的关键是整合乡村内部资源与外部资源，挖掘乡村人力资源、文化资源和社会资源（袁宇阳和张文明，2020）。乡村人力资源中最为显著的群体是乡村能人，他们是联结政府、资本和村民的关键纽带，通过能人引领村民生产经营，为乡村经济可持续发展提供内生动力（杨高升等，2023）。地方文化既是当地经济发展的资源存量，是地方发展的智慧源泉，也是乡村建设目标（闫宇等，2021）。乡村文化内生式发展即激活、转化当地文化资源，并通过利用这些资源活化乡村文化，是一种区域性的文化复兴运动（张晓溪，2022）。社会资源是区域间成员在长期乡村建设中所形成的网络化的社会协作关系，它的特点是不可消耗性。乡村内生发展旨在强化成员之间的亲密关系，在发展过程中融入更加科学和协作的要素（刘涛和邦贝克，2012）。

三、新内生发展理论的观点与实践

进入 21 世纪以来，乡村发展呈现出多层协作、多元化外部参与和多元共治的特点（张晓溪，2022）。尽管内生式发展模式着重强调地区内部力量的自主驱动与开发利用，但要确保持续性的发展态势，就必须克服由要素禀赋失衡所带来的种种制约。并且，推进内生式发展并不意味着对政府和外部主体的投资及援助持排斥态度。相反，它应被视为一个地区构建自主利用并整合内外部人力资本及各类资源的制度性机制的过程。这种高度重视地区内外资源、市场以及自然环境的动态交互作用

的理论体系被称为"新内生发展理论"（neo‑endogenous development）
（Ray，2006）。新内生发展理论认为，农村发展并不是要将地方社区发
展与外部网络隔离开，而是应该不断从外部获取知识和资源，促进当地
和外部联系（Lowe et al.，2019），将内部系统和外部网络相融合，进
而激发当地的发展潜力（闫宇等，2021）。

新内生发展理论与中国特色、中国经验的高度契合，也激发了学者
的研究热情。文军和刘雨航（2022）认为中国乡村发展模式存在"内外
难调"的困境，表现为乡村发展没有以社区为本、乡村人口流失和组织
薄弱、发展动能不足等，唯有积极探索和完善"上下联动、内外共生"
的新内生式发展思路才有出路。之后，文军与陈雪婧（2024）提出了化
解新内生发展理论在乡村振兴运用中的困境的对策建议：在价值层面上
打破传统的"极化"发展理念，转向整合性的发展视角；在主体层面上
强调社区化的主体赋能；在行动层面上通过行动者网络的有机联动实现
内外部资源的整合利用；在结构层面上建构乡村韧性治理体系。杨锦秀
等（2023）提出在新内生式发展模式下，往往会出现外部联动而"内不
动"的局面，这需要强化乡村文化认同，唤醒主体意识；重建村落共同
体，共创乡村价值；推行赋能、参与、认同的渐进式治理模式。马海龙
和杨玟玟（2023）研究了东北某村木耳产业的发展过程，认为单一的外
源与内生因素均不足以支撑特色产业的发展，整合以政府扶持为主的外
部要素和以本地资源为主的内生要素是加强乡村特色产业自主性和经济
收益性的发展取向。贾娟（2024）认为乡村公共文化服务业存在新内生
困境，表现为自觉意识淡薄、整合性欠缺、创新动力不足，需要以县政
为主导的自上而下的整体谋划、统筹推进，强化乡村自治组织及其组织
管理，实施"文化＋"的资源整合模式实现多维创新。有学者分析了日
本"以内为主、内外结合"的新内生式发展模式用于指导中国乡村振
兴，指出中国若要增强乡村内生式发展动力，应当构建中国特色新内生
发展理论体系，夯实村民自治发展基础，提升居民参与产业发展的积极
性，推进特色资源的创新性开发（覃梦妮等，2024）。在脱贫攻坚阶段，

各级政府秉持"造血式扶贫"的核心理念，着重培育乡村的内生发展动力与能力。然而，在具体实施过程中，这一进程主要依赖于中国行政体制自上而下的强力推动，往往呈现出外生性特征（张行发等，2021）。这种独特的现象引起了学者的关注。忻晟熙认为，西方新内生发展理论强调的是政府干预的减弱，而中国多层次的政府体制在中国乡村振兴中的作用得到充分发挥，并通过刺激和引导新的国家主导的行动者网络来引领农村发展，这些行动者网络将乡村、党政机构和外部行动者联系起来，为了区分传统新内生发展模式，他把这种模式称为新外生发展模式（neo‐exogenous development）（Xin and Gallent，2024）。

基于新内生发展理论的乡村振兴也被学者称为"新内生振兴"（neo‐endogenous revitalisation）（Qu and Zollet，2023a），包括几方面的核心要义：一是"上下联动、内外共生"。新内生式发展理论融合本地资源与外部网络的协同作用，提升社会和市场的地位，强化"社区"和村民的主体性（文军和刘雨航，2022；文军和陈雪婧，2024），在此基础上，形成乡村建设共同体。二是村民广泛参与与能力提升（张行发等，2021）。村民是乡村发展的直接参与者和受益者，新内生发展理论强调村民广泛参与，以及充分给村民赋能授权（张文明和章志敏，2018），增加村民参与乡村建设的决策权。三是地方文化认同。乡村新内生发展目标之一是构建文化认同感，并且将乡村文化振兴与经济振兴、社会发展联动（闫宇等，2021）。四是非扩张的经济战略。新内生发展理论主张不以牺牲当地的生态资源、文化资源为代价来增加乡村经济发展潜力，始终保持主体利益平衡，为后代获取发展的平等机会和资源自由（闫宇等，2021）。

第二节　社会创新理论

社会创新（social innovation）是指在社会治理中，通过新的理念、方法和模式，解决社会问题（Phills Jr et al.，2008），提高社会福祉，促进社会公平和可持续发展的实践活动。20 世纪中叶以来，随着城市化和工业化的快速发展，环境污染、贫富差距拉大等诸多社会问题不断涌现，旧有的社会治理模式捉襟见肘，社会创新被视为解决问题的良方妙药，受到政府和学界的重视（纪光欣和刘小靖，2014）。而社会组织的发展壮大，为社会创新提供了强大的动力（何增科，2010）。

一、社会创新理论的起源与发展

创新理论最早是由经济学家熊彼特于 1912 年提出的。他在《经济发展理论》一书中提出创新及其在经济发展中的作用，认为经济发展的动力是生产者对现有的生产要素按照新的方式组合实现创新，包括产品创新、工艺创新、市场创新、供应链创新和生产组织创新等五种典型形式（熊彼特，2020）。熊彼特的创新理论为后来人们理解社会层面的创新提供了重要的启示。

据研究者考证，"社会创新"这一概念最早出现于 20 世纪 20 年代。有学者在研究激进主义个体行为动机时，提出激进主义是指个体为了改变环境，对彻底的社会创新主张的强烈渴望（陶秋燕和高腾飞，2019）。但此时仅仅是提出了社会创新的概念，尚未做具体的阐释。1973 年，德鲁克在《管理：使命、责任、实务》一书中多次提到了"社会创新"，他将社会创新与产品创新和管理创新并列作为企业创新的三种类型（纪光欣和刘小靖，2014；陶秋燕和高腾飞，2019）。1985 年，德鲁克在《创新与企业家精神》一书中比较系统地阐述了社会创新，并指出："教育、保健、政府以及政治等方面的创新，远比商业与经济领域的创新具有更广阔的天地"（纪光欣和岳琳琳，2012）。社会创新作为现代管理的一个重要新兴领域，正通过公民参与等多种表现形式发挥着积极作用。在此背景下，除了政府部门，吸纳私人部门和非营利组织作为推动社会创新的新型主体显得尤为必要（陶秋燕和高腾飞，2019）。德鲁克立足于企业与管理的视角，对社会创新进行了深刻剖析，指出其不仅是企业践行社会责任的一种新形态，而且着重强调了政府及非营利组织在社会创新进程中的关键作用。他提出，社会创新已然成为驱动当代社会发展与变革的一种新机制，为跨领域的创新实践活动开辟了新的思维路径、提供了新的推进动力（纪光欣和徐霞，2016）。

加拿大的司徒·康格（2000）将那些能够重塑人际交往模式的"新兴法律、组织架构及程序流程"等统称为"社会创新"，并进一步阐释道：社会创新旨在应对具体的社会问题，或使得以往难以实现的社会秩序与进步成为可能，从而推动社会的发展。德国社会学家沃尔夫冈·查普夫系统性地梳理了与社会创新有关的研究成果，界定了社会创新的概念：社会创新包括达到目的的新途径，特别是那些改变社会变迁方向的新的组织形式、新的控制方法和新的生活方式，它们能比以往的实践更好地解决问题，因此值得模仿、值得制度化（查普夫，1998）。英国社会创新实践先驱杰夫·摩根总结了英国等发达国家社会创新的实践经验，对社会创新进行了开创性的研究，阐释了社会创新的概念内涵、实践价值及实现机制等基本的理论问题，初步构建起社会创新理论的基本框架。他将社会创新定义为为满足社会需要的目标所驱动且主要通过社会机构进行模式扩散的创新性活动和服务（摩根等，2006），这个概念被普遍接受。2003 年是社会创新理论研究的一个重要节点。在此之前，国际权威期刊上发表的有关社会创新的研究论文每年只有寥寥一两篇，且大都不是管理学、社会学和创新创业类的期刊。这表明学界对社会创新理论还处于探索阶段，社会创新理论也并未得到国际权威专业期刊的认可。2003 年美国斯坦福大学《斯坦福社会创新评论》创刊（臧雷振，2011），标志着社会创新理论研究的热潮涌动。当年国际权威期刊上发表的社会创新相关论文高达 13 篇，且逐年增加，这标志着学界对社会创新思考开始走向深入。比如，Moulaert 等（2005）系统提出社会创新的三个维度：内容维度、过程维度和赋权维度。内容维度是指满足当前市场或国家未重视的社群需求；过程维度是指改变社会关系，增加参与度，以实现人类需求的满足；赋权维度是指增加社群获取资源的能力，以满足社群参与决策的需求。此外，社会创新实践在全球范围内也呈现出蓬勃发展之势。2006 年孟加拉国经济学家穆罕默德·尤努斯因创立格莱珉银行和微额贷款扶贫模式荣获诺贝尔和平奖，这一标志性事件极大地推动了社会创新及社会企业等新兴理念在全球范围内的普及与深化（纪光欣和刘小靖，2014）。到了 2017 年，社会创新研究迎来崭新的阶段，当年甚至有 289 篇研究论文见于知名学术期刊中（陶秋燕和高腾飞，2019）。时至今日，关于社会创新的学术文章已经不胜枚举。笔者于 2024 年 10 月 26 日以篇名"社会创新（social innovation）"为关键词，检索国际国内学术期刊数据库 Web of Science 和 CNKI，分别有3 187 篇和 899 篇学术文章。

进入到 21 世纪，数字社会创新作为新的领域开始为学者所关注。数字社会创新（digital social innovation）是指运用数字技术带来的创造力和设计原则来解决社会问题的新想法（徐旭初等，2023）、概念、策略或社会实践，旨在以比现有解决方案更好的方式满足社会需求。这种创新模式强调数字技术在社会变革中的关键作用，通过社区参与、协作和共创战略，利用数字技术支持大规模协作和协调，以解决社会紧迫问题。数字社会创新具有自组织性（刘志阳等，2023）、资源丰富性、廉价性和本地化等特点，这些特点使得数字社会创新在解决社会问题方面具有独特优势。目前，对数字社会创新的研究主要集中在：一是数字技术对社会创新的赋能作用。从社会系统主体互动、功能履行及制度演进的角度出发，数字技术通过促进社会组织形式的革新、社会服务模式的转变以及社会决策机制的升级三个关键路径来驱动和加速社会创新的进程与发展（陈凯华等，2024）。二是数字社会创新的资源编排机制。该机制通过其独特的运作方式为创新活动引入广泛的协作主体，促进规模化创新方案的生成，并实现了快速实时响应，有效地打破了传统社会创新所面临的资源约束，从而成功地创造了社会价值（刘志阳等，2023）。三是 AI 时代的社会创新理论。刘志阳和郑若愚（2024）提出 AI 社会创新理论，并以社会问题的紧迫性和解决方案的新颖性为框架提出四种创新模式：AI 自主搜索式、AI 赋能生成式、AI 自主修补式以及 AI 赋能探索式。

此外，乡村社会创新也受到学界重视。随着受过良好教育、经济活跃的人迁移到城市地区，乡村空心化、老龄化问题日益突出，而社会创新被视为解决此挑战的途径（Nordberg et al.，2020），也是乡村振兴的重要赋能工具（段胜峰等，2024）。由此也形成了社会创新与乡村发展的全新研究领域。

二、社会创新与乡村发展

当前乡村发展面临着一系列的挑战与机遇，越来越多的学者意识到社会创新对乡村发展和乡村振兴的重要意义。社会创新可以为乡村建设提供新的思路和方法，推动乡村经济发展，增强乡村的社会凝聚力和文化自信心（郑自立，2022）。社会创新是乡村最需要的创新（赵莹莹，2022；刘彬等，2024），是乡村振兴的重要驱动力，有助于解决乡村发展中面临的贫困、环境污染和人口老龄化（Neumeier，2017；Georgios and Barraí，2023）等重要问题。

（一）乡村新内生发展与社会创新的特征

乡村新内生发展强调集体行为和村民参与（Lowe et al.，2019），以促进更好的社会变革（Bosworth et al.，2016），释放乡村发展潜力。同时，乡村新内生发展需要外部合作和创建关系网络，以实现可持续的社会效益，这也是社会创新理论所倡导的核心观点（Neumeier，2012）。相较于新内生发展理论，Bock（2016）详细地描述了乡村社会创新与其区别之处：乡村社会创新更加期望能够解决乡村的重大社会问题，比如村民的就地就业问题；乡村社会创新能够实现产品、商业模式的创造；乡村社会创新减少了对当地政府的依赖，更加重视私营企业的作用；乡村社会创新提高了村民的自我效能和自力更生的能力。

社会创新的特征同样适用于乡村情境（Bock，2016）。乡村社会创新更加依赖村民的自力更生和自我组织，更加强调跨部门和跨地区的合作（Bock，2016）。Bock描述道，乡村社会创新发生在乡村社会背景中，与乡村社会关系、村民价值观等相互作用；乡村社会创新具有"社会性"，强调利益相关者的共同参与，需要满足村民收入与就业、医疗卫生、公共服务等方面的需求；乡村社会创新用于创造乡村的包容性和公平公正，要求农村确保自身适应性以应对乡村社会结构的变革（Bock，2016；Bock，2012）。

（二）乡村社会创新的意义

社会创新对于乡村发展、乡村振兴的意义表现在推动乡村经济发展、推动乡村社会发展和辅助完善乡村治理机制上。首先，社会创新可以推动乡村经济发展。当地村民在社会创新中启动一些经济的项目，这些项目会提高当地村民的收入（Nordberg et al.，2020）。社会创新可以打破传统的发展模式，为乡村带来新的经济机会，通过创新农村发展理念、加强农村生态环境保护、促进农村资源的合理利用等方式，实现农村地区的经济、社会和环境的协调和可持续发展（Neumeier，2017）。其次，社会创新可以推动乡村社会发展。社会创新有助于加强乡村社区建设，增强社区凝聚力和认同感，创造社会价值（Bosworth et al.，2016）。研究表明，社会创新可以激发社区居民的参与热情，提高社区的自治能力（Bock，2016），促进社区的可持续发展。社会创新也有助于减少乡村贫困（Moulaert et al.，2005）和不平等现象，为农村弱势群体提供更多的发展机会（Novikova，2021），推动乡村社会的和谐发展。最后，社会创新可以完善乡村治理机制。通过引入新的治理理念和技术手段，提高乡村治理的效率和水平（Georgios and Barraí，2023）。社会创新鼓励村民参与决策、监督，增强村民的参与意识和能力，可以为村民提供更多的参与渠道和机会，促进乡村治理的民主化和科学化（Nordberg et al.，2020）。

（三）乡村社会创新的相关机制

乡村社会创新中的核心行动者（Richter and Christmann，2023）已成为学术界广泛关注的焦点议题，此领域的研究颇为丰富，比如，对于返乡人才在触发乡村创新方面的重要作用的思考（Chen et al.，2022；Qu and Cheer，2021；Qu and Zollet，2023a），对于当地政府提供政策工具和支持的思考（Georgios and Barraí，2023），对于当地行动小组实施自下而上的运动，在动员村民参与方面发挥关键作用的思考（Bosworth et al.，2016）等等。同时，还出现了对乡村社会创新机制的系统研究，比如，Jungsberg 等（2020）分析了社区成员、民间社会组织、地方公共部门、私营部门以及地区和国家当局在社会创新项目实施过程中的重要地位，通过案例分析发现，社会创新项目启动阶段高度依赖社区成员、民间社会组织和当地公共部门，项目实施阶段则由民间社会组织主导。Nordberg 等（2020）提出一个由四元素组成的社会创新模型，包括充满活力的当地社区、四重螺旋网络（政府、行业、高校和公众）、与跨组织网络的合作和自我强化的循环。Georgios and Barraí（2023）的研究表明，分散的政府机构、先进的区域网络、利益相关者和民众的话语传播，以及组织稳定性，能够使乡村社会创新得以巩固。

（四）设计是乡村社会创新的有效路径

设计已被证实为促进乡村价值提升（方李莉，2018）、激活乡村人文资源（张朵朵，2020）及传承乡土文化（方晓风，2018）的有力途径，且在强化乡村治理体系和优化村民社会关系方面具有独特范式（耿涵，2024）。基于社会创新与设计思维的深度融合，何人可团队率先发起了"新通道"社会创新设计项目，旨在通过设计力量推动乡村社会的可持续发展（何人可等，2016）。意大利学者曼奇尼提出"社会创新设计"的概念（曼奇尼，2016a），社会创新设计是设计师参与的设计驱动的社会创新行为。曼奇尼在全球范围内发起和推动了社会创新与可持续网络（钟芳和曼奇尼，2021），推动了社会创新设计实践的发展。为了解决设计如何实现社会创新的问题，曼奇尼先后开展了面向可持续未来的场景设计、公众参与的设计、自下而上与自上而下的协同设计、空间与关系的融合设计（钟芳，2024），为社会创新设计开辟了诸多实践和方法。段胜峰等（2024）提出了一种"村民＋设计师"的社会创新模式，该模式能够有效激活乡村的"人、地、物"资源。

第三节　社会设计思想与实践

社会设计关注解决社会问题，近几年迅猛发展，这得益于帕帕奈克、怀特利、马格林（Margolin）和曼奇尼等人的推动（Chen et al.，2015）。本节以 2000 年为分水岭，系统阐述了社会设计在 20 世纪与 21 世纪的思想与发展脉络。20 世纪是社会设计的萌芽与初探阶段，21 世纪则是学科交叉与理论深化阶段。最近，有关社会设计的研究如雨后春笋般涌现，社会设计从理论和实践上进入百家争鸣的"丛林"时代。

一、萌芽与初探（20 世纪）

20 世纪的工业化大生产带给传统手工业巨大冲击，加速了社会问题的出现，设计师们开始关注设计的社会影响和责任，这为社会设计思想的形成奠定了基础。

莫霍利·纳吉在其著作《运动中的视觉》中呼吁建立一个"社会设计的议会（Parliament of Social Design）"，比较早地提出社会设计（social design）一词（李叶等，2023）。曾经获得诺贝尔经济学奖的赫伯特

·西蒙于 1969 年出版《人工科学》一书，他提到：设计不但表达了产品和服务的静态特征，而且推动了整个社会系统呈现动态发展；设计师与用户的关系发生了变化，他们共同参与到社会系统的设计过程中（蒙克和娄德兰，2024）。西蒙的"大设计"思想为社会设计倡导的"共同参与""为解决社会问题而设计"的理念奠定了基础。设计理论家布坎南强调设计的社会性和文化性，认为设计不仅仅是产品的创造，更是社会文化和价值观的体现，是论证各种技术或人造物在社会生活中合理存在的重要思想和手段（辛向阳，2024）。

美国设计理论家帕帕奈克于 1970 年出版的《为真实的世界设计》（*Design for the Real World*）对社会设计领域产生了深远影响。在书中，他提出了设计伦理和社会责任问题，强调设计应为大多数人服务（滕晓铂，2013），关注人类的长远福祉和环境的可持续性，这为社会设计后续发展提供了最为重要的理论支持。怀特利在 1993 年出版的《为社会设计》一书中，批判了资本主义在处理人类问题方面的不足，提出社会设计的宗旨是"用设计方法解决社会问题"，以及对社会有用的设计应满足服务于社区内任何人、发挥社区资源优势、安全健康生产、减少对原生态的破坏 4 个条件（Whiteley，1993）。

二、学科交叉与理论深化（21 世纪初至今）

进入 21 世纪，尤其是 2008 年全球金融危机之后，传统制造业的规模变得越来越小，设计师开始从市场之外的公共部门和非政府组织寻找工作机会。同时，设计教育的发展和设计方法的完善，也促使设计师开始寻找新的市场，例如社区和乡村。这种转变反映了设计角色的变化，设计师现在被视为变革代理人，他们利用自己的专业知识在跨学科团队中发挥作用，以应对大规模的社会、文化和经济挑战。这在一定程度上促进了社会设计的发展。

（一）社会设计是什么

进入 21 世纪，学者们仍在讨论社会设计是什么。2014 年的学术报告《社会设计的未来》（*Social Design Futures：HEI Research and the AHRC*）对社会设计进行了定义：社会设计强调使变革朝着集体和社会的目标（而非商业目标）发生。因此，社会设计通常涵盖一系列广泛的动机、多元方法、诸多受众和影响。社会设计是由设计师或在设计学校学习的人进行的，或者是一种涉及非专业设计师的设计活动。

在《社会设计读本》一书中，Tonkinwise 系统描述了社会设计的图景：社会设计是一项社会活动，是以社会材料为基础的社会工作，是与/由设计师进行的基于社会科学的项目、服务设计或为服务设计、为政府设计、为非商业环境而进行的设计。设计的目的是推动社会变革。

中国学者周子书是地瓜社区的创始人。他在长期运营该项目时，对社会设计有了深刻认识。他定义社会设计"以解决社会、环境和公平问题为导向，在不同的规模尺度下，洞察具体问题在'社会过程'中的系统运作，找到并时刻关注影响其变化的杠杆点——具体落在信息传达、产品、空间、系统和服务之上，运用参与性和共同设计的协作技术，将各种资源创造性地重组到一起，形成新的设计推动力和经济生产力，并用美学加叙事的设计语言进行传播，从而务实地达到社会改良或革新的目的"（周子书，2020）。

时至今日，社会设计还没有统一的定义，这反而引发学者不断关注与思考该问题的动力。马格林是这个时代的探路者，他深度思考社会设计，带动了该领域向学科交叉领域迈进。马格林根据社会工作的六个步骤（接案、预估、计划、执行、评价、结案）提出了一个社会设计模型，他认为设计师可以在这六个阶段发挥作用（Margolin V and Margolin S，2002）。这个社会设计模型超出了市场的范畴，将以市场为导向的设计引导到以服务低收入、"一老一少"或者不健康群体的需求为导向上（Margolin V and Margolin S，2002），忽视了设计与市场融合的可能性。马格林罗列了社会设计所能解决的社会问题，包括人口增长、老龄化、全球变暖、生态环境恶化、不平等、机器人导致的失业等（Margolin V，2015）。后来，他在谈到"好的社会设计"时，指出社会设计要建立在一个"好社会"的基础上，这样可以促使设计师采用一种更加开放的方式去解决社会问题（Margolin V，2015）。受到马格林的影响，Gürdere Akdur 和 Kaygan（2019）也对社会设计主题进行了梳理：①解决城市问题，特别是城市公共空间和城市建筑干预；②当地文化和经济，包括实现当地价值、振兴当地手工艺和当地可持续发展；③实现社会公平，例如关注被剥夺权利的群体、工作中的公平等。Koskinen 和 Hush（2016）在分析马格林"好的社会设计"（Margolin V，2015）基础上，提出分子社会设计和社会学社会设计两种新类型，并用两个案例解释了所涉及设计人员的思想和实践背景：分子社会设计是从小项目着手，通过参与式设计实现社会形态或者经济形态的巨大改变；社会学社会设计建立在社会学理论基础上，构建了分析社会结构的方法论。他们的研究表明，在不同的设计情境中，可以采用不同的理论来解读社会设计。受此影响，Light（2019）也认为社会设计不存在固定的范式，用其他方式也可以创造意义。他建构了"亲密关系—土地、文化和地理—权力边缘"的分析框架，以芬兰北部露营项目为例，展示了不同文化参与者之间的亲密关系形成过程，以及在这种开放氛围中权力分散的重要性。他的研究挑战了传统设计霸权主义，推崇开放、混合、尊重的设计理念。

设计被认为是社会创新领域的重要工具，杰夫·摩根总结道：设计以人为中心，解决了诸多自上而下的问题，设计以可视化手段让不同利益相关者快速参与，原型设计为快速测试实践效果提供可能，设计师的系统思维能够更加全面解决问题（Mulgan，2014）[①]。Hillgren 等（2011）对此进行深入探讨，他们把基础设施作为社会创新设计的基本

---

① 杰夫·摩根在 2009 年第一次公布了该报告，2014 年正式在 Nesta 印发。

方法和理念，并指出设计基础设施旨在与合作者建立长期关系，创建能够产生设计机会的创新网络。曼奇尼也思考了设计的可持续性问题，强调人在创造可持续生活上的自主性与自由性，设计师在此过程中的意义是参与和因势利导，而不是给他人规定义务和目标（Manzini，2014）。随后，他逐渐把社会创新与设计融合起来，提出社会创新设计的概念，他在《设计，在人人设计的时代》一书中指出：社会创新设计是专业设计为了激活、维持和引导社会朝着可持续发展方向迈进所能实施的一切活动（曼奇尼，2016）。曼奇尼还区分了社会设计与社会创新设计，他认为社会设计是在建构一种社会方式，解决了市场和政府都不能解决的困难（例如贫困、疾病和社会排斥等），而社会创新设计产生的结果不同，它带来了基于新社会形态或新经济模式的解决方案，它探讨了面向可持续的各种社会变革，这些社会变革减少了人们对环境的负面影响，重建了公共财物，强化了社会结构（曼奇尼，2016c）。钟芳和刘新（2018）从为人民、与人民和由人民三个视角来进一步解释社会创新设计：为人民是强调为弱势群体服务，同时也不能忽视中产阶级；与人民是参与式设计和服务设计，在设计实验启动、论证、实施和评估阶段尽可能让更多人参与进来；由人民是协作式服务，参与者利用设计基础设施参与到协作式组织中，在长期的联系互动中，社会关系和社会结构得以产生。钟芳等（2022）在适老化设计项目中坚定了社会创新设计是解决"人与人"关系的观点，是在解决"人与自然"关系基础上的提升，他们最后指出：实践是社会设计的本质要素，是设计逐步摆脱专业技术主义的必然结果。耿涵（2024）分析了社会创新设计的工作路径，设计师的赋权者、赋能者、行动平台搭建者与多元价值创造者等不同身份角色，并提出"田野"是社会创新设计的最佳实践场域，以及将分布式系统置入田野、将参与式观察置入田野、从田野中审视福祉的设计逻辑。宋东瑾（2024）以生活实验室为例，详细分析了共创设计在社会创新系统中的作用，回答了设计与社会创新系统建构关系的问题。

IDEO公司的首席执行官蒂姆·布朗也把社会要素融入到创新设计

中进行思考，他认为：社会创新设计在于这些方案本身蕴含的对各种资源的重新组合，对人与人关系的重新构建，即通过创新设计的方法来解决社会问题（Brown and Wyatt，2010）。设计思维作为一种方法论也被提出用于解决社会问题。IDEO 专门成立非营利部门 IDEO.org 来开展社会设计实验，为贫穷和弱势群体设计产品、服务和体验（钟芳和刘新，2018）。设计思维强调打破学科范畴，以设计思维方法为核心，基于设计理念和设计研究方法，能够有效地解决社会问题（卢梦得和张凌浩，2013）。这种以人为中心的方法论，重视发散性思维、快速原型设计和迭代，而不是纯粹的审美焦点（Powell，2014）。这种方法论的提出，进一步证明了设计界对于解决社会问题的关注不仅仅是一个趋势，而是一种深入的思考和实践。

（二）社会设计如何奏效

与帕帕奈克和马格林倡导的"公益性""奉献型"的理想社会设计不同，Powell（2014）呼吁建立一个可持续商业模式来解决社会设计项目的资金问题。Tonkinwise（2015）指出社会设计需要有各种各样的社会网络支持才能成为现实。Yee 和 White（2016）的论文采用行为科学理论审视创新与变革项目，归纳出社会设计成功的三个重要条件是以信任为核心的社区关系、能力和领导力，社区关系比能力和领导力更为重要。Yang 和 Sung（2016）采纳了社会创新项目的参与式研究方法，该研究方法分为三个阶段：增强意愿并明确好的问题、寻找恰当的解决方案、在资源有限的情况下呈现概念并收集反馈。他们发现持续价值共创的四类关键利益相关者分别是设计师（包括设计师和其他专业人员）、非营利组织/非政府组织和公共部门参与者、私营部门参与者、共同创造平台所有者，以及他们的角色定位。他们的研究为持续推进社会设计项目的价值共创提供方法和思路。湖南大学王巍等人参与"新通道"设计与社会创新项目，在中国农村开展跨学科实证研究，并证实协同创作是一种有效的社会设计方法，促进建立了社区共情，塑造了参与者的文化身份，传承了当地的创作传统。同时他们也指出，协同创作在短期内有效，社区的长期发展还要利用其他模式，比如产品服务系统（Wang et al.，2016）。Del Gaudio 等（2016）通过对巴西一项社会创新项目的行为研究，发现设计师与当地参与者合作面临四个挑战：一是设计师失去了大量的主导权利；二是当地非政府组织在设计师行动中行使了隐性的权力，把设计项目引导到不同的方向；三是设计师与当地合作者之间既存在协作关系，也存在竞争关系，这是设计师所没有预料到的；四是当地合作者不熟悉设计过程，参与存在困难。他们提出几点举措来应对这些挑战：设计流程说明与培训、分享和协商共同利益、加强当地的支持网络和管理协作与竞争等。社会设计发展需要引入新的教育模式，这方面的工作进展显然不足。诞生于市场经济中的工业设计在帮助客户赚取利润的同时，是不是要承担社会责任，应该如何教育工业设计专业学生去承担社会责任？Yang（2015）给出了答案，以台湾苗栗县苑里镇灯心草手工艺为例，进行了一场社会设计实验，带领工业设计专业学生进入社区帮助当地村民提升手工艺能力，协助村庄开发多样化的文创产品。Easterday 等（2018）在分析社会设计教育现状和进展后，描述了一种基于社会创新网络的社会设计教育方法，通过该网络可以指导年轻设计师来解决现实社会问题，可以给年轻设计师提供真正的实践和领导机会，可以在实践中改进网络结构来促进创新网络发展。

中国学者徐聪（2020）认为成功的社会设计有七个原则：遵循国情和地方实际；不断创新；以人为本；理性、科学、规范；政府主导、公众参与、共同行动；透明运行和信息公开；试行、迭代和及时修正。钟芳和曼奇尼（2021）以饮水问题为例，阐述了设计用于解决社会问题的复杂性，建议把社会系统观引入到设计实践中，并指出社会系统方法的介入是解决"抗解问题"的有效路径，是社会设计走向社会创新设计的核心要素。周子书（2020）指出社会设计需要注意的八个创新要点：紧缩政策下的时代使命、从具体的地方开始行动、建立信任是社会介入的前提、将异质链接作为创新的方法、在社会交互中形成生产力、多元沟通是为了精准传达、在系统与规模中进化组织、叙事是意义建构的核心。何宇飞等（2022）在分析社会工作与社会设计异同的基础上，打破了西方对社会设计"合作设计""民主参与""自下而上""非营利"等根深蒂固的理念，在中国情境下提出社会设计要进一步抵消商业导向的消极影响，要做好与政府的关系管理，要重视人与人交流的活动设计。严妮等（2022）以贵州高荡村为例，归纳了社会设计的四个阶段：机制共建，设计共谋（包括社区对话、参与式设计游戏、方案讨论会、本地工匠培训），空间共享（包括共同营造工作室、建设中心广场、修复稻田湿地、改造民居、遗产保护与展示），未来共议（使用评价、指南导则、宣传推广）。钟芳（2024）在总结曼奇尼的设计思想时，汇总了曼奇尼"如何为社会创新而设计"的思路，包括面向可持续未来的场景设计、公众参与的设计、自下而上与自上而下的协同设计、空间与关系的融合。

（三）对社会设计的担忧

在以人本主义为主流的讨论中，Janzer 和 Weinstein（2014）提出不同的观点，他们要求设计师在社会结构和社会文化线索上保持警惕，否则会把自己的想法和方案强加给当地人，因此，他们建议社会设计要改变以往以人为中心的理念，转变成以情境为中心。为此，他们提出了一个用于理解、执行、评估和干预社会设计的共享框架。在谈论社会设计时，帕帕奈克、怀特利和曼奇尼放弃了传统的设计美学，这引发了学界的疑问：在社会设计领域，美学还是设计的必要条件吗？Koskinen（2016）给出解答，用"新社会设计"一词来表述，新社会设计包括三类美学概念：激动的美学、欢乐的美学和概念的美学。他的分析表明传统设计美学对社会设计仍然具有较大影响，反之，设计在解决社会问题时不能抛弃设计的美学价值。设计美学提供了"物"以外的元素，给人提供的是美好的情绪价值。本书在中国乡村振兴情境中展开研究，打造乡村美学价值是设计赋能必不可少的目标之一，并被视为设计赋能的重要价值体现。Julier 和 Kimbell（2019）认为"新自由主义"条件的一些方面（如不稳定性和社会设计制度的位置）限制了社会重大变革，"新自由主义"甚至认为社会设计实践中的创新行为是虚拟的、不实际的。张颖（2024）则认为乡村的艺术行为以某一主体为主导，他们实施了自己的构思却没有赋能给村民，同时，他们主导的乡村改造会忽视乡村独有的社会文化情境和自我维持机制，从而导致乡村同质化现象。

帕帕奈克和马格林倡导的市场之外的设计，在中国情境中可能有所不同。有些学者提出了自己的考虑，例如，周子书（2015）在完成防空地下室项目时，考虑的核心问题是项目经费，商业化设计自然地成为他们社会设计项目的关键一环。袁文浩（2020）观察了三类社会创新设计，分别是高校引领的社会创新设计、企业引领的社会创新设计和自组织的社会创新设计。受到帕帕奈克的影响，这样的提法在西方学术体系中难寻踪迹。这也给中国情境下的乡村社会设计研究开辟了广阔的空间。也有学者的论述视角更为宏大，把社会设计置身于中华上下五千年的社会治理语境中。韩涛和邹其昌是其中代表。韩涛（2022）在《金字塔、马拉松与群岛：三种社会设计模式分析》一文中阐明社会设计是不同社会结构关系的模式化，把中国社会设计分为金字塔模式、马拉松模式和自组织群岛模式。邹其昌（2021）把设计纳入国家治理体系中，提出了"设计治理"的概念，认为设计治理是社会设计的核心范畴之一，设计治理是善治，是为了满足人民追求美好生活的治理方式，在设计治理过程中强调协同与优化。之后，邹其昌聚焦乡村数字化设计问题，解读了乡村数字设计治理的主体、对象与流程（邹其昌和许王旭宇，2022），进一步完善了设计治理理论体系。何宇飞等（2022）引入社会工作的专业思想，提出在地的社会设计仍然需要与当地政府处理好关系，毕竟，大多数社会设计项目是在政府资金支持下完成的。严妮等（2022）把贵州高荡村的成功归因于组建的乡村营造小组，这个小组由设计师、当地村民、地方政府、设计院所和专家学者组成。周子书

（2022）认为社会设计从微观的社会问题切入，探索社会运行背后的复杂过程，从这个意义上来讲，社会设计已经超出了设计本身，设计仅仅是此过程中激发参与者的方法和手段。张德胜等（2023）也认为将设计理念融入乡村建设中，激发起市场对设计的需求才是设计持续推动乡村发展的关键动力。

总之，设计开始关注解决社会问题是由多种因素驱动的，包括设计研究的发展、经济和社会环境的变化、设计教育的推广以及设计思维方法论的提出。时至今日，社会设计思潮多元化，概念还未有定论，研究范式呈现多样化趋势。但目前学界也形成了一些共识：其一，强调以人为中心的人本价值，例如设计人类学被多数设计师所支持；其二，关注解决社会问题而非商业目的，为弱势群体、社会公正而设计，例如设计行为主义、社会责任设计、转型设计等；其三，遵从本地文化，在当地政府提供公共服务框架下寻求解决社会问题的最佳方案；其四，秉承参与式思维，强调设计师充分调配公共权力和资源，创造利益相关者的协同亲密关系，例如参与式设计等。虽然有些跨学科背景的学者存在一定异议，试图扩展或者缩小社会设计的传统理念，但在中国的乡村振兴语境中，以上四点仍受到乡村设计师的追捧。

第四节 中国的乡村社会设计概述：兼论艺术赋能与设计赋能

纵观国内学者对中国乡村社会设计的思考，中国学者很少使用社会设计、乡村社会设计或者乡村设计等词语。在为数不多的讨论中，陈庆军和袁诗群（2022）总结乡村设计的对象是乡村特色资源，乡村设计的手段是在设计思维基础上对乡村美学和艺术感知的具体行动，乡村设计的目标是唤醒乡村场所精神和重塑乡村生活方式，乡村设计的特点是在地性、系统性和融合性。反倒是"艺术赋能"与"设计赋能"出现频率较高，这两个概念都是学术界对中国乡村社会设计的理论凝练。

在中国当下的学术体系中，"赋能"成为学术热词成功"出圈"，数字赋能、文化赋能、技术赋能、生态赋能、新质生产力赋能等迅速传播开来，艺术赋能与设计赋能应运而生。赋能来源于管理学授权赋能理论，授权是指赋予员工决策权的一系列行为集合（Mainiero，1986），这种自上而下的权力分配方式随着社会和文化发展而受到挑战，越来越多的学者开始主张从"授权"转变为"参与"（Zimmerman and Rappaport，1988），自下而上的参与式赋能开始被接受，赋能的对象从个体层面扩展到组织与社会层面，赋能的内涵中也开始被植入社会与文化要素（张颖，2024）。董玉妹和董华（2020）认为赋能有强化动机、关系建构和能力提升三种方式，参与是赋能的核心策略。在社会语境中，赋能强调培养人的实施能力，能够让他们积极参与到社会活动中，并能行之有效地解决所遇到的问题，文化语境的赋能则重视重新定义规范，重塑文化和实践规则（张颖，2024）。可见，赋能强调通过赋予个体、组织和社区更多自主权，使他们可以积极参与到相关事务或问题解决上，以此提升自我认知能力、自我发展能力和问题解决能力（张颖，2024）。

一、艺术赋能：概念与脉络

由政府或市场主导的乡村开发注重农村良好的商业环境，它们希望投资能够实现快速经济回报，而由设计主导的乡村建设更加关注利用设计手段加强当地村民的合作，强化与不同背景知识分子的合作，用文化活动振兴乡村。在这个领域的研究中，中国学者更喜欢用艺术赋能或者社会参与式艺术等术语。王美钦回顾了中国参与式艺术实践活动，包括渠岩的"许村计划"、胡项城的"金泽计划"、靳勒的石节子美术馆、和顺乡村国际艺术节、欧宁和左靖的"碧山计划"，这些艺术乡建项目实现了"自下而上"的乡村文化振兴，而且创造了新的共鸣基础设施，让原本处于社会边缘的村民参与到各种形式的社会和文化互动中，成功塑造了他们的生存空间，找寻到存在的意义（Wang，2018）。

渠岩以"许村计划"（一木和渠岩，2012；渠岩，2015；渠岩，2014）为起点再到"青田范式"（渠岩，2019a），针对中国的艺术乡建开展了系统实践与思考。渠岩（2020）认为，艺术介入乡村建设并不是一种简单粗暴的乡村改造与治理手段，亦非单纯满足基本生活需求或促进经济增长的单一经济性目标。它立足于对乡村文化的尊重与对村民实际需求的考量，通过情感融入以及多元主体互动，旨在重建乡村的社会秩序，这一进程构成了推动乡村振兴的第三种力量，其效用超越了传统的发展路径。他以自己的切身体验回答了"艺术乡建，乡村何以动"的问题：一是以村民为主体实施艺术展示，摒弃艺术家霸权主义，建立人与人之间亲密关系（渠岩，2019b）；二是要争取各级政府的支持，这或许是在中国最为重要的条件；三是吸引艺术家、媒体人、学生等利益相关者加入（渠岩，2014）；四是开发地方艺术活动（如许村国际艺术节），并融入地方文化脉络和历史逻辑（渠岩，2019b）。渠岩在青田实验后对艺术乡建有了更为深刻的理解，提出了艺术乡建的四条原则：一是建立在家园回归基础上的"建设"，二是基于自然风水布局的"规划"，三是着眼于日常生活样态里的"设计"，四是尊重民居老宅家庭内的"营造"（渠岩，2019a）。

在许村计划影响下，一大批艺术家和设计师开始走向乡村、走进社区，通过艺术手段将看不见的文化变成可视、可听、可感觉的具体符号，重塑乡村生活体系，活化了乡村的传统资源。"碧山计划"是由欧宁和左靖发起推动，致力于当地手工艺复兴，通过乡村"微更新"实现文化浸润（左靖，2019）。石节子美术馆是靳勒于 2008 年在石节子村创办的，之后，在靳勒的带领下，石节子村开始了 13 年的艺术乡建运动（靳今等，2021）。

季中扬批判了早期的"许村计划"、"碧山计划"和石节子美术馆，认为艺术家介入乡村无非是为了保护文化而开展的行为艺术，很少去考虑"艺术介入是为了谁"的问题（季中扬和康泽楠，2019）。中国艺术乡建的本土化"错位"问题显而易见（张颖，2021）。张海彬等（2022）阐述了艺术乡建上层主体力量的三个维度：文化维度是通过"塑形"与"铸魂"为乡村文化建设赋能；经济维度是激活产业经济发展的新动能；边界维度是通过统筹要素撬动城乡融合新杠杆；外部参与力量是艺术家，内部主体力量是村民。邱志杰（2023）也总结出艺术乡建的三个问题：没能激发乡村发展的内生活力，忽视了农业作为乡村核心产业，忽视了人才培养。他还指出了艺术乡建的出路：紧密服务农业业态，强化乡村建设项目的教育价值，科普和美育深度融合。在我国乡村振兴战略提出之后，学者们开始重新审视艺术乡建，以艺术精神重塑村民主体性，通过"赋能形式"自发共享实现社会整体和谐，明确树立"整体赋能"的问题意识（张颖，2021）。艺术乡建并不是严格的学术术语（李竹，2023），而是对艺术助力乡村振兴现象的统称。近几年，"艺术赋能"一词开始频繁出现，标志着艺术介入乡村从"艺术乡建"走向"艺术赋能"。

艺术通过凝聚文化资源、推广乡村美育（何佳宁和丁继军，2019）、提升乡村品牌效应、创新产业业态、优化乡村治理等手段介入乡村建设，并以文化价值再立、空间场所重构、村落关系再造来推动乡村高质量发展（陆梓欣和齐骥，2022）。在刘斐（2022）对艺术赋能的定义中，艺术是媒介，发现乡村文化价值、实现乡村主体与文化重构是手段，促进乡村文化、经济和社会全面振兴是目的。她总结了中国艺术赋能乡村的三个阶段：初始阶段是艺术家实现自己的艺术理想，该阶段的艺术还未深入介入乡村；探索阶段以"许村计划"为标志，艺术家深入乡村推动艺术与乡村的共生共融；发展阶段以2017年实施乡村振兴战略为起点，艺术家大规模地进入乡村，在西方社会设计思想的影响下，开始在乡村进行参与式艺术实践。艺术赋能存在一种"介入—反馈"机制，即将外部资源转化为乡村发展的内生力量，从而促进乡村发展，发展起来的乡村又持续回馈市场、政府和艺术家（张丙宣和王怡宁，2022）。这种"介入—反馈"机制实现了乡村资源的对等交换，推动了乡村可持续发展。刘东峰（2023）认为艺术赋能以文化输出为载体，在提高村民的文化自信与主体能动性同时，还能培养乡村艺术人才、激活乡村产业动能、营造乡村文化空间，通过艺术赋能乡村，乡村产业变现能力、文化和经济吸引力都明显提升，乡村也实现了"外生式发展"到"内生式发展"的转变。刘琪（2023）认为艺术赋能乡村建设是艺术以多样化手法多角度参与到乡村建设中，在美化乡村人居环境、挖掘与传承乡村优秀文化、强化村民文化认同中发挥效能，也在重塑村庄形态业态、激发村民内生动力、加强基层党组织建设中发挥实践效能。李梅（2024）提出艺术类高校通过艺术乡领、艺术乡育、艺术乡造、艺术乡创、艺术乡态、艺术乡智、艺术乡携、艺术乡旅、艺术乡引、艺术乡范构建乡村"矩阵式"融合发展路径，形成校地协同创新人才培养新模式。

张颖（2024）阐述了艺术赋能的两个阶段：第一个阶段是艺术家把艺术作为表达的工具；第二个阶段是艺术家把艺术看作是参与式工具，强调艺术实践的协同与对话，强调赋予参与者自主权，培养参与者实践能力，比如公共艺术装置和以社区为核心的艺术综合实践。她指出了艺术赋能的本质：艺术是连接乡村内外的重要枢纽，通过多样的艺术形式让村民能够自我接纳和自我认同，让村民的乡村生活和族群生活的归属感和自豪感得到肯定。这也正是乡村"内生式发展"的核心所在。

艺术赋能对于乡村建设的作用巨大，被渠岩称为乡村建设的"第三条路径"（渠岩，2020），也被方李莉赞誉为"中国式文艺复兴"的表现形式之一，是推动"乡土中国"走向"生态中国"的发展之路（方李莉，2018）。

二、艺术赋能乡村振兴的现实图景——以浙江为例

从前一章分析可知，设计赋能在内容和形式上隶属于艺术赋能，但从乡村建设的过程来看，设计赋能的工具内涵更加丰富，设计不仅仅是艺术表现形式，也是一种乡村治理手段，因此，设计赋能是工具型赋

能，艺术赋能是形式型赋能。浙江是全国共同富裕示范区、乡村振兴示范省，乡村建设走在全国前列。在渠岩"许村计划"（一木和渠岩，2012）影响下，一批设计师、艺术家走进浙江乡村，实施设计赋能乡村振兴运动。经过十几年的发展，浙江省涌现出诸多设计赋能乡村振兴的典范。从政府发布的各类文件来看，"艺术乡建"一词被浙江省各地采纳，作为宣传推广的"主打词"，出现频率较高。下面将重点梳理浙江省艺术乡建的概貌。

浙江省立足良好的乡村发展基础，在"千万工程"的引领下，形成了城乡融合发展新局面，乡村振兴工作取得了显著成效。2018年，农业农村部与浙江省签署了共建乡村振兴示范省的合作框架协议，标志着浙江省成为全国首个部省共建乡村振兴示范省。在此后的几年间，浙江省勇于探索、积极实践，系统推进各项乡村振兴工作方案，并取得了一系列具有创新性和示范性的成果，为此，相关部门还总结发布了"浙江省乡村振兴十大模式"（表2-1），其中特别包含了文化深耕模式。在这一模式的典型案例中，宁海县葛家村的"艺术家驻村"项目尤为引人注目，该项目通过与村民的紧密互动，实现了艺术与乡村生活的同频共振。

表2-1　浙江省乡村振兴十大模式

模式	入选案例	入选理由
空间集聚模式	衢州	"衢州有礼"风光带建设：以"一江两港三溪"为脉络，打造"南孔神韵·康养运动活力带""钱江源·生态慢城休闲带""百里须江·全域旅游风情带"
绿色崛起模式	浦江	在"两山论"指引和"绿色动能引擎"驱动下，走出一条生态美、产业兴、百姓富的可持续发展道路
产村融合模式	瑞安曹村镇	立足生态禀赋，深挖文化基因，让"盆景"变"风景"，把曹村人"高颜值"生态居住环境变为旅游网红打卡点
品牌引领模式	丽水	采用公司运营模式，重组整合小而散的农业品牌，打造具有丽水特色的"山"系产业体系，走出一条品牌引领的乡村绿色发展之路

（续）

模式	入选案例	入选理由
数字赋能模式	德清五四村	在省内率先探索"一图全面感知"的数字化治理平台，打好数字乡村基础。乡村实现智慧旅游，集体经济和农民收入明显增加
文化深耕模式	宁海葛家村	中国人民大学艺术家入驻村庄进行设计赋能，以融合设计模式激发农民内生动力，探索出一条农民融合设计乡村的艺术振兴之路
要素激活模式	绍兴	全域实施"闲置农房激活计划"，在全国率先探索出一条闲置农房激活利用的新路子
能人带动模式	黄岩乌岩头村	在同济大学教授团队指导下，"以民国印象、艺术村落、慢生活区"为主题，开展村内古建筑修缮，周边环境整治提升行动
片区联动模式	奉化滕头村	发挥滕头区域党建联合体作用，推动区域内各项事业联动发展，统筹区域经济社会发展水平
四治融合模式	岱山东沙镇	东沙镇创新工作思路，成立网格理事会，组建村级协调员队伍，开发平安通 APP 客户端

注：根据"浙江农业农村"微信公众号的相关内容汇总整理。

　　2022 年 5 月，浙江省委宣传部联合其他部门印发《关于开展"艺术乡建"助力共同富裕的指导意见》，意见指出：到 2025 年底，浙江打造 50 个"艺术乡建"省级典型案例，建成 100 个省级艺术特色示范村、1 000 个市级艺术特色示范村。艺术乡建正式被写入浙江省政府文件。同年 6 月，"艺术助力"被列入浙江省乡村振兴十大助力行动。2024 年还发布了首批 35 个"浙江省艺术乡建特色村"和 19 个"艺术乡建"典型案例（表 2-2）。同年，"艺术乡建"被纳入浙江省人文乡村建设六大工程之一。在建设宜居宜业和美乡村的新时代，艺术乡建成为浙江乡村振兴的亮丽名片，是新时代深化"千万工程"的重要抓手。

表 2－2　浙江省首批艺术乡建特色村和典型案例

浙江省艺术乡建特色村				艺术乡建典型案例
杭州	淳安县梓桐镇杜井村 萧山区楼塔镇楼家塔村 西湖区转塘街道长埭村 余杭区黄湖镇青山村	宁波	象山县墙头镇溪里方村 江北区慈城镇半浦村 慈溪市匡堰镇倡隆村 鄞州区东吴镇天童村	"摄影＋"模式的何家村实践 "村博"点亮艺术乡村，赋能美好生活 校地共建，打造未来文化艺术村落新样板
温州	鹿城区七都街道樟里村 乐清市大荆镇下山头村 苍南县赤溪镇石塘村 永嘉县鹤盛镇上日川村	湖州	吴兴区八里店镇潞村村 德清县莫干山镇五四村 安吉县天荒坪镇余村村	创新"文化乡集"综合体，打造乡村群众"精神润富"实践地 "引育用留"人才，做实以艺兴乡大文章 浙江书法村进阶的宁村实践 楠溪江乡村音乐漫都，奏响共富强音
嘉兴	海盐县澉浦镇六里村 海宁市许村镇科同村 秀洲区油车港镇胜丰村	绍兴	越城区鉴湖街道坡塘村 上虞区小越街道新宅村 柯桥区马鞍街道亭山桥村	问道寻梦莫干山：编剧村开启"艺术乡建"新领地 深挖诗词文化，推进诗词赋美乡村 "城西戏剧村"，用戏剧点燃乡村艺术火炬
金华	婺城区安地镇岩头村 义乌市后宅街道李祖村 武义县履坦镇坛头村	台州	黄岩区宁溪镇白鹭湾村 天台县赤城街道塔后村 温岭市石桥头镇下宅吴村	小村办大展，被影像激活的魅力东田 驻村机制更新迭代，让艺术和乡村更具获得感
丽水	莲都区大港头镇大港头村 （古堰画乡） 松阳县叶村乡横坑竹艺村 遂昌县湖山乡黄泥岭村	衢州	柯城区沟溪乡余东村 龙游县溪口镇溪口村 江山市大陈乡大陈村	"故事乡建"，建起一座"文化洋湖" "汉风雅韵"文化市集，催生"汉灶模式" 推进"1村3N"，助力"艺术乡建"标准化试点
舟山	定海区干览镇新建村 普陀区朱家尖管委会莲兴村	—	—	文脉传承赋能共同富裕的江山实践 "艺同富裕"品牌化运营的叶村探索 艺润谢家坞，乡润共富梦

注：根据"浙江发布"微信公众号的相关内容汇总整理。

　　浙江乡村结缘于艺术，是因为艺术激活了乡村闲置资源，乡村文化通过艺术形式、艺术行为得以传播和继承。艺术乡建是一项循序渐进的系统工程，大致经历了乡村塑形、乡村赋能和乡村共生三个阶段[①]：乡村塑形是指通过艺术手段整合乡村闲置资源，改变乡村环境与面貌，让乡村成为可见可感的符号；乡村赋能是指激活村民"艺术细胞"，通过诸如乡村艺术馆等艺术载体的建设提升村民审美水平，增加村民就业渠

---

① 根据"浙江宣传"公众号 2023 年 3 月 29 日《新乡村的艺术"植入"》一文整理。

道；乡村共生是指鼓励村民投身于艺术创造中，通过技能提升增加创造美的本领，真正让乡村发展与村民幸福感提升融为一体。这三个阶段给艺术乡建赋予了"工具型"角色，也与设计赋能的核心过程与内涵一脉相承。综合考察浙江省公布的 35 个艺术乡建特色村，也会发现这些村庄都具备设计赋能中的设计思维、设计过程和设计影响力等。

再之后，浙江省全面铺开艺术乡建试点。在 2024 年初，浙江省首批文化特派员被选送到结对村庄，开始艺术赋能活动。浙江的艺术乡建逐渐形成了政府主导（政府推动）、设计师实施（设计驱动）和市场化运营（市场拉动）的新型模式，这一模式不仅为设计赋能乡村振兴的中国理论研究提供了丰富的样本资源，也为第三方乡建力量（渠岩，2020）探索设计赋能提供了广阔的舞台。

三、设计赋能：概念与进展

乡村振兴旨在革新传统乡村产业的运作模式，推动城乡经济体系的循环互动，从而为村民构建新颖、适宜且高品质的生活形态。设计，作为以创新为核心，有效整合技术与产业资源的手段，是驱动人类社会迈向美好生活的关键力量，无疑为整合各类资源以赋能乡村产业转型升级提供了一种前沿且富有成效的新路径（兰翠芹等，2022）。以"农耕文明"为内核的中国乡村具有鲜明的地域性和动态性，解决乡村问题的方法也不尽相同，受西方设计思想影响的社会设计在中国乡村也不一定能够适用。由此，国内一部分学者使用"设计赋能"一词来表示中国乡村的社会设计运动。

什么是设计赋能？设计如何赋能？董玉妹和董华（2019）从设计门类、设计理念和设计问题三方面详细研究：在设计门类上，工业设计是提升用户能力的工具式赋能，服务设计是鼓励价值共创的协作式赋能，交互设计是注重用户能动性的体验式赋能；在设计理念上，参与式设计充分关注设计的政治与伦理价值、赋予用户设计决策权，社会创新设计在参与者技能与所处环境多样性基础上创造赋能的支撑系统，这也符合汤普森所讲的"共鸣基础设施"的概念（Thompson，2015）；在设计问题上，赋能实践主要集中在社区营造、弱势群体的福利、社会公平以及健康管理等领域，这方面的赋能研究明显具有帕帕奈克社会设计思想的烙印。

徐聪（2020）详细分析了社会设计理念，他认为社会设计的主体是设计师和利益相关者，设计对象是组织结构和程序理念，设计逻辑是人与人互动中的问题解决和过程体验。他建议基层治理要充分吸纳社会设计理念创新工作思路，包括：以人为本的柔性治理方式，形成共同认知的基层治理理念，建构政府主导的多元治理模式（徐聪，2020）。在之后的研究中，徐聪认为设计赋能在乡村振兴中大有作为，并建议乡村社会设计把"以人为本"作为核心价值，把更安全、更舒适、更幸福、更美丽、更可持续作为具体指标，把现代文明与乡土文化有机融合作为关键，把协同参与作为重要途径（徐聪，2021）。董占军（2021）尤为强调设计赋能的内生性、民主性及开放性原则的重要性，他主张设计赋能应当从乡村风貌的规划、空间环境的优化、公共服务的创新设计以及产品与包装的营销推广等多个维度切入，以此驱动美丽乡村建设。李文嘉等学者置身于中国乡村扶贫情境中，观察嵊州竹编工艺振兴的关键环节和要素，比如参与者的作用、利益和互动关系等。她的研究发现，设计扶贫难以从根本上改变手工艺者的权益，但却在产业发展目标实现、推动当地经济社会效益上发挥了关键的引导作用（Li et al.，2022）。张德胜等（2023）从设计所属的文化、阶级、区域入手，分析了设计的城乡二元性，即为城市服务的设计在进入乡村后会遇到生存困境，这需要确立设计的成员身份、明确新型组织模式、明晰乡村发展方向，并且他们提出乡村设计的普适程序：文化梳理与设计实践、尊重文化构成秩序和延续性、建立协同设计模式、开展实践反思和再假设。吕品晶（2023）围绕乡村振兴的诸多问题，从设计赋能乡村振兴的"教育战略、环境战略、造物战略、媒介战略、事件战略"五个维度，建构新发展理念下乡村振兴设计战略。吴文治等（2023）更加重视设计赋能中的村民主体性、价值判断与乡村创新，认为乡村设计是解决乡村污染、人口流失和经济滞后等具体问题时的一项乡村创新赋能活动。他们从复杂性、运行机制和利益者三方面分析了乡村设计主体间性，并提出了乡村设计的价值判断模型。

中国的乡村设计开展得如火如荼。比较有代表性的是湖南大学"新通道"设计与社会创新项目。该项目开始于2009年，先后在湖南通道、重庆酉阳、新疆喀什、青海玉树、内蒙古呼伦贝尔等贫困地区（何人可等，2016）开展乡村设计赋能，积累了丰富的设计赋能经验，并与国内外高校联合创建了设计与社会创新网络，保障了"新通道"设计与社会创新项目的可持续发展。唐啸（2017）以"新通道"项目为例，详细分析了参与式设计视角下乡村社会创新的三个层级：以"共同创造"提升手工艺的社区营造能力；以"共同体验"提升公共生活的场所营造能力；以"共同思考"解决社区参与的公共事件问题。郭寅曼和季铁（2018）总结了"新通道"项目的设计体系：乡村需求定义、地域文化研究、快速学习、跨学科协同设计、非遗（手工艺）活化、社区赋能。丛志强于2019年进入葛家村实施设计赋能，他在《因它而美：设计激发村民内生动力的理论、流程和案例》一书中详细描述了设计赋能的五个步骤和三个方法：五个步骤是村民需求与村落资源调查、组织村民、建立信任、采取行动、赋予新身份和评价；三个方法是村民信任快速建立法、村民个人资源挖掘法和村民个人资源转化法（丛志强和段红姣，2019）。丛志强实施的葛家村设计赋能主要有村民赋能设计、文化聚心设计和创业续航设计三大内容（丛志强和张振馨，2022），有效解决了乡村建设中"主体屏蔽和服务缺位"的问题（丛志强和张振馨，2020）。最近，葛家村通过"艺起富"网络平台，全力打造数字化乡村，探索"设计＋互联网"的乡村治理新模式（兰翠芹等，2022）。

中国乡村振兴语境中，设计赋能乡村振兴呈现出如下特征：①设计赋能秉持人本主义核心理念。根植于乡村新内生发展理论框架内，强调以村民为主体，推行村民参与式设计范式，旨在促进村民自主性与创造力的发挥。②设计赋能重点推进实施文化赋能策略。在维护地方传统习俗、生态景观及社会关系结构的完整性基础上，通过构建如艺术馆、博物馆等文化基础设施，来丰富乡村文化生态，增强村民文化自觉与自信。③设计赋能中设计师扮演着引领角色。设计师主动构建与乡村利益相关者的紧密联系，通过情感共鸣与共识培育，协同创造乡村价值，并与政府携手，共同编织乡村建设的社会网络体系。④设计赋能重视乡村文化产业的培育与发展。通过对乡村特色农产品、传统手工艺及独特文化形态的深入挖掘，大力推进乡村文化产业转型升级，旨在提升村民的经济基础，实现经济与文化的双重繁荣。⑤设计赋能打造了一种融合政府、市场与设计力量的乡村三元治理新模式。三元模式旨在营造一种蕴含温情与秩序的乡村社会风气，是对帕帕奈克与马格林等学者提出的"社会设计"理念的本土化实践与超越。此超越不仅体现在设计实践与方法论的创新层面，更是设计学科向社会经济学、公共管理学等领域交叉融合的学术探索，体现了设计研究边界的拓宽与深化。本书基于乡村新内生发展理论与社会创新理论，从社会经济学与公共管理学的双重视角，对中国乡村社会设计运动进行了深入的观察与分析。

四、艺术赋能与设计赋能的联系与区别

经由上述分析，艺术赋能这一概念通常被界定为运用艺术形式与方法来激活并提升个体或社区层面的创造力、表达潜能及自我认同感的过程。它着重强调艺术的社会功能性、文化价值及其在推动社会变迁与个体发展中的核心作用。艺术赋能的实践领域广泛涉及艺术创作、艺术教育及艺术疗法等多个方面，它既可以是"以艺术为赋能手段"，即利用艺术作为媒介或工具，以促进个体、群体或社区的能力提升；亦可以是"赋能的艺术化过程"，意指在艺术创作与体验的过程中，个体、群体或

社区能够自然获得更高的自主性、自信心及影响力。在乡村振兴的语境下，艺术被视为一种强有力的沟通媒介，能够传递信息、激发思考、唤起共鸣并转变观念（张颖，2024），可以通过艺术手段传达价值理念、催化乡村变革，进而达成振兴目标。

相比之下，设计赋能则更聚焦于运用设计思维与设计方法来应对复杂难题，特别是那些政府与市场机制难以有效解决的问题（钟芳，2024）。其应用领域广泛，包括城市与社区规划、弱势群体社会福利提升以及慢性病患者健康管理等多个方面。在乡村振兴的实践中，设计赋能主要涉足产品设计、环境设计以及参与式设计等多个领域，旨在通过设计手段改善村民生活质量、增进农村社会整体福祉。设计赋能乡村振兴的实践模式可分为工具性赋能与系统性赋能两类：前者侧重于为赋能对象提供具体工具，如推动乡村经济新业态的发展；后者则从系统论的角度出发，关注乡村社会要素的多元性，通过创新性的资源重组与整合，全面提升乡村系统的整体能力（董玉妹和董华，2019）。具体而言，艺术赋能与设计赋能的区别和联系如下所示：

（一）艺术赋能与设计赋能具有相同的理论基础

在乡村振兴的语境下，艺术赋能与设计赋能作为新兴概念，均植根于新内生发展理论与社会创新理论之中。这两个概念均彰显出以人为本的人文主义价值导向，其核心使命在于解决乡村社会面临的问题并主动承担社会责任，强调通过"内外联动"的机制促进乡村的全面进步，这恰与新内生发展理论所倡导的核心理念不谋而合。此外，艺术赋能与设计赋能的推进通常由社会组织发挥引领作用，并与政府、市场之间存在着复杂而紧密的联系。它们致力于乡村价值的共创，积极倡导利益相关者的广泛参与，旨在通过构建共情基础来营造一种合作文化。在实施路径上，两者均采用"自上而下"与"自下而上"相结合的方式推动乡村创新活动，这一特征与社会创新理论所强调的核心理念相契合。

（二）艺术赋能与设计赋能都以满足人民美好生活为目标

在现代化进程中，农村地区日益凸显出难以满足民众对高品质生活深刻追求的局限性，这构成了农村人口大规模迁徙以及青年回乡创业面临诸多挑战的核心诱因。为应对此困境，艺术赋能与设计赋能的概念应运而生，它们深植于社会设计思想土壤中，旨在将乡村转型为兼具生态可持续性、生活设施完备性、就业多样性以及社区和谐性的现代化新型村落。在此过程中，两者均坚定不移地秉持以人民为中心的发展思想，确保乡村振兴战略实施的每一步都紧密贴合村民的实际需求与根本利益。在具体实践层面，它们着重于激发村民的内在动力，倡导并积极促进村民参与乡村建设的全过程，力求使每位村民都能转化为乡村振兴的积极行动者与直接受益者。

（三）艺术赋能与设计赋能的差异化范畴：总类与子类

从学科分类的视角来看，艺术这一概念包含了美术、电影、设计、音乐、舞蹈等多个子领域，其中设计被明确界定为艺术的一个分支。在这一框架下，设计赋能可以被视为艺术赋能下的一个具体子类。2022年初，文化和旅游部等六单位共同发布了《关于推动文化产业赋能乡村振兴的意见》，明确指出，要在八个关键领域实施赋能策略以推动乡村振兴，这些领域包括创意设计、演出产业、音乐产业、美术产业、手工艺等，它们无一不体现出艺术的多样表现形式与丰富内涵。

（四）艺术赋能与设计赋能的差异化表征：物的形态与社会关系

艺术赋能于乡村振兴，主要通过"物的形态"进行表达。它借助艺术品的载体形式，通过综合整合乡村资源，运用特定的艺术表现手法，引领乡村文化的创新发展，激发村民参与乡村振兴的内在动力，进而赋能乡村产业，美化乡村生态环境，实现村民在物质与精神层面的双重富足。相比之下，设计赋能则侧重于社会关系的重构。它以设计作为核心手段，在设计思维的引领下，重新构建人与人、人与自然、人与社会之间的关联网络，这一过程具有动态性和过程性的特点。此外，设计在乡村治理中扮演着重要角色，成为一种不可或缺的工具和手段。设计赋能所传达的，不仅仅是产品、服务和环境层面的设计，更在于通过一系列设计行为重塑社会互动模式、优化资源配置，从而使其成为一种提升村民生活品质的智慧型生产力。

（五）艺术赋能与设计赋能的差异化路径：微更新与系统创新

在乡村社会变迁过程中，艺术赋能与设计赋能共同构成了推动乡村社会渐进式创新的重要工具集。尽管艺术赋能近年来逐渐吸纳了社会设计的理念，但作为艺术形态的具体实践，其固有的局限性不容忽视。艺术赋能往往聚焦于结果而非过程，倾向于通过诸如手工艺技能复兴等具体手段，营造全民参与的文化氛围，实现乡村的"微更新"。这一过程旨在通过文化浸润，逐步深化乡村的文化底蕴（左靖，2019）。相比之下，设计赋能则呈现出一种更为系统化的社会创新策略。它从乡村的整体规划出发，运用系统化思维，实施一系列具有连贯性和整体性的工作。设计赋能不仅承担着推动乡村社会变革的重任，更致力于构建人与人、人与技术、人与社会之间的新型关系网络。通过赋予村民主动性和充分表达的权利，设计赋能可以激发思想多元、需求多样、经验各异的人群之间的协作与投入，从而促进乡村社会的全面转型与升级。

第五节　设计赋能乡村振兴的理论与应用边界

设计赋能是在新内生发展理论、社会创新理论的基础上，以社会设计为手段，通过设计思维、技术和方法，对乡村内外部资源进行整合、创新和优化，以推动乡村社会、产业、文化、生态等全面发展。这一过程不仅注重提升乡村的外在形象，更强调激发乡村的内生动力，实现乡村的可持续发展。

一、设计赋能乡村振兴的理论边界

新内生发展理论聚焦于资源、参与及认同三大核心要素，其理论框架构建于内外部资源的联动与地方-超地方关系的基础之上（顾鸿雁，2021），着重于确保地方在发展选项上的决策自主权、发展进程的控制权，以及发展利益的共享权（张文明和章志敏，2018）。以此为据，设计赋能乡村振兴的理论体系核心包括乡村资源的内生性开发、村民的广泛参与，以及文化认同的强化。在此体系中，当地政府扮演主导角色，而运作主体则由传统村干部逐步转变为具有公益导向的设计团队。资源内生性开发涉及乡村内部资源的发掘与外部资源的整合。内部资源的发掘要求设计团队对乡村的自然禀赋、人文积淀及社会资本进行全面梳理与评估，识别并培育具有潜力的特色产业与优势资源，通过科学规划与合理利用，促进乡村文化的复兴与产业的繁荣。外部资源的整合则是指在深入发掘内部资源潜力的基础上，设计团队与地方政府携手，吸引外部社会的资金注入、技术引进及人才流动，借助市场机制与社会力量的广泛参与，构建多元化的资源投入体系，为乡村设计赋能项目提供支撑。村民参与要求设计团队采纳参与式设计理念（Wang et al.，2016），鼓励村民直接介入乡村规划与设计的全过程。通过组织村民大会、意见征集会议等形式，广泛搜集并吸纳村民的意见与建议，确保乡村设计紧密贴合村民的实际需求与利益关切。同时，以提升村民的乡村建设技能为目标，定期或不定期地开展各类技能培训班、技术交流会，并争取政府支持，引导村民外出接受专业培训，增强其自我发展能力。文化认同的强化则是指设计团队通过深入挖掘与传承乡村优秀传统文化、历史故事及独特自然景观，激发村民对乡村的深厚情感与归属感。这种文化认同不仅是乡村设计赋能行动得以顺利推进的基础，也是激发村民主动参与乡村建设的内在动力与价值导向（皮永生等，2024）。

社会创新是为解决复杂的社会问题而创造出更加有效、更加公平的产品和服务的过程（Beckman et al.，2023）。社会创新的特点是开放性和加速度，开放性是指多样化的社会成员参与，加速度是指加快整个创新的过程（Fayard，2024）。设计赋能的核心理念既采纳了社会创新理论的相关观点，也采用了社会设计的相关理念，还区别于曼奇尼（2016）的社会创新设计概念。本书用三个核心理念来界定基于社会创新理论的乡村设计赋能，这三个理念是：以人为本的参与式协作、创造一种新型社会关系、以获取经济收益为导向的创新行为。以人为本的参与式协作体现了社会创新的民主性原则，即强调通过广泛的社会参与和平等的权力分配实现社会变革的过程。创造一种新型社会关系是指建构人与人、人与自然、人与社会关系的社会方式或社会形态，它不同于社会设计强调的政府与市场之外的棘手问题，乡村设计赋能所创造的社会关系是在政府推动、市场拉动的共同作用下形成的，旨在改善邻里关系，创造和美的乡村社会。以获取经济收益为导向的创新行为体现了社会创新的工具性原则，这不同于社会设计、社会创新设计所倡导的非营利性，乡村设计团队需要有足够资金运行项目，这就需要当地政府投入，或者吸引社会投资，并且设计赋能的最终目的是为村民带来更多经济收入，需要以市场导向开发乡村产业改善当地经济，创造乡村经济价值。

基于新内生发展理论和社会创新理论的乡村设计赋能是一种综合性的乡村社会实践活动，它旨在建立一个自下而上的协作者网络，将当地社区与本地以外的参与者聚集在一起，并寻求通过网络刺激社会创新（Xin and Gallent，2024），以产生新的治理机构（例如设计师与村干部的协同治理）和社会影响力（例如基础设施改善、村民幸福感提升等）。新内生发展理论指导下的设计赋能强调乡村发展应依赖于本地资源、技术和文化，强化制度嵌入、外来资本投入和观念引领（覃梦妮等，2024），进而驱动本地居民参与和自我发展，激发乡村的内生发展动力。

社会创新理论指导下的设计赋能通过嵌入设计思维，用创新的理念和手段设计新的艺术和文化活动，来解决乡村社会问题、创造乡村价值、促进乡村社会创新、提高村民的生活质量和社会福祉。

设计赋能融合新内生发展理论和社会创新理论，以社会设计为手段，主要体现在社区参与和治理、跨界合作与网络关系、乡村文化保护与传承、乡村经济与社会融合方面。具体而言，在社区参与和治理方面，设计赋能现象鼓励村民参与乡村设计和管理，通过社区自治和民主决策，提高村民的参与感和责任感，构建和谐的乡村社区。在跨界合作与网络关系方面，设计赋能现象往往需要艺术家、政府、企业和村民等多方的合作与协作（张海彬等，2022），设计师整合各方资源和力量，共同推动乡村的全面发展。在乡村文化保护与传承方面，设计赋能重视乡村优秀传统文化的保护和传承，通过艺术的方式呈现产品和服务，激活了村民对乡村的历史记忆和文化认同，增强村民的文化自信和凝聚力（李倩，2021）。在经济与社会的融合方面，设计赋能现象通过转化乡村资源来发展乡村旅游、手工艺、文化创意产业等，将文化资源转化为经济资源，实现文化与经济的有机结合，促进乡村经济的多元化发展。

二、设计赋能乡村振兴的应用边界

从方法论上讲，设计赋能强调设计思维与方法的运用。设计赋能的核心在于设计思维的实践。设计思维注重以用户为中心，通过同理心观察、定义问题、构思解决方案、原型制作及测试等步骤，创造性地解决问题。这种思维方式促使设计师在赋能过程中能够深入洞察被赋能对象的实际需求，从而提出更加精准且有效的设计方案。设计赋能的关键在于设计方法的应用，这些方法包括用户研究、需求分析、概念设计、场景构建、用户体验等，它们共同构成了设计赋能的技术支撑体系。通过运用这些方法，设计师能够系统地分析和解决问题，确保设计方案的可行性和有效性。

从核心理念上讲，设计赋能强调以人为本的价值共创与价值传递。设计赋能的本质在于创造价值，设计师倡导"全民参与"，通过创新设计，为被赋能对象创造新的价值点，如增加村民知识技能、提升乡村功能、优化生活空间、强化乡村品牌形象等。这些价值点的创造，不仅激发了村民的参与热情，也推动了乡村的可持续发展。设计赋能还涉及价值传递过程，设计师需将所创造的价值有效地传递给村民和市场，以实现价值的最大化。这要求设计师在设计赋能过程中，始终以村民为中心，注重与村民的沟通和互动，了解村民的反馈和需求变化，及时调整和优化设计方案，以确保价值传递的顺畅与高效，从而实现乡村价值共创的目标。

从方式和手段上讲，设计赋能需要跨领域的合作来整合乡村资源。设计师需要与不同领域的专家、团队进行紧密合作，同时也需要政府的支持和市场的推动。他们共同构成了乡村利益共同体，共同应对乡村发展中的复杂问题。这种跨领域的合作有助于汇聚更多的智慧和资源，推动设计赋能的深入发展。设计赋能还涉及资源的整合与优化配置，设计师需要充分利用各种资源，包括技术资源、人才资源、市场资源等，来支持设计赋能乡村振兴的实施。通过资源的整合与优化配置，设计师能够提升设计赋能的效率和效果，实现资源的最大化利用。

从领域边界上讲，设计赋能旨在推动乡村产业振兴、人才振兴、文化振兴、生态振兴和组织振兴。在产业振兴方面，通过设计促进农业与旅游、教育、文化等产业的深度融合，推动一二三产业的融合发展，形成多元化的乡村产业体系；挖掘乡村文化资源，发展文化创意产业，将传统乡村文化元素融入现代产品和服务中，创造具有文化内涵和审美价值的产品及乡村服务，满足消费者的多样化需求；利用设计手段打造具有地方特色的农产品品牌，提升产品的附加值和市场竞争力，如通过品牌设计、包装设计等方式，将传统农产品转化为具有品牌效应的商品，增加村民收入。在人才振兴方面，鼓励村民参与乡村设计工作，激发村民的创造力和积极性，实现从"授之以鱼"向"授之以渔"的转变（丛志强和张振馨，2020），提升村民的参与度和贡献度；用设计联通政策与市场，畅通人才"内培外引"的体制机制，提升村民的整体素质。在文化振兴方面，通过设计手段对乡村优秀传统文化进行传承与创造性转化，保持文化的活态传承，如利用现代设计语言重新诠释传统文化元素，以文创产品、戏剧等形式展示当地文化；通过设计赋能建设乡村公共文化空间，如图书馆、社区广场等，为村民提供文化交流和学习的平台，提升乡村文化的软实力。在生态振兴方面，通过景观设计、生态修复等手段，改善乡村生态环境，提升乡村的宜居性，倡导绿色设计理念，推动乡村经济的可持续发展。在组织振兴方面，以参与式设计为核心，激发村民的积极性与创造力，吸引更多乡村利益相关者加入，组建一个更加柔性和开放的乡村建设共同体；强化社区凝聚力，通过改造社区公共空间、策划文化活动等乡村设计项目，增强村民之间的交流和互动，提升社区认同感，从而增强乡村组织的凝聚力；推动乡村治理模式创新，通过参与式设计和协同治理，让村民成为乡村治理的主体，参与决策过程，提升他们的自我管理能力和责任感；强化社会支持网络，通过建立社会支持网络，如志愿者团队、社会组织等，为乡村组织提供人力、物力、财力等方面的支持，共同推动乡村组织的振兴。

第三章

设计赋能乡村振兴的路径探索

近年来，国家和地方政府为了鼓励和支持各地乡村振兴，探索先行先试地方经验，推广乡村振兴发展模式，比如浙江省发布"浙江省乡村振兴十大模式"。这些乡村振兴模式具有代表性，但将实践经验总结为方法论的乡村振兴模式的划分依据是什么？更为深层次的理论基础是什么？这些问题还需进一步解答。相同的问题也会出现在设计赋能乡村振兴领域。正如前文所述，内生式发展理论要求以村民为中心。村民需要传统的乡村生活方式，设计赋能就要挖掘和再现乡村传统生活场景，实现乡村文化活化。社会创新理论具有"差异化"的内涵要义，这就要求避免村庄同质化发展。由此，设计赋能不仅是使传统乡村部落生活方式得以延续和再造，也是改变乡村建设"千村一面"的困境，增强乡村自身"造血功能"，让村庄活起来、产业旺起来、村民富起来（李晓等，2023）的必由路径。

从新内生发展理论的视角来看，乡村为村民而建，村民主体地位不可动摇，村民的获得感、安全感和幸福感是乡村建设成效的唯一"黄金"标准。设计赋能能够打造出让村民更具获得感、安全感和幸福感的乡村，其中的路径机制值得探索。从乡村社会创新和乡村社会设计实践来看，设计赋能至少包括引导村民参与、获得安全感、重塑乡村文化、开发乡村产业、改造基础设施和打造宜居环境等设计行为，一系列设计行为会引发村民认知的改变，这种变化的内在机制需要思考。基于组态思维的 fsQCA 为解决此类问题提供了解决方案，fsQCA 允许研究者从复杂的因果关系中识别出关键的因素组合，这些因素组合共同作用，导致某一特定结果的出现，这种方法特别适用于探索分类问题的情况。据此，本章尝试建构设计行为与村民幸福感之间的组态模型，使用 fsQ-CA 方法计算出不同的组态，结合案例实际情况，选择可能组态作为设计赋能乡村振兴的不同模式，为后续进一步案例研究提供理论基础。

第一节　设计赋能乡村振兴的组态模型

一、组态思维与 QCA

系统科学的出现，引导科学范式从还原论转向整体论（李曙华，2006）。建立在经济学边际分析技术基础上的回归分析技术假设自变量独立起作用，并聚焦于单个变量的净效应（里豪克斯和拉金，2017），忽视了变量之间存在的相互依赖关系和可能的"化学反应"（杜运周和贾良定，2017），在分析整体性问题上存在天然缺陷。组态分析（configurational comparative analysisi）为解决这类系统问题提供了新的方法，组态分析以案例为导向，每个案例都被视为由一系列属性所组成的复杂组合（里豪克斯和拉金，2017）。组态分析受到了组织管理、战略管理领域的关注：一是因为组态分析采用了整体思维，更加符合现象内部要素之间的互相依赖性和因果复杂性；二是因为组态分析能够很好地解释因果非对称性。组态分析常采用定性比较分析（qualitative comparative analysis，QCA）方法。美国社会学家查尔斯·拉金于 1987 年编写 *The Comparative Method：Moving Beyond Qualitative and Quantitative Strategies* 一书，后经杜运周和李永发翻译传入中国。此书介绍了一种新型的系统论方法：定性比较分析（QCA）。此方法一经推广，便在中国学术界引发轰动，2017 年至 2024 年 7 年时间内总共刊发了（CSSCI 收录期刊）大约 430 篇相关主题的文章[①]。QCA 采用系统论的组态思想，从等效性、并发性和非对称性

[①]　2024 年 8 月 27 日在 CNKI 检索的数据。

来解释特定结果产生的前因条件组合（池毛毛等，2024），突破了传统回归模型只关注变量净效应的局限。

（一）QCA 的核心假设

QCA 作为一种先进的研究方法，巧妙地融合了定性（案例导向）与定量（变量导向）两种研究范式的优势，构建了一座连接案例研究与理论构建的桥梁。该方法的核心在于其独特的理论视角和分析框架，它摒弃了传统因果推理中单一原因独立作用的"可加性"假设，转而强调"并发因果关系"的重要性（杜运周和贾良定，2017；里豪克斯和拉金，2017）。在这一框架下，多个原因的并存与组合（即原因组态）被视为导致特定结果出现的关键，且某一特定的原因组合并非通往某一结果的唯一路径，其他不同的原因组合同样可能导向相同的结果（里豪克斯和拉金，2017）。这种分析思路不仅加深了我们对复杂社会现象的理解，还促进了理论与实践之间的深度对话。QCA 的发展进一步体现在其两大核心假设上：等效性假设与非对称性假设。等效性假设揭示了多种不同的条件组合（即等效组态）能够产生相同的结果，这些组态可能在核心条件方面有所差异，也可能在核心条件一致的情况下，边缘条件有所不同。这一假设挑战了因果关系的唯一性观念，强调了因果关系的多样性和复杂性。非对称性假设则进一步深化了我们对因果关系的认识，它指出导致结果出现与不出现的原因往往是非对称的。具体而言，因果非对称性意味着同一因素在不同情境下（如高效与低效的设计行为）对结果的影响可能是截然不同的，这一观点颠覆了传统线性分析中的对称性逻辑，即正向因素的存在不能简单地推导出其反向因素必然导致相反的结果。此外，条件非对称性强调了不同组态中条件作用的非普遍性，某一条件下在某组态中发挥关键作用，可能在另一组态中完全不存在或产生相反效果（杜运周和贾良定，2017），这要求我们在分析时充分考虑情境的具体性和动态性。

QCA 不仅从概念上革新了我们对因果关系的理解，还在方法论上提供了一套强有力的工具，使得研究者能够深入分析复杂社会现象背后的多元并发因果关系。它在社会科学、管理学、政策分析等多个领域得到了广泛应用，帮助学者和政策制定者从纷繁复杂的现实世界中提炼出具有解释力和预测力的理论模型，为解决实际问题提供了更为精细和全面的视角。随着研究的深入和方法的不断完善，QCA 有望在更多领域发挥其独特的价值，推动学术研究与社会实践的深度融合。

（二）QCA 的类别

定性比较分析（QCA）作为一种强大的分析工具，包含了三种具体的方法（里豪克斯和拉金，2017）：清晰集定性比较分析（csQCA）、多值集定性比较分析（mvQCA）和模糊集定性比较分析（fsQCA）。每种方法都基于集合论和布尔代数理论，通过逻辑运算深入探索导致某一结果出现的充分和必要条件，并揭示了不同条件组合下的多种路径。

清晰集定性比较分析（csQCA）是 QCA 中最基础的一种方法，它专注于处理条件变量和结果变量均为二分变量的案例。在 csQCA 中，变量的值被严格限定为 0 或 1，分别代表条件的不存在和存在。这种方法特别适用于那些变量只能明确区分为两个极端状态的情境，如是否拥有某项资源、是否采取某种行动等。然而，csQCA 在处理统计分析中常见的定距变量时显得力不从心，因为它无法捕捉变量在连续范围内的变化。为了克服 csQCA 的这一局限，多值集定性比较分析（mvQCA）应运而生。mvQCA 在清晰集二分法的基础上进行了扩展，允许变量具有多个可能的状态。通过为变量分配如 0、1、2 等数值，mvQCA 能够更灵活地处理具有多个等级的变量，从而提供了更丰富的信息。这种方法在处理具有多个可能状态的变量时更加灵活，能够揭示出更多层次的因果关系。模糊集定性比较分析（fsQCA）则是 QCA 中最先进的一种方法。它允许变量在 0 到 1 之间的连续范围内变化，从而能够更精确地反映现实世界的复杂性（拉金，2019）。在 fsQCA 中，研究者可以对分析条件进行精细的校准，使其更贴近实际情况。这种方法不仅能够处理二分变量和多值变量，还能够处理那些难以明确区分的模糊变量，从而提供了更全面的视角来探索因果关系。

（三）QCA 方法研究进展

QCA 方法在社会科学研究，特别是管理学领域中，近年来取得了显著的研究进展。本书从该方法的应用范围、理论发展以及方法论创新等角度进行归纳总结。在应用范围方面，QCA 方法已经从最初的管理学领域扩展到多个研究领域。国内外学者利用 QCA 方法探讨了组织创新、创业管理、公共管理、政策服务以及数字经济与转型等多个领域的问题（池毛毛等，2024）。特别是在国际研究中，QCA 方法被广泛应用于战略管理、公司治理、外国直接投资流入以及研发投资等主题的研究中。这些应用不仅展示了 QCA 方法的灵活性，也证明了其在处理复杂因果关系和多因素并发问题上的有效性。在理论发展方面，QCA 方法强调组态视角和配置理论的重要性。它突破了传统因果关系的线性、对称性限制，通过子集合关系来表达多因并发的组态效应和因果非对称性（杜运周等，2021）。这种方法有助于从源头上规避反向因果、遗漏变量偏差和样本选择偏差等内生性问题。此外，QCA 方法还推动了复杂系统理论在管理学研究中的应用，为理解复杂因果关系提供了新的理论框架。近年来，学者们还探讨了动态 QCA 方法的发展，如时间序列 QCA（TSQCA）以及多时段 QCA 等（杜运周等，2021），这些方法为处理动态和复杂管理问题提供了新的工具。在方法论创新方面，QCA 方法不断与其他研究方法相结合，形成了多种混合方法研究策略。例如，将 QCA 与多案例研究、过程追踪、层次线性模型等方法相结合，以及用回归分析构建出复杂中介模型（杜运周等，2024），可以更加深入地理解复杂现象背后的因果关系。此外，学者们还探索了 QCA 方法在数据处理、条件选择、结果解释等方面的优化策略，以提高研究的准确性和可靠性。综上所述，QCA 方法在近年来取得了显著的研究进展。其应用范围不断扩大，理论框架日益完善，方法论创新层出不穷。未来，随着研究领域的不断拓展和研究方法的逐渐完善，QCA 方法有望在社会科学研究中发挥更加重要的作用。同时，对于中国管理学学者而言，深入理解和掌握 QCA 方法，将有助于推动中国管理学研究的理论创新和实践应用，更好地在国际舞台上讲述"中国故事"。

二、设计赋能乡村振兴组态模型的结果变量

（一）设计赋能中的村民中心地位

设计是一种以人为中心的实践活动，为人的生存、生活和发展得更容易、更有意义而制订解决方案（Ekman et al.，2011）。乡村设计赋能旨在激活村民的主体意识，培养村民共情，让村民自觉、自动投入到乡村建设中来（吴文治等，2023）。在乡村建设中，如果没有村民参与、意愿和伙伴关系，任何振兴乡村的活动都不能长久（Ekman et al.，2011）。受到新内生发展理论和社会设计思想的影响，在设计赋能的主体性讨论中，倡导多元主体协同参与已经成为设计师的共识，一些设计研究和设计实践中明确了多元主体的作用和地位以及如何发挥协同力量，这些研究探讨了乡村设计多元主体的有机互补、价值互溶（吴文治等，2023），同时这些研究和实践也承认多元主体的思维冲突，并提出多元主体间的对话和互动之道。值得注意的是，乡村设计往往也会存在主体屏蔽（丛志强和张振馨，2020）的困境，即把村民排除在乡村建设之外，只强调创造"乡村物"，而忽视塑造"乡村人"，造成了设计价值与赋能村民的鸿沟（丛志强和张振馨，2020）。要想真正把设计转化为乡村发展驱动力，只有把"输血式"设计转变为"造血式"设计，激发村民主体意识，赋予村民以能力。总之，乡村是村民生活的空间载体，乡村建设要适应村民对美好生活的追求（胡春华，2022），村民对村庄建设的满意度决定着乡村设计的成败。乡村建设以村民为中心的发展理念不能变，村民既是发展乡村产业的中心，也是直接受益者（可靖涵，2022）。从村民角度对设计赋能的成效进行评价，更能准确地认识乡村

发展规律，刻画乡村现实特征。基于此考虑，应该建立以村民态度和情感为价值准则的乡村设计赋能影响力评价体系，并在此基础上建构相关的研究理论和假设。

（二）村民的幸福感

推进农村现代化，不仅物质生活要富裕，精神生活也要富足。设计赋能在助力当下乡村生产和村民物质生活水平提高的基础上，更需要增加对村民精神生活的关注，围绕其形成特有的乡村文化建构（翁剑青，2024）。中国的乡村设计赋能开展得轰轰烈烈，取得了较为显著的成效，主要表现为：①村民文化品位提升。设计赋能为乡村带来了独特的文化氛围和艺术气息，使乡村环境更加美观和宜居。设计赋能使村民更加了解村庄的传统文化和历史，增强了他们的文化自信和归属感（吴文治等，2023）。通过参与设计赋能的活动和项目，村民们的文化素质和艺术修养也得到了提升。②乡村旅游兴旺。设计赋能推动了乡村旅游的发展（Qu and Zollet，2023b），使乡村成为热门的旅游目的地。游客们可以欣赏乡村的美景、体验乡村的生活、购买乡村的农产品和手工艺品，从而带动乡村经济的增长，但也不可否认，这种经济收益上的提升，受到时段性（比如节假日）的影响（Qu and Zollet，2023a）。③多元业态融合。设计赋能促进了乡村产业的多元化发展，形成了"艺术＋产品设计""艺术＋乡村旅游"等不同的文化业态（Qu and Zollet，2023b）。这些新业态为乡村带来了更多的经济收益和就业机会，推动了乡村的可持续发展。以上显著成效也大大提升了村民的幸福感，这是本书采用村民幸福感作为设计赋能衡量标准的原因所在。

幸福感是心理学研究的重点。起初，研究者认为幸福感是外在的评价，希望建立一套客观的外在标准去衡量幸福感，后来，随着积极心理学的兴起，研究者开始关注幸福感的个人主观感知（Andrews and Withey，1976）。认知心理学又把幸福感的研究引导到认知活动领域中，并加入满意度等测量标准。Andrews 和 Withey（1976）对幸福感做出了一个全面定义："幸福感是由感受的满意度以及积极消极情感强度而整体评估而成的"。众所周知，幸福感也存在个体与整体、系统与结构、中西方（高良等，2010）的区别，不同的文化孕育不同的幸福感。幸福感除了有中西方区别外，还有市民与村民（鲁强和徐翔，2017）等群体的差异，村民的幸福感自然成为我国学者关注的重点，尤其是在乡村振兴的背景下。纵观国内学者对中国农村村民幸福感的研究，大多数集中在幸福感的影响因素上，而且视角多样化，例如收入增长（尤亮和马千淇，2023；蒲实和袁威，2019）、社会支持（周悦等，2019）、关系网络（郑沃林等，2021）、社会经济地位（彭开丽和杨宸，2021）、主观感知的环境污染程度（潘丹和胡启志，2022）等。此外，赋权、强化农民行为能力、推进人居环境整治有助于提升村民幸福感（罗必良等，2021）。一项研究表明，影响村民幸福感最为重要的因素是生活水平以及与同村居民的横向比较，但感知到与城市居民的差距时，他们反而没有感到不幸福，这种"小富即安"的价值观念（廖永松，2014）恰是研究村民幸福感的现实基础，也是设计师引导村民参与乡村设计的行动指南。同时，不同年龄段的村民有不同的幸福感。老年村民秉持"小富即安"的价值观念，对他们来说，生活环境的改善、"日出而作，日入而息"的小农生活就是幸福；对于年轻村民而言，幸福感则来源于乡愁的满足感与收入提升等。

设计作为乡村振兴的有效手段，与村民幸福感之间具有天然联系，对于这种联系的解释也是设计学家所关注的焦点。赵泉泉（2022）根据《世界幸福报告》《设计芬兰计划》与《为幸福而设计》三份报告，解读了芬兰为提升幸福感而实施的政策实践。陈正达和黄倩（2023）为呼应幸福的复杂性和多元性，提出幸福多维设计的概念。张苏秋（2020）的研究显示，个体参与艺术活动可以通过提升学习能力、社交能力和认知能力明显提升幸福感，这是因为艺术参与改善了个体的闲暇体验等，但过度参与艺术体验可能因挤占劳动时间而产生对劳动生产率的挤出效应，从而降低自身幸福感。陈茗瑾和陈正达（2024）以社区心理学为基础，总结出社区个体幸福感的来源：一是社会给予，社区是一个给予个体归属感、让居民感到幸福的生活共同体；二是人际互动，居民在社区中具有认同感，能够把社区视为相互交流的平台；三是人的自身满足，居民能够很自然地融入社区，在社区中达到幸福和谐的理想状态。为了实现这种理想状态，陈茗瑾和陈正达（2024）从功能需求、情感需求和精神需求角度提出三个设计方案：营造共享社区空间、提供多元人文关怀、培育丰富社区文化。

经上分析，把村民幸福感设置为组态模型的结果变量。

三、设计赋能乡村振兴组态模型的条件变量

如第二章所论述，中国的设计赋能现象产生了一定的社会影响力，但还未形成统一的标准和模式。这使得在回答"设计赋能如何提升村民幸福感"的问题上存在不同的答案。通过设计赋能提升村民幸福感，主要体现在以下几个方面：①提高乡村社会融合程度。在农村实施设计赋能行动，首先要鼓励和吸引村民参与，可以通过公共空间和社区活动的规划与设计来促进人们之间的交流与合作，增强社区归属感和社会凝聚力，从而提升社会幸福感。②构建良好的社会支持网络。良好的社会支持网络是幸福感的重要来源，设计赋能通过提供必要的社会服务、建立支持网络和完善乡村基础设施，帮助个体在面临困难时获得帮助，减少孤独感和社会排斥，增强社会安全感和信任感。③改善居住环境。设计赋能关注生活环境的质量和美感，通过改善居住环境、工作空间和休闲场所，创造更加舒适、美观和功能齐全的空间，以满足人们的物质和精神需求，提升生活满意度。④提升经济和社会公平水平。受到社会设计思想的影响，设计师实施的设计赋能行动会追求经济和社会资源的公平分配，围绕减少贫困、提供教育和就业机会、消除歧视等问题来开展，提升村民的公平感和正义感，这对于提升村民幸福感至关重要。⑤加深文化和身份认同。设计赋能尊重个体差异和倡导文化多样性，通过文化

活动和艺术项目来强化个体和群体的文化身份认同，这对于村民的自我价值感和幸福感有着积极的影响。

总结来看，设计师进入乡村后，以现有的乡村基础设施为基础，充分考虑村庄安全、文化和生态等因素，调动村民与利益相关者参与其中。设计赋能的过程是民主过程，设计师强调赋予村民设计决策权，号召村民、其他利益相关者组成设计团队，以工作坊或者议程例会形式分享各自观点和创意，一起来制定解决方案。由此，引导村民参与是实施设计赋能的第一要务。正是设计赋能的民主性和参与性，才保障了参与者的主观安全感和尊严感，例如，在设计改造村庄时，村民要时不时考虑隐私安全、住宅安全、外来人的信任安全等，参与的民主性赋予他们终止合作权和设计决策权，另外，乡村空间打造给乡村增加了艺术气息，这些艺术元素对村民安全感也起到提升作用。获得安全感决定了村民参与的深度与广度，是设计赋能不能忽视的问题。乡村文化是凝聚乡村力量的精神纽带，以设计赋能的方式提高村民的文化自信，进而提升村民主体能动性、打造更多乡村文化载体（刘东峰，2023），培养更多乡村设计赋能人才，有效提升乡村文化变现能力。乡村要发展，产业要先行，融合政府与市场是设计赋能持续增效的保障。反之，设计赋能要时刻为村民发展乡村产业，开展村民运营培训，将乡村建筑空间（民宿）、乡村特色与乡村农产品与创意设计结合起来。基础设施是产生和维持社会共鸣与情感连接的系统或结构（Thompson，2015）。在乡村社会的设计赋能中，设计师在实现从用户代理人到社会代理人的角色，从关注"物"的形态到关注社会物质的动态过程中，将设计赋能视为对乡村社会持续的基础设施建设，才会产生本质的转变（Bjoergvinsson et al.，2010）。建设宜居宜业和美乡村是党的二十大以来全面实施乡村振兴战略的重大部署。打造宜居环境是"两山论"的题中之义，更是和美乡村建设的可观、可见的成效。以上论述也得到了其他学者的证实，如：Sangiorgi（2011）在社会变革设计准则中，重点谈到了公众参与和基础设施；Huang 等（2021）在评估中国扶贫项目社会影响力时，把公众参与和安全感作为测度指标，可见公众参与和安全感对于乡村振兴的重要性；张挺等（2018）在评价中国乡村振兴时，引入产业兴旺、生态宜居和乡村文化等作为测度指标。

经上分析，把引导村民参与、获得安全感、重塑乡村文化、开发乡村产业、改造基础设施和打造宜居环境六个设计行为设置为组态模型的条件变量。

四、设计赋能乡村振兴组态模型的建构

在帕帕奈克之后，一个被普遍接受的观点是：社会设计的价值取向是以人为本，旨在改善那些金字塔底层人群的生活质量。以社会设计思想体系为内核的设计赋能是乡村振兴的功能中介，在整合乡村外源资源和激发村民内生动力方面发挥了重要作用。设计赋能乡村振兴，既要考虑乡村有形的物品设计，还要考虑无形的社会物质（Tonkinwise，2015）。有形的物品表现为乡村产品、生态环境和场所空间等，无形的社会物质则表现为服务意识、社会关系、生活质量（Markussen，2017）等，这些社会物质营造了一种乡村文化，能够促进、维持某类社会生活。这类社会生活以发挥村民主体性为宗旨，为提升乡村社会福祉而努力（Margolin V and Margolin S，2002），以提高村民幸福感、获得感和安全感为目标（Xiao and Jiang，2023）。每一次设计赋能带来的变化和影响都是不同的，不能用相同的标准来评价设计赋能实践，但在中国新时代乡村振兴语境中，推进宜居宜业和美乡村建设成为当下乡村振兴的主旋律，和美乡村建设以村民幸福感提升为主要目标，这必然要求设计赋能乡村振兴的成效要以村民幸福感为评价标准（Anusic et al.，2017），至少要把村民幸福感看作评价标准之一。

在新内生发展理论和社会创新理论基础上，设计赋能至少包括引导村民参与、获得安全感、重塑乡村文化、开发乡村产业、改造基础设施和打造宜居环境等设计行为，这些设计行为与村民幸福感之间有什么关

系？为了回答这个问题，采用组态理论（configurations theory），建构一个组态模型，其中设计赋能的六个设计行为是组态模型的条件变量，村民幸福感是组态模型的结果条件（图 3-1）。根据拉金的观点，社会现象发生的原因条件间多是相互依赖而非独立的，解释社会现象发生的原因需要采取整体的、组合的方式（拉金，2019；杜运周和贾良定，2017）。基于此，该模型既能解释设计赋能六个设计行为之间的相互依赖关系，又能揭示设计行为提高村民幸福感的逻辑理路。

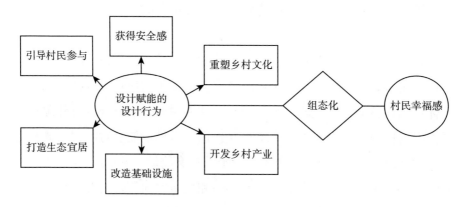

图 3-1　设计赋能提高村民幸福感的组态模型

（一）引导村民参与

在乡村设计赋能中，引导村民参与是以激发村民乡建热情为目标的，通过各项举措引导村民与设计师、其他利益相关者共同影响政府公共政策的活动，包括资金、劳动、智慧等投入活动（Woodhouse and Patton，2004）。这些举措有培养村民公民意识、促进村民发展、鼓励具有不同知识背景的村民和专业人才交流（Arbogast et al.，2020）等。村民参与到乡村的设计赋能实践中，成为乡村建设的"代理人"（Sangiorgi，2011），在创造福祉方面发挥着积极作用。丛志强和张振馨（2020）在葛家村的设计赋能实验中认识到赋能缺失与服务缺位的问题，他分析道：主体屏蔽的乡村设计造成村民集体意识减弱，自身责任和公共服务精神认知偏离，降低了农村生活幸福指数，形成"村民不爱村子"的局面。乡村设计赋能不应是直接为当地社区进行乡村改造和设计，而应该让当地村民参与其中，并积极考虑当地村民的教育现状和村民意识（Wang et al.，2016）。设计赋能引导村民参与可以从行为结果和心理满足两个方面影响村民的幸福感（Sun et al.，2021）。在行为结果方面，村民可以通过参与乡村设计得到政治、经济、制度、文化等方面的积极结果。在心理满足方面，村民作为社会成员具有参与社会行为的心理倾向，希望在个人态度、主观规范、知觉行为的影响下参与社会发展。因此，村民参与被认为是提升村民自身幸福感的重要因素。

（二）获得安全感

进入 21 世纪，人类在享受物质文明成果的时候，也时常感到不安全（余晓宝，2003），生态危机、粮食安全和社会关系危机等时常发生。在乡村，人与村庄每天在时空中发生联系，村庄的特定空间场所会对村民产生不同的情感效应，适宜且得当的乡村空间设计会给人安全感。如果乡村场所失去了"人气"，长久生活在此的村民则会感到缺乏依托，感到孤独和不安（余晓宝，2003）。在乡村设计赋能现象中，设计师总是考虑项目的安全性，例如，Sokak Bizim（sokakbizim. org）与市政当局合作，在城市范围内组织了关于行人和替代交通等安全问题的参与性运动（Gürdere Akdur and Kaygan，2019）。一般而言，乡村安全感是村民对所处社会环境的感受，对村民的行为及身心健康具有重要影响，对于提高村民对乡村的信任感、增加村民的幸福指数也有重要影响（符兴源等，2019）。因此，村民安全感常见于幸福感的指标体系中。Zhou（2013）认为个体幸福感来源于对自己生活状态的评估和对自己所处生活环境的比较，他进一步把环境特征、安全保障、收入状况和贫困程度等要素纳入到测量幸福感的指标中。Berg（2020）从人口流动的视角观察农村人口的被迫流动，他认为，农村人口流动很大程度上是因为他们想居住在更安全的地方。由此可见，乡村的安全感设计也是提升村民幸福感的关键因素。

（三）重塑乡村文化

乡村是中华五千年文化传承的重要载体，乡村优秀传统文化是乡愁的载体，是乡村的灵魂，是历代村民智慧、习俗、情感和技能的结晶（董占军，2021）。设计介入乡村建设，就是要把乡村优秀传统文化继承好、转化好。建设"乡村博物馆""乡村艺术馆"等文化设施，打造传统节日、非物质文化项目等文化标识，建设"农业遗产带"等文化载体。另一方面，乡村文化设计还要尊重村民的宗族文化和乡约民俗，增强村民的文化凝聚力，激发出村民的文化优越感（潘鲁生，2018）。乡村设计赋能产生了战略性和系统性的解决方案和新的文化（Xiao and Jiang，2023）。乡村文化设计过程实则是创造幸福的过程，设计师介入到当地乡村设计过程中，重构了乡村的生产组织关系，这一过程是对传统价值体系和文化进行重组的过程（Li et al.，2022）。例如，湖南大学的"新通道"社会创新项目对乡村文化资源进行再造，延续了乡村文化价值，形成了多元化发展的文化生态（郭寅曼和季铁，2018）。越来越多的文献证明，乡村文化是促进村民幸福感的重要组成部分。徐勇（2018）研究发现，乡村能够自发地孕育出丰富多彩的文化活动，村民沉浸在乡土风情浓郁的活动中，享受着辛勤耕耘后的欢愉，身心得以放松与愉悦，从而更加坚定了他们扎根农村生活的决心。Panelli 和 Tipa（2009）发现：人、地方和"自然-文化"关系的复杂交集是提升人们幸福感的重要维度。张德胜等学者（2023）提倡设计赋能要突出对幸福感的追求，将乡村适应现代审美转变到乡村自我创造价值和开拓市场上来。为了解决村民享受公共文化服务难的问题、缩小城乡文化差距，中国政府实施"六大文化惠民工程"（傅才武和刘倩，2020），事实证明，文化供给对村民幸福感提升具有非常好的作用效果（田立法等，2022）。由以上分析可以推断，重塑乡村文化是提升村民幸福感的重要因素。

(四) 开发乡村产业

乡村设计的介入有助于推动产业兴旺。依托乡村自然资源、文化基础和农产品特色,设计赋能要充分挖掘乡村文化并使其融入乡村产业发展,注重把生态人文优势转化为产业发展优势,形成从原材料加工、创意设计到产品营销的产业网络(潘鲁生,2018),形成以文化为核心的产业生产链条,打造一条集艺术、生态、旅游、农业产业等为一体的发展路子。首先,设计创意有助于农产品品牌打造和产品销售,利用设计创新提升农产品的品牌形象,构建整体服务框架,帮助农产品建立品牌,提升市场竞争力。例如,通过服务设计,可以帮助农产品实现线上销售,拓宽销售渠道。其次,手工艺活化则是另一条产业兴旺之路。通过设计思维和方法,促进手工艺与乡村社会、经济和环境的可持续发展。自"手艺农村"项目(潘鲁生和赵屹,2008)实施以来,我国的设计师就把农村传统手工艺活化列入乡村产业开发的目录中,手工艺活化也被认为是提升村民幸福指数的重要产业类别。这是因为乡村手工艺承载着丰富的文化和历史,是非物质文化遗产的重要组成部分,通过创新设计和现代营销手段,可以使传统手工艺与现代审美和市场需求相结合,从而实现文化的传承与创新。此外,手工艺产业具有能耗低、成本低、就业灵活的特点,特别适合居家就业和分散式生产,这有助于缓解乡村人口外流问题,促进乡村经济的多元化发展。这种艺术化的生产方式,不仅能够为从业者带来物质回报,还能够为从业者带来精神上的满足和幸福感,包括文化认同和创造性劳动的成就感。最后,随着乡村文旅产业融合,乡村产业发展中的原始物态也在经历由实用物品向文化符号的价值转化,并通过物的产出丰富乡村文化内涵,最终内化为发展动力(张德胜等,2023)。设计赋能还可以推动农业与旅游、文化、教育等产业的融合发展,通过开发乡村旅游项目、举办乡村文化节等活动,吸引游客前来体验乡村生活和文化。同时,利用乡村教育资源,开展农事体验、科普教育等活动,提升乡村产业的综合效益,村民的艺术素养在产业开发中得到全面提升（董占军，2021）。乡村艺术馆、美丽民宿等产业业态相继出现，产业复兴又会给村民带来经济收入的增长，从而提升了村民幸福感。以村民为主体、以农业为基础，不断激活各类资源、深挖特色价值，就能不断唤醒乡土之美，释放发展潜能（原韬雄，2022）。

（五）改造基础设施

设计赋能乡村振兴所涉及的基础设施元素丰富多样，大体分为主体基础设施和客体基础设施。第一类是主体基础设施，第二类是客体基础设施。主体基础设施即设计自身的基础设施，被视为一种动态的、开放的社会实践网络，号召全社会力量（包括政府、行业、民众、设计师、研究机构等）加入这个网络，通过合作和共同创造来支持持续的设计过程。要发挥设计的功能，需把设计放置在一个适合的环境中，或者设计师去开发一个适合的环境。在乡村，设计师去创造一个颠覆性的产品、服务或社会关系是远远不够的，他们还必须设想此类设计如何连接到现有的基础设施，或者为持续设计构建新的环境而改造现有的基础设施（Tonkinwise，2015），这个环境被称为共鸣基础设施。共鸣基础设施的建设是设计赋能的重要内容，被认为可以有效缩小城乡差距、减少贫困、提高村民的幸福感（Marinho et al.，2017）。类似地，曼奇尼用"赋能生态系统"的概念来表达（曼奇尼，2016b），致力于构建一个国际化的赋能系统，并于 2009 年创立社会创新与可持续设计网络（DE-SIS Network）（钟芳，2024），旨在推动全球社会创新设计运动。客体基础设施是乡村居住与建筑设施、公共基础设施等，强调艺术与文化的融入，以打造具有独特魅力和文化内涵的乡村环境，主要包括：①居住与建筑设施。对乡村中的传统建筑进行保护和修复，如古民居、祠堂、戏楼等，融入现代设计理念和艺术元素，同时，鼓励村民参与建筑设计，将个人喜好和艺术元素融入其中。充分利用乡村的自然景观资源，如山水、田园、林地等，使自然景观与乡村建筑、公共设施等融为一体，形成独特的乡村风貌。②公共基础设施。设计赋能会关注乡村道路的绿化和美化，如种植具有观赏价值的植物，设置艺术雕塑或壁画，使道路成为展示乡村艺术的走廊。建立集政务、文化、教育、医疗等功能于一体的公共服务中心，这些中心在设计上也会融入艺术元素。建设文化广场、剧院、图书馆、艺术馆等文化活动场所，为村民和游客提供丰富的文化活动空间。创建"互联网＋设计"模式，推广智能设施在乡村的应用，这些智能设施不仅提高了乡村的管理效率和生活质量，还融入了现代科技和艺术元素。基于上述分析，一般认为设计赋能的基础设施的建设水平是影响村民幸福感的重要因素。

（六）打造宜居环境

生态宜居蕴含着人与自然和谐发展，是"绿水青山就是金山银山"理念在乡村设计中的体现（潘鲁生，2018）。与城市相比，中国农村的生活环境长期处于落后水平，改善农村生活环境是设计赋能乡村振兴的重要内容。通过设计赋能打造宜居环境，首要是生态文明理念的推广，通过教育和宣传提高村民的环保意识，倡导绿色生活方式，使生态保护成为乡村文化的一部分。还要注重乡村自然生态的保护和修复，如森林、河湖、湿地等生态系统的整体保护和系统修复，以及耕地和传统村落的保护。建设宜居乡村要把农耕文明与现代文化结合起来，要把传统村落的建筑风格、自然风貌与当代诸多宜居要素结合起来（潘鲁生，2018）。设计赋能不但满足了村民对"乡村美"的需求，也满足了村民对"宜居"的需求。宜居是乡村振兴战略对改善农村生活环境提出的目标，不仅关乎村民的生活环境质量，也是影响他们幸福感的重要因素之一。随着中国经济社会的快速发展，人们对生活质量的要求不断提高，村民对于居住环境的期望也随之上升。此外，宜居通过乡村社会网络的建构来提升村民的生活意义。中国是典型的关系型社会，社会网络根植于邻里之间，农村地区更是如此。建设宜居生活环境的宗旨是有助于促进邻里之间的交往，形成和谐的农村生活网络（Xiao et al.，2022）。另外，"宜居"需要构建人与自然和谐共处的乡村环境，满足农村的现代化生活功能，包括基础设施建设、减少环境污染等（Lyytimäki and Pitkänen，2020）。生态宜居的乡村能够为村民提供清洁的水源、良好的空气质量、宜人的居住环境和丰富的绿色空间，这些都是提升村民幸福感的关键因素。

第二节 基于 fsQCA 的组态计算

一、研究方法的选取

本书采用 fsQCA 来研究导致结果变量产生的多种条件组合，以及它们之间的逻辑关系。之所以采用 fsQCA，是基于以下原因：一是，乡村设计赋能的功能是复杂多样的，设计行为会以一种组合的形式出现，并会引发相同的结果（Du and Kim，2021）；二是，fsQCA 可以检测村民高幸福感和非高幸福感的因果不对称性（Fiss，2011）；三是，fsQCA 不仅仅适用于大样本的分析，也同样适用于中小样本的分析，在管理学、社会学等领域有着广泛的应用前景，对于本研究 362 份的数据来讲，fsQCA 是非常合适的研究方法。

对于结合问卷调查的 fsQCA 方法，大致可以分为六个步骤（图 3 - 2）：第一步是条件变量和案例的选择，通过理论归纳演绎确定条件变量，条件变量的个数不宜过多，条件变量与案例个数要维持一定的比例，理想的条件变量是 4～7 个（Berg‐Schlosser，2012）。第二步是根据变量编制调查问卷，可以采用 Likert5 分量表，也可以采用 Likert7 分量表，通过预调研的形式收集当量的数据，利用因子分析等方法检验量表的信度和效度，删除无效指标，最终形成科学的测量量表，再进行大规模的问卷调研，当然，当预调研数据和问卷的拟合度较高，不需要对问卷做调整时，也可以采用预调研的数据来做后续的 QCA 分析。第三步是变量的校准，校准是给变量赋予集合隶属分数（在 0 到 1 之间）的过程

（Schneider and Wagemann，2012），把变量校准为集合，需要设定 3 个临界值：完全隶属阈值，完全不隶属阈值和交叉点。本研究是采用量表的研究，我们根据测量刻度与样本实际分布的关系（Misangyi et al.，2016），来确定临界值。第四步是必要条件分析，必要条件是当结果存在时，条件必然发生。分析必要条件需要构建真值表。在真值表中，每一行代表一个条件组合。由于每个单独的条件可以以存在或缺席的形式出现，因此，真值表的总行数为 2^k。第五步进行组态分析，通过"反事实"分析简化组态产生简约解和中间解，并区分核心条件和边缘条件，用 QCA 符号汇报结果，最后讨论研究贡献和意义（杜运周和贾良定，2017）。第六步是稳健性检验（Cilesiz and Greckhamer，2020）。在 QCA 中，某些参数的调整会引起分析分解的变化，这些参数有案例频数阈值、PRI 一致性、校准锚点等。如果这些参数的调整不会导致结果间子集合关系的发现有实质变化，视为分析结果是可靠的（杜运周等，2020）。

图 3-2　fsQCA 步骤

二、案例选择

本书采用分层抽样的方法开展调研，选取浙江省内 10 个经过设计赋能的村庄为研究对象。10 个案例村庄的选择标准如下：首先，在乡村设计行动实施前，该类村庄是典型的"资源贫乏村"（李卓和董彦峰，2023），表现为产业资源贫乏、经济基础薄弱、交通不发达等特点，这些村庄在乡村设计师、运营团队入驻后，经历至少 3 年的乡村设计实验，在当地产生了社会影响力；其次，有些村庄可能没有显著的设计师团队，但该村庄在"能人"引领下，秉承"设计思维"，乡建项目都以设计的方式进行，管理也可以"作为一种设计"（Boland and Collopy，2004）开展；最后选择的 10 个村庄尽量分散在不同地区，经济与社会面貌也有所不同。10 个村庄的情况如表 3-1 所示。

表 3-1　十个村庄的特征描述

村庄名	位置	经济与社会面貌
长埭村	杭州	位于杭州市西湖区转塘街道。村域面积 3.12 平方千米，全村有农户 360 户、1 521 人。村庄的大部分村民以种植龙井茶为生。2022 年，长埭村实现村集体经济收入 835.5 万元，村民人均收入 58 031.0 元（吴杨，2024）。截止到 2023 年底，村里入驻 200 多位艺术家、8 个艺术工作室，手作非遗工作室 31 个，艺术品牌 43 个
葛家村	宁波	位于宁波市宁海县大佳何镇。全村自然资源丰富，拥有耕地 691 亩 *、山林 9 543 亩、桂花林 800 亩。农产品资源不丰富。2022 年，人均年收入 4.2 万元。2019 年，中国人民大学设计团队开始乡村设计赋能实验。全村 40 多个艺术共享空间、300 多个文创品
沙滩村	台州	位于台州市黄岩区。村内有南宋古刹太尉殿、沙滩老街，是先前集镇的商业中心。沙滩村开发了"屿头馒头""屿头蜂蜜""屿头鸡蛋""麦鼓头"等优质特色农产品。2022 年，村集体经济收入 115.74 万元。2013 年，同济大学设计团队开始乡村设计赋能实验
岩头村	金华	位于金华市婺城区安地镇。全村共有 132 户 343 人。该村山水风光得天独厚，是多种传统"婺"文化的交织地。目前有 10 多家文化企业入驻，形成"文化＋文旅＋文创"的设计乡建模式。2022 年，村集体经营性收入达 426 万元。2019 年，诗画岩头（金华）文化产业园管理有限公司成立，并对全村进行整体规划设计
塔后村	台州	位于台州市天台县赤城街道。全村中药材资源丰富。有农户 384 户 1 185 人，有民宿 70 家。2022 年村集体净收入 172 万元，村民年收入超 3.5 万元。2017 年开始，由村支书带动实施乡村设计实验，是典型的能人带动型乡村
大港头村	丽水	位于丽水市莲都区。是"古堰画乡"的核心区块，主导产业为木制品加工、农家乐、旅游住宿服务等行业。2023 年村人均收入达到 5.04 万元。中央美术学院、中国美术学院等近 300 家高等院校在此建立艺术教育实践基地，深圳九九艺术品有限公司等 118 家艺术企业、机构入驻，年接待写生创作 15 万余人次，油画年产值 1.2 亿元

---

　*　1 亩＝1/15 公顷。——编者注

（续）

村庄名	位置	经济与社会面貌
横坑村	丽水	位于丽水市松阳县。全村 320 户 739 人。村域面积 6.65 平方千米，其中林地面积 8 670.63 亩，耕地面积 629.7 亩，主要产业为竹子竹笋、茶叶、高山蔬菜等绿色产品种植。2022 年村集体收入 43.97 万元；2023 年达 97.35 万元。入选"中国传统村落名录"、浙江省十大美丽乡村、浙江省 3A 级景区村庄。松阳县 2018 年启动"艺术家入驻乡村计划"，2019 年北京艺术家团队入驻横坑村
下山头村	温州	位于温州市乐清市大荆镇。村域面积约 2.1 平方千米，全村人口 630 户，2 056 人。发展以铁皮石斛产业为核心的"三产融合"新业态。2022 年，下山头村人均收入 4.5 万元。2015 年开始走村企合作道路，开创了"村集体＋企业"的乡村设计治理模式
千鹤村	杭州	位于杭州市建德市梅城镇。全村人口 430 户，1 372 人。主要种植粮食、茶叶、柑橘、绿色蔬菜等经济作物。发展农文旅产业。2022 年千鹤村集体总收入达 197 万元。由村集体主导打造"千鹤妇女文化"，2022 年开始探索乡村企业运营模式
城杨村	宁波	位于宁波鄞州区东钱湖镇。全村人口 364 户，936 人。以种植传统粮食和农作物为主。2020 年，中国人民大学设计团队入驻进行设计乡建，后采用乡村 CEO 运营模式

注：以上数据根据各级各类媒体报道整理。

为了更加全面地展示研究结果的可信度，每个村庄被调研的人数在 40 人左右，而且每个村被调研的村民覆盖了深度参与设计赋能的村民、未参与的村民、参与程度不高的村民。在调研过程中，研究人员需要面向村民解释问卷的各个题项，并对每位受访村民进行 1 小时的访谈，以获取更多的研究素材。在问卷调查前，按照标准程序完成了伦理审查工作。受访者也被告知相关信息，例如：受访者的个人信息不被公开，收集的数据仅仅用于科学研究等。在得到受访者允许后，总共在 10 个村庄访谈到 400 名受访者，对回收的问卷进行整理后得到有效数据 362 条，问卷数量符合 fsQCA 的分析要求。

三、研究变量与测量

采用 Likert 量表采集数据，量表有七个变量，分别是引导村民参与、获得安全感、重塑乡村文化、开发乡村产业、改造基础设施、打造宜居环境和村民幸福感（表3-2）。

引导村民参与有参与政治文明、参与技能培训和获得公众支持三个测量指标（Huang et al.，2021），克隆巴赫 α 值是0.825，AVE 值（平均提取方差值）是0.741。获得安全感的测量指标有提升村民健康水平、整治治安水平、重视食品安全和健全法治建设四个指标（张挺等，2018；Huang et al.，2021），克隆巴赫 α 值是0.800，AVE 值是0.625。重塑乡村文化的测量指标有文化教育与培训、乡村文化挖掘、优秀文化传播三个指标（张挺等，2018），克隆巴赫 α 值是0.874，AVE 值是0.798。开发乡村产业的测量指标有农村产业结构、文旅产业发达程度、农村市场化程度（张挺等，2018），克隆巴赫 α 值是0.857，AVE 值是0.778。改造基础设施的测量指标有设计师的关系网络、居住与建筑设施、公共基础设施三个，克隆巴赫 α 值是0.818，AVE 值是0.734。打造宜居环境的测量指标有丰富农业结构、治理生活污染、增加村庄绿化率和提高家庭信息化程度（张挺等，2018），克隆巴赫 α 值是0.787，AVE 值是0.611。幸福感的测量指标有对家庭经济收入感到满意、与邻里关系很融洽、对村庄的自然环境感到满意、对公共服务感到满意（Nanor et al.，2021），克隆巴赫 α 值是0.786，AVE 值是0.609。

表3-2 变量的测量指标

变量	指标	出处	克隆巴赫 α 值	AVE
条件变量				
引导村民参与	参与政治文明建设、参与技能培训、获得公众支持	Huang et al.，2021	0.825	0.741
获得安全感	提升村民健康水平、整治治安水平、重视食品安全、健全法治建设	张挺等，2018；Huang et al.，2021	0.800	0.625
重塑乡村文化	文化教育与培训、乡村文化挖掘、优秀文化传播	张挺等，2018	0.874	0.798

（续）

变量	指标	出处	克隆巴赫α值	AVE
开发乡村产业	农村产业结构、文旅产业发达程度、农村市场化程度	张挺等，2018；Huang et al.，2021	0.857	0.778
改造基础设施	设计师的关系网络、居住与建筑设施、公共基础设施	自拟	0.818	0.734
打造宜居环境	丰富农业结构、治理生活污染、增加村庄绿化率、提高家庭信息化程度	张挺等，2018	0.787	0.611
结果变量				
幸福感	对家庭经济收入感到满意、与邻里关系很融洽、对村庄的自然环境感到满意、对公共服务感到满意	Nanor et al.，2021	0.786	0.609

观测到各个变量的克隆巴赫 α 值都大于 0.7，说明测量模型有较好的内部一致性和稳定性（Gefen et al.，2000）。各个变量的 AVE（平均提取方差值）也都大于 0.5，说明量表有较好的收敛效度（Bagozzi and Yi，1988）。采用 Fornell and Larcker（1981）的标准检测量表的区分效度。如果 AVE 值的平方根大于该变量与其他变量之间相关系数的值，说明量表具有较好的区分效度。根据表 3－3，各项变量的 AVE 值平方根大于该变量与其他变量之间的相关系数，量表有较好的区分效度。

表 3－3　AVE 值平方根与变量之间的相关系数表

变量	AVE 值	AVE 值平方根与变量之间的相关系数						
		引导村民参与	获得安全感	重塑乡村文化	开发乡村产业	改造基础设施	打造宜居环境	幸福感
引导村民参与	0.741	0.861						
获得安全感	0.625	0.751	0.791					
重塑乡村文化	0.798	0.809	0.723	0.893				
开发乡村产业	0.778	0.839	0.638	0.781	0.882			

（续）

变量	AVE值	AVE 值平方根与变量之间的相关系数						
		引导村民参与	获得安全感	重塑乡村文化	开发乡村产业	改造基础设施	打造宜居环境	幸福感
改造基础设施	0.734	0.807	0.733	0.737	0.588	0.857		
打造宜居环境	0.611	0.859	0.758	0.756	0.765	0.687	0.782	
幸福感	0.609	0.852	0.751	0.739	0.712	0.728	0.779	0.780

四、基于 fsQCA 的计算过程

（一）变量校准

接下来对各个变量进行数据校准，将定性数据转化为可以用于分析的数值数据，这是 fsQCA 计算中的关键一步。采用拉金的直接校准法（拉金，2019），选择的三个阈值分别是：20% 是完全不隶属、50% 是交叉点、80% 是完全隶属。各个条件变量校准后的阈值如表 3-4 所示。

表 3-4 描述性统计和校准值

变量	描述性统计				校准值		
	均值	标准差	最小值	最大值	20%	50%	80%
引导村民参与	3.88	0.75	1.33	5.00	3.33	4.00	4.67
获得安全感	4.19	0.58	2.50	5.00	3.75	4.25	4.75
重塑乡村文化	3.75	0.82	1.33	5.00	3.00	3.67	4.53
开发乡村产业	3.65	0.80	1.33	5.00	3.00	3.67	4.33
改造基础设施	3.92	0.76	1.67	5.00	3.33	4.00	4.67
打造宜居环境	4.07	0.60	2.00	5.00	3.50	4.00	4.50
幸福感	4.13	0.60	2.00	5.00	3.33	4.00	4.75

（二）必要条件分析

在校准完成后，进行必要条件分析，这一步的目的是初步了解哪些因素对结果有直接影响。一致性水平通常需要大于 0.9 才被视为必要的条件。经计算，六个条件变量的一致性水平都低于阈值 0.9，说明六个条件变量不是产生高幸福感的必要条件。同时，在非高幸福感的必要条件测试中，六个条件变量的一致性水平值均低于 0.9 （表 3-5）。

表 3-5　必要条件分析

条件变量	结果变量 幸福感	
	一致性	覆盖率
引导村民参与	0.697 635	0.900 653
～引导村民参与	0.512 947	0.513 345
获得安全感	0.688 456	0.817 344
～获得安全感	0.470 188	0.504 763
重塑乡村文化	0.750 914	0.803 540
～重塑乡村文化	0.441 516	0.526 051
开发乡村产业	0.700 326	0.803 043
～开发乡村产业	0.451 613	0.500 833
改造基础设施	0.704 883	0.827 504
～改造基础设施	0.483 531	0.524 441
打造宜居环境	0.780 561	0.804 389
～打造宜居环境	0.413 688	0.514 899

注：在 fsQCA 的表达中，符号"～"代表"非"。

充分条件分析是确定一组条件是否足以导致结果发生的步骤，通过使用真值表进行。在构建真值表时，选择简约解和中间解来展示不同的路径条件。结合 Greckhamer 等学者（2018）的建议，构建真值表时，将一致性阈值和 PRI 一致性阈值分别设置为 0.8 和 0.75，案例频数阈值设置为 1。通过标准化计算后得到复杂解、中间解和简约解，通过中间解和简约解的并集来确定条件组态中的核心条件和边缘条件（表 3-6）。

表 3-6　不同乡村类型的组态

条件变量	高幸福感							
	S1：内生动力	S2：文化活化			S3：生态宜居		S4：产业助推	
	S1	S2a	S2b	S2c	S3a	S3b	S4a	S4b
引导村民参与	●	●	●	●	●	●		
获得安全感	●	●			●		●	●
重塑乡村文化		●	●			●	●	⊗
开发乡村产业	●	●	●	●			●	●
改造基础设施	●			●	●	●	●	⊗
打造宜居环境				●	●	●		●
原始覆盖率	0.443 0	0.458 8	0.477 0	0.503 8	0.460 1	0.506 0	0.443 7	0.124 5
唯一覆盖率	0.010 1	0.006 9	0.006 5	0.018 2	0.004 6	0.012 9	0.019 7	0.010 6
一致性	0.985 4	0.974 5	0.975 0	0.967 8	0.973 5	0.965 8	0.968 4	0.954 0
整体覆盖率	0.654 0							
整体一致性	0.934 0							

注：●表示核心条件存在；⊗表示核心条件缺失；●表示边缘条件存在；⊗表示边缘条件缺失。

（三）高幸福感的组态

正如表 3-6 展示的，总共提炼出 8 个组态，这 8 个组态能产生高幸福感。按照核心条件相同的组态可以构成二阶等价组态条件的原则（Fiss，2011），把 S1 单独归为一类，S2a、S2b 和 S2c 归为一类（称之为 S2），S3a 和 S3b 归为一类（称之为 S3），S4a 和 S4b 归为一类（称之为 S4）。特别说明，S4a 和 S4b 不符合 Fiss 原则，仅仅是为了后续研究需要，也是为了更好、更全面地解释某一类乡村。对四个组态进行命名，命名原则如下：①根据简洁性、整体性和独特性的要求（Furnari et al.，2021；杜运周等，2022），以核心条件出现与否进行命名；②结合乡村的发展特征和研究的针对性对组态进行命名。

S1 命名为内生动力型。组态 S1 中，以高效引导村民参与、高效获得安全感、高效开发乡村产业和高效改造基础设施为核心条件。并没有边缘条件出现，也没有任何条件变量缺失。

　　S2 命名为文化活化型。组态 S2a 中，以高效引导村民参与、高效重塑乡村文化和高效开发乡村产业为核心条件，以高效获得安全感为边缘条件，没有任何条件缺失。组态 S2b 中，也以高效引导村民参与、高效重塑乡村文化和高效开发乡村产业为核心条件，以高效改造基础设施为边缘条件，没有任何条件缺失。组态 S2c 中，同样以高效引导村民参与、高效重塑乡村文化和高效开发乡村产业为核心条件，以高效打造生态宜居为边缘条件，没有任何条件缺失。三个组态共同推动了村民幸福感的产生，其中，作为边缘条件的高效获得安全感、高效改造基础设施和高效打造生态宜居三个条件变量存在替代效应。

　　S3 命名为生态宜居型。组态 S3a 中，以高效引导村民参与、高效改造基础设施和高效打造宜居环境为核心条件，以高效获得安全感为边缘条件，没有任何条件缺失。组态 S3b 中，高效引导村民参与、高效改造基础设施和高效打造宜居环境为核心条件，以高效重塑乡村文化为边缘条件，没有任何条件缺失。两个组态共同推动了村民幸福感的产生，其中，作为边缘条件的高效获得安全感和高效重塑乡村文化两个条件变量存在替代效应。

　　S4 命名为产业助推型。该类型的乡村有两个组态构成，分给是 S4a 和 S4b，这两个组态的核心条件不一致，不能构成二阶等价组态。为了后续案例分析需要，把两个独立的组态放在一起分析，共同构成了产业助推型乡村。组态 S4a 中，以高效获得安全感、高效重塑乡村文化、高效开发乡村产业和高效改造基础设施为核心条件，没有任何条件变量是边缘条件，也没有任何条件变量缺失。组态 S4b 中，以高效获得安全感、高效开发乡村产业和高效打造宜居环境为核心条件，以低效重塑乡村文化和低效改造基础设施为边缘条件缺失。两个组态中，引导村民参与没有出现。

第三节　QCA 分析结果与发现

　　通过 fsQCA 的数据计算，发现设计赋能的四类乡村：内生动力型、文化活化型、生态宜居型和产业助推型。

一、内生动力型乡村

内生动力是全面实施乡村振兴的动力源泉（刘东峰，2023）。20 世纪初，学者们多从提高农业生产率的视角来考虑乡村内生发展动力。改革开放以来，中国学者围绕如何解决农村人多地少的困境和重新组织乡村经济社会生活两个思路展开中国乡村内生发展动力问题的探讨（李培林，2023）。时至今日，随着我国脱贫攻坚取得全面胜利，"三农"工作重心已转向全面推进乡村振兴。党的十九大明确指出，当前我国社会主要矛盾已转化为人民日益增长的美好生活需要和不平衡不充分的发展之间的矛盾。在广大农村地区，这一矛盾具体体现为城乡发展不平衡、农村发展不充分的问题依然突出。在此背景下，激发乡村内生发展动力已成为实现农业农村现代化的关键路径。

设计赋能作为乡村振兴、和美乡村建设的重要手段和工具，是以培育村民乡建同理心、激发村民干事创业激情为抓手持续推进村民参与的乡村建设方法。设计赋能的最终目标是让乡村真正成为"留得住青山绿水，记得住乡愁"的居住场所，真正把乡村打造成为村民就地就近就业的场所，增强村民的幸福感。设计赋能通过高效引导村民参与、高效获得安全感、高效开发乡村产业和高效改造基础设施实现内生动力型乡村建设目标。引导村民参与是发展内生动力型乡村的重要条件和环节。设计师秉持参与式设计理念，更加关注村民的创意，鼓励村民在参与过程中发出不同声音，提出不同建议，发挥自身潜力与技能，给村民建立相互信任和尊重提供机会（Wang et al.，2016），为引导村民参与乡建营造氛围。Wang 等（2016）详细描述了这种参与式乡村设计范式的特征：首先是多样化的参与，通过跨学科活动实现社区赋权综合发展；其次是事件驱动的过程；最后是以公共利益为基础，植根于乡村短期活动。例如，宁波葛家村在"艺术助力"乡村振兴行动背景下将自身打造成为具有地方影响力的和美乡村。

丛志强和张振馨（2022）对乡村设计赋能提出担忧：忽视村民主动振兴、自主振兴、持续振兴的内生动力的激发，对"输血式"依赖、精神贫困、"靠着墙根晒太阳"等顽疾的解决极为不利。如何激发村民内生动力？结合上文的计算结果，可以发现：高效获得安全感、高效开发乡村产业、高效改造基础设施、高效引导村民参与作为条件组合，共同出现后引致了村民高幸福感。开发乡村产业、增加村民的经济收入是村民物质方面的需求，是看得见的利益。获得安全感提高了村民的幸福指数，有学者认为环境卫生、社会治安对农村老人幸福感的影响存在交互效应，农村地区环境卫生状况的改善有利于提高社会治安水平，从而提高农村老人的幸福感（聂建亮和钟涨宝，2017）。可见，乡村公共安全更多的是村民精神层面的需求。改造乡村基础设施既是村民物质方面的需求，也是精神层面的需求，这些基础设施包括道路交通、供水保障、能源清洁和数字化设施等，还包括医疗、教育等民生基础设施。好的乡村设计赋能不仅要实现村民的物质要求，还需要满足村民的精神需要。

以上分析补充了 Wang（2016）对参与式社区设计的观点，也从设计学与公共管理学学科交叉视角拓展了丛志强和张振馨的观点。首先，乡村设计赋能只有满足了村民物质与精神双富裕的需求，才能高效引导村民参与到乡村建设中；其次，仅仅是村民积极参与到乡村建设中来，还不足以提升他们的幸福感，还需要打造一个公共安全得到保障、基础设施齐全和乡村产业繁荣的现实乡村图景。

二、文化活化型乡村

早在 20 世纪初，梁漱溟推动"儒学下乡"的乡建运动，提出了"合适的文化模式才能推动乡村经济发展"的观点（董占军，2021）。党的十九大报告提出实施乡村振兴战略，乡村文化振兴是重要内容之一。2018 年的中央 1 号文件提出"传承发展提升农村优秀传统文化……创造性转化、创新性发展"。乡村文化建设被普遍认为是乡村振兴的核心动力（郭寅曼和季铁，2018）。但是，传统乡村文化面临一些发展困境，需要乡村设计赋能挖掘和转化乡村文化资源，以设计乡建的方式提高村民的文化自信与主体能动性、营造乡村文化空间，增强乡村文化吸引力（刘东峰，2023），从而实现乡村文化活化。

文化作为人类精神活动的聚合形态，通过符号、景观的存在样态凝聚着乡土情感和传统特征（柏振平，2024）。设计师通过设计赋能将乡村的伦理道德、价值观用符号和景观的形式表达出来，规范村民行为，提高村民经济收入和提升精神满足感。从研究结果来看，高效重塑乡村文化、高效引导村民参与和高效开发乡村产业作为核心条件出现，高效获得安全感、高效改造基础设施和高效打造宜居环境作为边缘条件分别出现在三个不同组态中，这揭示了文化活化型乡村发展的两大规律：首先，单纯依靠重塑乡村文化并不能直接提升村民的幸福感，它必须与其他设计行为相结合，尤其是要在弘扬乡村文化的基础上，积极鼓励村民参与，并大力推动乡村产业的发展，尤其是文化产业的发展。这不仅能够促进经济繁荣，同时也是对乡村优秀传统文化的传承与保护（张华，2021）。整个过程构成一个相互依存的系统。其次，在重塑乡村文化、引导村民参与及开发乡村产业这三个设计行为并行的情境下，获得安全感、改造基础设施以及打造宜居环境这三个条件之间存在着替代效应，即只要其中任一条件得以满足，就能有效促进村民幸福感的提升，不需要三者同时具备。因此，打造文化活化型乡村需要在乡村文化、村民参与和乡村产业方面同时发力，缺少任一条件，将会导致失败。并且，还需要关注乡村公共安全、基础设施和生态宜居等条件建设，三个条件满足其一即可实现乡建目标。

三、生态宜居型乡村

党的十八大以来，随着美丽乡村建设的持续推进，乡村的人居环境得到全面改善，"绿水青山就是金山银山"的发展理念深入人心。党的二十大报告首次提出"建设宜居宜业和美乡村"，随后的 2023 年中央 1 号文件对农村人居环境整治作出重要部署。生态宜居是美丽乡村建设的必然要求，也是和美乡村建设的题中之义。从"美丽乡村"到"和美乡村"仅有一字之差，却包含了主体间的巨大差异（朱启臻，2022）。构建乡村美好社会关系（张熙和杨冬江，2023）成为和美乡村的新内容。本书中的生态宜居重点关注三方面：一是改善生态环境。乡村居住环境整洁、生态环境良好是村民获得感、幸福感和安全感提升的基础，是最为普惠的民生福祉（高鸣和郑兆峰，2024）。二是保留特色风貌。村庄的特色风貌是乡村的历史沉淀与文化源泉，是"回得去的老家，留得住的乡愁"。三是建构美好的社会关系。村民之间保持一种和谐的邻里关系，村民与乡村、政府、企业和公益组织（设计师、高校等）培育共情，为建设生态宜居的乡村而共同努力。

设计赋能在乡村规划与人居环境改善中扮演着举足轻重的角色。得益于设计的深度介入，乡村的生态环境得到了有效保护（董占军，2021）。设计师们不仅守护了农村的传统建筑风格，还优化了人居环境，让自然美景与风土人情得以重现。

基于上述研究成果，我们可以清晰地看到：高效打造宜居环境、高效引导村民参与以及高效改造基础设施，是建设生态宜居型乡村、激发村民幸福感的核心要素；而高效获得安全感和高效重塑乡村文化则作为辅助条件出现，二者之间存在着相互替代的效应。这些研究结果进一步验证了理论分析的准确性，指出乡村生态环境的改善是提升村民幸福感的重要基础，引导村民参与则有助于构建更加和谐的社会关系，而基础设施的改造则需在保留乡村独特风貌的前提下进行。总结而言，一方面，打造宜居环境、引导村民参与和改造基础设施这三个条件组合出现能有效推动村民幸福感的提升；另一方面，在前三个条件共同具备的情况下，获得安全感和重塑乡村文化中的任一条件实现，即可触发村民幸福感的提升，展现出两者之间的替代效应。

四、产业助推型乡村

党的十九大报告提出实施乡村振兴战略，并把产业兴旺放在首要位置。只有乡村经济发展，村民富裕才能繁荣乡村；只有乡村产业发达，才能引才聚才。产业兴旺是乡村高质量发展、乡村繁荣、解决乡村人口流失的基本点和落脚点，也是党的二十大报告提出的"全面推进乡村振兴和促进区域协调发展"的基础和保障（张航宇等，2023）。现有研究从不同视角分析了与乡村产业兴旺相关的要素条件，这些要素条件包括村民参与程度（可靖涵，2022）、公共安全保障（张航宇等，2023）、生态宜居环境（张挺等，2018）、乡村文化建设（刘东峰，2023）和乡村基础设施条件（包括道路条件和水利设施条件等）（可靖涵，2022）。目前产业发展也存在诸多瓶颈：乡村的产业发展基础相对薄弱、产业发展方向不明晰、产业结构不合理和产业发展创新不足（兰翠芹等，2022）。在乡村设计的语境下，本书回答了"开发乡村产业与哪些要素条件组合才能促进村民幸福感提升"的问题，完成了对现有研究的领域拓展。

乡村产业种类丰富，既包括以农产品种植为主的农业，也包括以农产品加工为主的制造业，还包括以文化旅游为代表的服务业。在乡村设计赋能实践中，设计师开展提升产品价值、推进产业转型和扩大乡村市场规模等（吴文治等，2023）一系列设计活动，让乡村产业价值得以变现，从而助推乡村振兴。产业价值是乡村设计价值的重要组成，但不是唯一组成。乡村设计价值还至少包括生态价值和文化价值（吴文治等，2023）。打造一个产业助推型乡村，不仅仅是做好产业开发就能实现的，还需要与开发乡村产业相关的其他要素来共同支撑，这些要素包括乡村公共安全、基础设施和乡村文化氛围等。结合研究结果进一步分析，得到两条完全不同的路径，这两条路径都能实现产业助推型乡村振兴。在第一条路径中，高效开发乡村产业、高效获得安全感、高效重塑乡村文化和高效改造基础设施作为核心条件同时出现，这条路径表明：开发乡村产业还必须要考虑乡村公共安全、基础设施和乡村文化，四个条件同时具备会提升村民的幸福感。另一条路径中，高效开发乡村产业、高效获得安全感和高效打造宜居环境作为核心条件出现，三个条件缺一不可，同时，还出现重塑乡村文化和改造基础设施作为边缘条件缺失的现象。这说明：在乡村设计赋能实践过程中，设计师即使忽视了乡村文化和基础设施（或者建设效果不佳），只要大力开发乡村产业，重视乡村公共安全建设，强力推动生态宜居建设，也能提升村民幸福感。该路径进一步凸显出乡村产业、公共安全和生态宜居对打造产业助推型乡村的重要影响。

第四章

设计赋能的内生动力型乡村：
以葛家村为例

在深入探讨设计赋能的内生动力型乡村振兴模式时，宁波市宁海县的葛家村无疑是一个极具代表性的典型案例，它生动诠释了如何通过高效引导村民参与、确保村民获得安全感、积极开发乡村产业以及全面改造基础设施，实现乡村的全面振兴。这一模式的成功，不仅依赖村民自身的努力，更是政府、设计师、行业企业以及乡村资源等多方面因素共同作用的结果。首先，高效引导村民参与是葛家村乡村振兴的核心策略之一。在政府的积极引导下，葛家村通过举办艺术工作坊、设计讲座等形式，激发了村民对艺术的兴趣和创造力，使他们从被动接受者转变为积极参与者。"艺术赋能村民，村民振兴乡村"的理念在这里得到了深入实践。设计师不仅带来了专业的艺术指导，更重要的是，他们与村民紧密合作，共同设计、制作具有地方特色的文创产品（李正平，2020），这一过程极大地增强了村民的归属感和自豪感。行业企业的加入则为这些艺术品提供了市场渠道，帮助村民实现了经济收益，进一步激发了他们参与乡村建设的热情。获得安全感是乡村振兴的重要目标之一，对于葛家村的村民而言，这种安全感不仅来源于物质层面的改善，更在于精神层面的富足。随着艺术产业的发展，村民的收入水平显著提升，生活质量得到了实质性提高，这是物质富裕的直接体现。同时，艺术氛围的营造和艺术修养的提升，让村民的精神世界得到了极大的丰富和满足，村庄内部的文化氛围非常浓厚，这让村民具有了凝聚力，获得了幸福感。政府的政策支持和基础设施的不断完善，如安全饮水、电网改造、网络通信等，也为村民的安全感提供了保障。在开发乡村产业方面，葛家村充分利用其独特的艺术资源，将设计与传统手工艺相结合，具有鲜明的地方特色，并形成了旅游产业链。村民通过制作手工艺品、乡村特色美食等，不仅增加了个人收入，还促进了乡村经济的多元化发展。此外，以乡村艺术为主题的乡村旅游项目吸引了大量游客，带动了住宿、餐饮等相关产业的繁荣，为葛家村带来了可观的经济收益。政府的政策扶持和行业企业的技术支持，为这一产业模式的可持续发展提供了有力保障。基础设施的改造是乡村振兴不可或缺的一环。葛家村在交通、教育、医疗等方面的显著改善，不仅提升了村民的生活质量，也为乡村的长期发展奠定了坚实基础。政府的投资和社会资本的引入，加速了基础设施的升级换代，使得葛家村与外界的连接更加便捷，为艺术品的销售和乡村旅游的发展创造了有利条件。同时，教育资源的丰富和医疗条件的改善，让村民享受到更加公平、优质的服务，进一步提升了他们的幸福感和安全感。综上所述，葛家村作为设计赋能的内生动力型乡村的典型案例，其成功之处在于有效整合了政府、设计师、行业企业、村民以及乡村自然资源等多方面的力量，形成了"政府-设计-市场"三元治理模式，通过高效引导村民参与、确保村民获得安全感、积极开发乡村产业以及全面改造基础设施，实现了乡村的全面振兴。这一过程不仅展示了设计赋能的强大力量，也为其他乡村提供了可借鉴的经验和启示。

第一节　葛家村介绍

　　艺术振兴乡村，以设计赋能为核心，汇聚"艺术能人"的力量，引领乡村蓬勃发展。位于宁波市宁海县大佳何镇东部的葛家村，由上葛与下葛两个自然村合并而成，通过设计赋能，成功激发了村民的内生动力，实现了突破性发展，打造了和谐美丽的乡村新貌。

一、村落概况

葛家村位于浙江省宁波市宁海县大佳何镇，距离镇区所在地大约 5 千米。该村自然资源丰富，拥有耕地 691 亩，山林 9 543 亩，以及 800 亩的桂花林。葛家村背靠天台山脉，坐落于石门溪畔，拥有独特的地理优势和丰富的自然资源。

葛家村的历史文化底蕴深厚。据《葛氏宗谱》记载，葛氏家族原居丹阳，后因原习公迁居至宁海泉水，历经十五世传承至翠山公时，始迁至莘东，即今日的葛家村（郭竹林等，2017）。村中居民大多姓葛，其历史可追溯至唐代，至今已有超过 1200 年的悠久历史。这一源远流长的历史轨迹，不仅见证了葛家村的家族沿革，更彰显了其深厚的历史文化底蕴。葛家村古建筑群主要分布在上葛村，村内地势自东南向西北逐渐升高，除西部沿黄墩港地带较为平坦外，东南北三面均延伸至丘陵地带和山区。整个村庄依山傍水，背靠山脉。石门溪从村前缓缓流过，为村庄增添了几分灵动与生机。而村前延展的 800 亩桂花林，更是将葛家村点缀得如诗如画，因此葛家村也被誉为"桂语小镇"。

近年来，葛家村的乡村建设取得了瞩目的成就。特别是在经济建设方面，葛家村致力于发展村集体经济，通过科学合理的规划与实施，村级集体经济连续几年实现了超过 15％的增长速度。同时，葛家村还注重基础设施的完善与村民居住环境的提升，通过一系列措施的实施，村庄面貌焕然一新，成为理想的生态旅游开发之地。葛家村凭借其卓越的成就与贡献，荣获了包括县级小康村、卫生村、十佳和谐村庄、生态示范村以及市级环境整治村和消防安全村等一系列称号（表 4-1）。这些荣誉的获得，不仅是对葛家村过去努力的肯定，更是对葛家村长远发展的鼓励和鞭策。同时，作为一个传统的"五匠村"，葛家村牢牢坚持"设计赋能村民，村民振兴乡村"的发展理念，紧密结合艺术对老旧村庄进行改造，鼓励村民参与创造设计文创产品。通过这一过程，村庄中的每位村民都成了能工巧匠，逐步实现了物质和精神的双重富裕。葛家村这种蝶变的方式被多家媒体如人民日报、新华社等报道。村庄的美化和村民之间的和谐，使葛家村的发展势头愈发强劲。葛家村不仅成为首批浙江省美育示范村，也被誉为全国艺术振兴乡村的发源地。

表 4-1 葛家村所获荣誉

时间	荣誉
2019 年 1 月	2018 年度浙江省美丽乡村特色精品村
2019 年 11 月	浙江省 3A 级景区村庄
2019 年 12 月	中国人民大学艺术学院乡村振兴实践基地
2020 年 8 月	第二批全国乡村旅游重点村
2020 年 10 月	浙江省乡村振兴十大模式
2020 年 11 月	浙江省级美丽宜居示范村
2020 年 12 月	全国十大对外传播优秀案例
2021 年 12 月	2021 年浙江省卫生村
2021 年 11 月	浙江省文化和旅游融合发展典型案例
2022 年 5 月	首批浙江省美育示范村
2023 年 5 月	荣登"艺启乡里：浙江省美术家驻村成果展"

注：作者整理。

二、社会经济状况

在 21 世纪初，宁波葛家村被归为典型的"三无村庄"——缺乏显著的发展潜力、突出的地域特色以及丰富的自然资源（黄明朗，2020）。该村集体经济基础薄弱，村民收入普遍处于较低水平，生活资源稀缺。由于缺少具有市场竞争力的特色产业作为支撑，年轻一代纷纷背井离乡，涌向城市寻求更广阔的发展机遇，导致村内人口结构老龄化严重，人口外流趋势不断加剧。

2019 年是葛家村发展历程中的一个重要转折点。中国人民大学艺术学院设计团队（下文简称"葛家村设计团队"）的出现，彻底激活了这片充满潜力的土地。他们带着"设计赋能乡村振兴"的崭新理念，深入田间地头，与坚守乡村的村民和怀揣乡愁的归乡者并肩作战，共同探索一条适合葛家村发展的新路径（黄明朗，2020）。这一模式摒弃了以往单纯依赖外部资源输入的乡村振兴思路，转而将艺术与乡土文化紧密结合，旨在激发村民的内生发展动力和创新能力，让艺术成为连接历史与现代、传统与创新的纽带。

在葛家村设计团队的悉心指导下，葛家村开启了一场前所未有的变革。曾经单一的经济结构被彻底打破，农业不再是村庄发展的唯一支柱。通过跨界整合农业与现代产业要素，葛家村实现了产业间的深度融合与协同发展，形成了"农业＋文化""农业＋旅游"等多业态并举的发展新格局。一系列共享艺术空间如雨后春笋般涌现，如仙绒美术馆、树虫乐园（丛志强和张振馨，2021）等创意项目，不仅极大地美化了乡村环境，更成为吸引游客的热门景点。同时，巾帼画院、粉小仙手工艺院（丛志强等，2022）等新型业态空间的开设，不仅为村民提供了就业机会，也极大地丰富了乡村的文化底蕴。

设计赋能内生动力型乡村在葛家村的实践，让葛家村从一个默默无闻的小村庄发展成了远近闻名的"网红村"（谢霞，2019），激发了全村上下投身乡村振兴的热情。村民们深刻认识到，脚下的这片土地蕴藏着巨大的发展潜力，只要敢于突破创新，勇于尝试新事物，就能够走出一条符合自身特色的发展之路。文旅融合的新模式，让葛家村的民宿、农产品、文创产品等焕发出了新的生机，游客纷至沓来，村民的经济收入显著提升，生活水平也得到了实质性改善。设计赋能乡村振兴的实践已经为葛家村的发展注入了强大的内生动力，让这座仅有 1 600 多人的小村落焕发出了前所未有的生机与活力。

第二节　葛家村的设计赋能过程

一、葛家村设计赋能的背景

（一）"千万工程"的指引

20 多年前，浙江省率先启动了"千村示范、万村整治"工程，这一创举为改善农村人居环境、推动乡村发展奠定了基础。2018 年 7 月 25 日，全省深化"千万工程"推进乡村振兴的现场会议在宁海召开（黄海清和徐丽，2023），这不仅是对"千万工程"前期成果的总结，更是对未来发展方向的明确指引。此次会议对于宁海县乃至整个浙江省在中国全面推进乡村振兴进程中发挥先行示范作用具有深远影响。浙江省的乡村建设工作一直走在全国前列，从最初的美丽乡村建设，到数字乡村、共富乡村，再到未来乡村的概念提出，这一过程体现了乡村发展模式的不断升级和迭代。尽管每个阶段的重点有所不同，但核心目标始终一致——致力于实现乡村的美丽、繁荣与和谐。党的二十大报告提出了"宜居宜业和美乡村"。宜居宜业和美乡村的理念明确了中国农村发展的方向，也是农业农村现代化的具体要求（张红宇和周二翠，2023；姜长云，2024），体现了农民对美好生活的向往和追求。农村发展理念要求在美丽乡村基础上，进一步建设和美乡村，以农民的幸福感为出发点，以乡风乡味和乡愁乡韵为特色，坚持系统推进、分类实施、质量优先、融合发展的原则。这一过程不仅关注"人"与"物"的现代化，还强调乡村治理体系与治理能力的现代化（胡春华，2022），以"和"的理念为引领，对乡村价值进行深入挖掘与再创造（黄祖辉，2023），最终目标是实现产业、生态、文化等的和谐统一，构建一个全面发展的乡村生产、生活、生态共同体。

（二）资源匮乏型乡村急需内生式发展

资源匮乏型乡村，作为中国广大乡村地区的重要组成部分，面临着诸多发展困境，这些困境不仅深刻影响着乡村的经济活力，也制约了乡村社会的全面进步（钟伯清，2011）。这类乡村往往地处偏远，交通不便，与外界的联系相对薄弱，导致信息闭塞，新技术、新观念难以快速渗透。由于缺乏显著的自然资源，如丰富的矿产、独特的自然景观或肥沃的土地，它们难以通过资源开发直接带动经济增长。同时，这些乡村的村级集体经济普遍薄弱，收入来源单一，主要依赖于传统的农业生产（咸贵垚等，2024），而自然灾害以及市场波动都会对农业造成深度影响，从而导致经济稳定性差。农村城市化进程必然会导致大量青壮年劳动力外流，这使得乡村人口老龄化问题日益严重（李卓和董彦峰，2023），空巢老人和留守儿童现象普遍，进一步削弱了乡村的发展动力和人口红利。此外，基础设施落后、公共服务供给不足也是资源匮乏型乡村面临的严峻挑战，教育、医疗、文化等资源的匮乏，限制了村民生活质量的提升，拉大了城乡差距。在这样的背景下，资源匮乏型乡村的振兴之路显得尤为艰难。它们既无法像资源富集型乡村那样依靠自然资源开发实现快速致富，也难以复制地理位置优越的乡村的发展模式，即通过吸引外部投资或发展旅游业来拉动经济。因此，寻找一条适合自身特点、能够激发内生动力的发展路径，调动村民的参与积极性（李卓和董彦峰，2023），成为资源匮乏型乡村摆脱困境、实现振兴的关键。葛家村的设计赋能将无潜力、无优势、无资源（黄明朗，2020）的资源匮乏型村庄建设成了远近闻名的艺术乡村，其发展之路可为同类型乡村提供示范。

（三）设计赋能促乡村发展

以社会设计理念为内核的设计赋能作为一项融合现代消费文明、文化表达与美学取向的创新活动，其核心在于精准识别并充分利用乡村的独特优势资源，构建一个全新的价值体系（尧优生等，2023）。这一过程不仅仅是物理空间的改造或美化，更是一场深刻的文化复兴与经济发展活动。设计赋能在乡村振兴中的应用，首先体现在深度挖掘乡村价值方面。通过细致入微的调研，设计师们发现了那些被忽视或遗忘的文化遗产、历史故事及自然资源，这些元素经过巧妙设计，转化为乡村独特的品牌标识，提升了乡村的整体形象和知名度。例如，一些乡村充分利用村民中的手工艺技术，将其与现代艺术设计理念和方法相融合，创造出时尚与古朴并存的文创产品（杨超，2024），既保护了非物质文化遗产，又带动了乡村经济的发展。其次，设计赋能促进了乡村产业的多元化发展，通过设计思维引导，乡村可以依托自身特色资源，发展乡村旅游、生态农业、手工艺品等新兴产业，实现产业结构的优化升级。设计不仅为乡村产品增添了附加值，更通过打造特色品牌，拓宽了销售渠道，提高了经济效益。再次，设计赋能在增强乡村社区凝聚力（Lu and Qian，2023）、激发创新活力方面发挥着不可小觑的作用。通过组织乡村艺术节、手工艺工作坊等设计活动，村民们被鼓励参与到乡村建设中来，这不仅加深了他们对本土文化的认同感和自豪感，还激发了他们的创新思维、培育了实践能力，形成了积极向上的乡村文化氛围。最后，设计赋能倡导可持续发展理念，确保乡村在经济发展的同时，生态环境得到妥善保护。通过绿色设计、生态规划等手段，实现经济发展与环境保护的双赢，探索出了一条既符合时代要求又具长远眼光的乡村振兴道路。

二、葛家村设计赋能的四个阶段

通过设计赋能，葛家村从"三无"村庄到新时代和美乡村典范，经历了四个阶段，分别是激发村民内生动力、培育乡村特色产业、美化乡村人居环境和打造聚才创富图景（表 4-2）。

表4-2 葛家村的设计赋能

阶段	设计行为	
激发村民内生动力 （2019—2020年）	➤ 因地制宜，以村民需求为导向，抓住共同需求，追踪特殊需求； ➤ 改变村民的思想，重塑村民的地方文化认同，增强村民的凝聚力、归属感和自豪感；	➤ 赋予村民新角色，唤起主体意识； ➤ 创新合作方式，整合资源，发展新产业； ➤ 专家点拨引导，唤起村民归属感
培育乡村特色产业 （2020—2021年）	➤ 乡村文化品牌建设（家庭文化、村民事迹公共化、村域文化品牌）；	➤ 小微产业助力艺术振兴乡村，紧密结合产业与村民脱贫致富； ➤ 创业续航服务
美化乡村人居环境 （2021—2022年）	➤ 遵循"以自然状态为主，和谐统筹，综合改造"的原则； ➤ 非完整设计，启迪村民闲置空间赋值； ➤ 动员村民投身美丽家园建设，保障村民决策权、参与权、监督权；	➤ 发挥村规民约作用，强化村民环境卫生意识，提升村民参与人居环境治理的自觉性、积极性、主动性； ➤ 构建"外部生态环境空间"，使艺术乡村融入自然的村庄生态空间
打造聚才创富图景 （2022年至今）	➤ 以共同富裕为宗旨，制定行动计划； ➤ 进行融合设计，构建"高校-村民-乡村-产业"的平台；	➤ 创建"公司＋基地＋合作社＋村民"模式； ➤ "志智美信心"五力培育

（一）激发村民内生动力阶段

在激发村民内生动力阶段，葛家村主要做了如下工作推动设计赋能乡村振兴。

首先，以村民需求为导向，发挥村民主体性。激发村民内生动力是乡村振兴的有效手段之一。在宁海县葛家村的设计赋能实践中，村民需求被放在了首位（丛志强和张振馨，2022），村民的主体性得到了充分发挥。这一过程始于对村民需求的深入调研，由葛家村设计团队通过半结构式访谈和实地观察，准确把握村民的共同需求和特殊需求。在此基础上，他们不仅引导村民构想自己的未来，还鼓励村民参与到设计中来，确保设计成果能够真正满足村民的需求和期望。这种以村民为主体的设计方式，极大地增强了村民的凝聚力和创造力，提升了他们的自豪感、幸福感和归属感。葛家村的设计赋能项目，通过艺术与乡村的融合，激发了村民的参与积极性，让村民成为美丽乡村建设的主角。在葛家村设计团队的引领下，村民们逐渐从乡村改造的旁观者转变为积极参与者，他们的创作激情被充分激发，开始亲身投入到家园的美化与重塑之中。在这一转变过程中，村民们不仅掌握了利用艺术手段美化环境的技能，更重要的是，他们学会了如何将艺术元素转化为经济收益，实现了物质层面与精神层面的双重飞跃。李正平（2020）认为，葛家村的设计赋能项目不仅显著提升了村庄的"颜值"，更为村民带来了实实在在的好处，为他们的生活注入了新的活力与希望。

通过设计的巧妙介入，乡村的整体品质得到了显著提升，同时，这一过程也极大地增强了村民之间的凝聚力，提升了他们的幸福感。在乡村建设的实践中，村民们慷慨地将自家的宅院、宅基地乃至家中物件贡献出来，共同投入到公共空间的打造中。这样的举措不仅在艺术层面丰富了乡村的文化内涵，更在心灵层面促进了村民之间的情感交流，实现了品质与情感的双重升华。

其次，改变村民思想，引导村民参与。乡村振兴需要广泛的村民参与（汪锦军和王凤杰，2019）。在葛家村，设计团队携手村干部，充分发挥其专业知识与技能优势，深入开展了村民的思想动员与引导工作。为了唤醒村民对家乡的深情厚谊与归属感，团队首要任务是让他们认识到家乡的独特价值与潜在能量。为此，他们精心组织了一场跨学科专家团队进村活动，涵盖了农业、文化、旅游等多个领域。专家们通过实地考察、深度访谈及数据分析，全面梳理了葛家村的地理优势、自然资源，挖掘深厚的人文历史底蕴，同时也客观指出了村庄面临的困境与挑战。基于详尽的调研结果，专家们紧密结合葛家村的实际条件，提出了既符合实际又富有前瞻性的乡村建设与发展策略。设计团队与专家团队随后通过村民大会、座谈会等多种形式（李正平，2020），以生动案例与通俗易懂的语言，向村民们深入浅出地阐述了乡村建设的重要意义及专家提出的发展蓝图，耐心解答村民们的种种疑问，逐步消除了他们的顾虑。

在这一系列精心策划的引导下，村民们的心态开始发生积极转变，他们逐渐意识到乡村建设是关乎每个人切身利益的大事，而不仅仅是政府或设计师的责任。村民们开始踊跃参与乡村建设的相关讨论，提出了诸多富有建设性的意见与建议（黄明朗，2020）。为进一步激发村民的参与热情，设计团队创新性地采取了一系列激励措施。他们不仅举办了设计比赛、创业培训等活动，为村民搭建起展示才华与创造力的舞台，还积极引入外部艺术与设计资源，如邀请艺术家驻村创作，开展文化交流活动，为葛家村注入了新鲜的文化血液与活力。在这些举措的推动下，葛家村逐渐形成了共建共治共享的良好风尚。村民们从被动接受转变为主动参与，积极参与到村庄的规划、设计、建设与管理中，用汗水与智慧共同绘就了一幅美丽宜居的乡村画卷。

再次，创新合作方式，激发内生动力。葛家村设计团队在引导村民参与的过程中，始终注重激发村民的内生动力。他们鼓励村民根据自己的兴趣和特长，选择适合自己的参与方式。比如，有的村民擅长手工艺制作，就参与到乡村手工艺品的设计和制作中来（丛志强等，2022）；有的村民喜欢种植花草，就参与到村庄绿化美化的工作中来。通过这种方式，村民不仅能够在参与中获得成就感和满足感，还能够更好地发挥自己的优势和特长，为村庄的建设和发展贡献自己的力量。此外，设计团队还注重培养村民的自主发展能力，他们通过举办培训班、现场教学等方式，向村民们传授实用技能和知识，帮助他们提高自己的综合素质和创业能力，鼓励村民多与艺术家互动，提高艺术修养，培育本土工匠，成立乡村建设团队（黄明朗，2020）。同时，设计团队还积极搭建平台，为村民们提供创业机会和资金支持，鼓励他们自主创业，实现自我发展。为了进一步激发村民的内生动力，葛家村的设计师们还通过赋予村民新身份的方式，对他们的付出和进步进行肯定和赞扬。这些新身份包括"艺术家""总监""布玩具大师"等，不仅让村民们得到了心理上的满足和被认可，还激发了他们参与乡村建设的积极性和创造力。此外，设计师们还通过颁发"身份证书"和在开幕式上陈述村民事迹等方式，进一步强化了村民的主体意识和归属感。

最后，整合乡村各类资源，推动乡村产业发展。在成功激发村民内生动力之后，设计团队并没有止步，而是进一步将目光投向了乡村资源的整合与产业的推动上，力求通过一系列创新举措，为葛家村的未来发展注入强劲动力。设计团队深知，要推动乡村产业发展，首先必须挖掘和利用好乡村自身的资源（丛志强等，2022）。在葛家村，这些资源包括但不限于自然风光、民俗文化、传统手工艺以及村民的闲置房屋（丛志强等，2022）等。为了有效整合这些资源，设计团队与村干部紧密合作，对全村的资源情况进行了全面而深入的摸底调查（黄明朗，2020）。通过这一调查，他们不仅掌握了葛家村资源的总量和分布情况，还了解了资源的优势和潜力，为后续的资源整合与利用打下了坚实基础。在摸清资源底数的基础上，设计团队着手引入一系列创新项目，以激活乡村资源，推动产业发展。其中，"村宝创业季"项目便是一个典型代表（曹维燕，2022）。该项目旨在通过搭建平台、提供指导和服务，鼓励和支持村民自主创业，将闲置房屋、土地等资源转化为创业资产。在"村宝创业季"的推动下，50 余名村民积极参与（曹维燕，2022），他们结合自身技能和家庭资源禀赋，开办了各具特色的民宿、农家乐、手工艺品店等，不仅丰富了乡村的旅游业态，还提高了自身的收入水平。除了"村宝创业季"项目外，设计团队还搭建了"艺起富"乡村数字赋能平台（陈金莲，2022），进一步推动了乡村产业的数字化转型。该平台以葛家村为数据模型，集成了"云上驻村""智慧导览""业态商户"等多个功能模块，为村民提供了便捷的在线服务和销售渠道。通过这一平台，村民可以轻松地展示自己的产品和服务，吸引更多游客和消费者的关注。同时，平台还通过数据分析等手段，为村民提供了精准的市场信息和经营建议，帮助他们更好地把握市场动态，优化经营策略。在推动乡村产业发展的过程中，设计团队还注重与外部资源的对接与合作。他们积极联系高校、企业和社会组织等外部力量，引入资金、技术和人才等资源，为葛家村的产业发展提供了有力支持。其中，"党建统领＋社会设计＋数字平台＋整村运营"模式便是一个典型的合作模式（林大海，2023）。在该模式下，设计团队与多家企业和合作社建立了合作关系，共同在葛家村建设了多个产业基地和合作社，为村民提供了更多的就业和创业机会。同时，这些产业基地和合作社还通过技术培训、市场对接等方式，帮助村民提升技能和经营能力，推动乡村产业的持续发展和升级。通过这些创新举措的实施，葛家村的乡村产业得到了蓬勃发展。如今，葛家村已经形成了具有一定规模的民宿群落和特色旅游业态，吸引了大量游客前来观光旅游和休闲度假。同时，乡村经济也呈现出了多元化发展的态势，村民的收入水平得到了显著提升。这一切成就都离不开设计团队的付出和奉献，他们用自己的专业知识和设计理念为葛家村的乡村振兴事业贡献了一份重要力量。

综上所述，葛家村通过融合设计赋能的方式，成功激发了村民的内生动力，推动了和美乡村的建设。葛家村的经验说明，只有真正以村民为主体、尊重村民需求、改变村民思想、赋予村民新身份、创新合作方式并整合资源推动产业发展，才能实现乡村的全面振兴和可持续发展。

（二）培育乡村特色产业阶段

设计赋能的一项核心工作是挖掘和传承乡村文化，并把乡村文化植入乡村产业发展当中，实现乡村文化的经济价值（何人可等，2016）。葛家村是通过推行品牌差异化设计、将文化融入产业、提升乡村文化价值，引导乡村新旧产业融合发展三个步骤实现培育乡村特色产业的。

推行品牌差异化设计。葛家村的设计赋能深入挖掘并放大村庄的独特资源禀赋，引导群众就地取材、因地制宜打造村庄独特魅力，有效避免形式主义倾向。同时，葛家村的设计师努力提升乡村的艺术标准，运用新理念和高标准，建设出一批富有地域特色的艺术空间，杜绝千篇一律的模式化操作。此外，为确保和美乡村建设的可持续性，设计师深入调研摸清人才资源，盘活土地资源，精心策划产业植入，引入新型商业模式，从而切实提升村民收入水平，为和美乡村注入了更多的发展活力。葛家村推行的品牌差异化设计表明，只有在特色鲜明、各美其美的前提下，设计赋能才能展现出勃勃生机和持久生命力。

将文化融入产业，提升乡村文化价值。葛家村的设计赋能大力推进文化与村民日常活动的融合，通过文化设计来凝心聚力，实现有意义的乡村文化产品创新（荆翡和李艳伟，2023；陈劲等，2019）。首先，打造民俗文化展示厅、博物馆、文化礼堂等，并举办丰富多彩的文化活动。其次，从家庭文化、村民事迹和村域品牌三方面培育村民文化自信。提倡村民把家庭元素具象化，自行打造多元业态的文化空间；运用"故事元素＋"的设计方法，宣传邻里友爱互助的先进典型事例，传播正能量；紧扣葛家村的桂花品牌，举办桂花文化节，创建"溪山桂语"民宿（林大海，2023），开发"桂语"系列农产品。

引导乡村新旧产业融合发展。葛家村的设计师利用乡村特色文化推动经济发展，促进传统手工业和乡村旅游业发展。首先，活化传统手工艺，为工艺品植入文化内涵。传统手工业是彰显乡村文化经济价值和文化魅力的重要部分，这些手工艺文化是活的文脉，其活化过程是一种文化生产和文化创造，是一种乡村生产力（陆梓欣和齐骥，2022）。其次，推进全域旅游与和美乡村深度融合，形成"政府主导-艺术入驻-市场参与-农民创业"的新型农文旅发展模式。采用"企业领创"的设计理念，引入企业来村中创业，企业助力家庭创业，村民在创业实践中做到"干中学"，设计赋能打通了村民从创造向创业转化的"最后一公里"。目前葛家村已开发出10多种"桂语"系列旅游产品，培育民宿20余家，乡村酒吧、乡村美术馆、研学基地等新型文旅基地不断兴起（张丙宣和王怡宁，2022）。

（三）美化乡村人居环境阶段

当前许多乡村在发展产业的同时破坏了乡村人居环境，而葛家村的设计赋能把村庄内部空间设计、外部生态设计和经济收益设计三者融合起来破解了这一难题，为村庄发展提供了可复制、可推广的样板。

村庄内部空间设计是指对乡村中大量老旧建筑实施改造。葛家村的设计赋能锚定乡村设计与当地元素的结合，在尊重本土地域文化的基础上，开展对村寨民居内部空间的设计实践。设计师通过人类学的田野考察方法，在充分保留原有建筑风格特色、院落布局和建筑结构的基础上，对村庄内部空间进行改造，使村民能够居住在既优美舒适又保留传统地域特色的民居建筑群中。

外部生态设计是对外部生态环境空间的持久改造。乡村外部生态环境空间指的是村庄及周边的整体生态环境空间，包括居民的民居、生活及休闲场所、村庄及周边道路、池塘水塘、自然生长及养殖的花草树木等。在对乡村外部生态环境进行设计时，设计师遵循"因地制宜、保护开发、和谐统筹、综合改造"的原则，既利用了村民废旧的物件又使用了毛竹、溪石等自然材料，打造成一系列循环可持续的外部生态环境空间，使得乡村文化礼堂、公共活动空间、村庄道路和家庭门院能够长期保持美丽，达到景观精致、奇特且融入自然的村庄外部生态设计目标。

在乡村经济收益设计方面依托当地资源发展特色产业。葛家村历经几千年的历史变迁，沉淀了深厚的文化底蕴，各具特色的民俗风情亦是宝贵资源。设计赋能让葛家村的人居环境更加美丽，进而促进了旅游业、手工业和传统文化产业发展，拓宽了村民的收入来源，增加村民收入。"腰包鼓起来"的村民享受到和美乡村带来的物质与精神双福利，继而进一步加入到村庄人居环境设计与改造过程中。设计赋能让从前没落沉寂的村庄重新焕发生机，带动了当地经济发展，促进了和美乡村建设。

（四）打造聚才创富图景阶段

聚才创富是新时代和美乡村的现实图景。设计赋能首先以共同富裕为宗旨，服务于和美乡村建设的国家大局。其次是通过数字赋能，构建起"高校-村民-乡村-产业"的聚才平台，推动村民技能致富和精神创富。

以共同富裕为宗旨，制订行动计划。2022年以来，葛家村的设计赋能开始提档升级，在共同富裕示范区建设引领下，秉持"设计赋能、协作共富"的理念，构建更高层次、更宽领域、更富成效的设计赋能共富机制，制订出设计赋能乡村品质提升、数字化改革、标准制定、品牌输出的治理方案。这些设计赋能方案既涉及乡村生态与居住环境升级改造、乡村产业高质量发展、乡村社会基层治理现代化，还涉及乡村人才培育和能人返乡等。可见，乡村设计赋能既是村民追求美好生活的需要，也是国家治理体系建设与治理能力提升的重要组成部分（邹其昌，2021；邹其昌和许王旭宇，2022）。

通过数字赋能，构建"设计＋"互联网平台。葛家村较早开始探索"设计＋"数字赋能体系（兰翠芹等，2022），建立了"高校-村民-乡村-产业"聚才平台，探索出和美乡村建设的数字化路径。"设计＋"互联网平台赋能村庄产业从"输血"向"造血"转型，扶持村民在家门口就业，同时引导更多社会群体到村里创业，发展庭院经济。葛家村与中国人民大学合作搭建"艺起富"乡村数字赋能平台，从"村民赋能-文化深耕-产业驱动"的视角，将高校和村民紧密联系在一起。通过"整村运营、文旅融合"模式（陈金莲，2022），村经济合作社与浙江益马当鲜集团有限公司共同成立产业发展公司，打造"共富大工坊"。

三、葛家村设计赋能的社会影响力

置身于中国式现代化和美乡村建设语境，葛家村的设计赋能呈现出不同于其他乡村治理方式的社会成效，最为显著的表征是：村民能力富有、村民精神富有和村民文化富有。

首先，设计赋能实现村民能力富有。以"授人以渔"形式开展的乡村设计运动推动了村民主体性提升（丛志强和张振馨，2022），挖掘出村民已有的技能、经验和关系网，激发了村民的创造性和公共服务精神，引导村民积极主动地参与乡村建设的全过程。设计赋能让葛家村村民实现了能力富有，一方面，村民的技能水平全面提升，涌现出一批乡村绘画师、工艺师和茶艺师；另一方面，在设计师的引导下，村民认知全面提升。

其次，设计赋能实现村民精神富有。精神富有不仅是设计赋能的独特评价标准，也是和美乡村的应有状态。乡村一直被认为是落后的象征，甚至很多人用"未开化"来定义乡村（方晓风，2018）。不同于政府自上而下地推动与市场自内向外地拉动，设计赋能是以满足人精神富有为目的，融合乡村文化和场所精神的系统设计。由此，精神富有成为评价这种治理模式的独特标准。通过设计赋能的葛家村，村民表现出强大的精神动力。这种强大的精神动力不仅体现在参与乡建热情的提高、邻里关系的改善上，还体现在幸福指数的提升上。

最后，设计赋能实现村民文化富有。赋予村民新身份、新称呼是较为典型且充满新意的设计方式，例如饱含热情地称呼村民为"艺术家""布玩具大师""毛竹设计师""石艺高人"等。村民的这种文化身份逐渐成为葛家村村民的文化标识，同时也增强了村民的文化自信。葛家村的文化设计取得了一定的成效，一系列文化设计举措激发出村民参与乡村建设的内生动力，明显地提升了村民的审美能力和文化素养，村民精神面貌焕然一新。

第三节　案例研究发现

葛家村原本是一个资源匮乏型乡村，但当地政府发展思路清晰，设计师试验方法精确，村民对艺术的理解、运用准确，各方面的推广方法正确，使得这个无特点、无优势、无潜力的小村落神奇"变形"：村子漂亮了，村民和谐了，能人回归了，经济发展了。葛家村的成功实践完美诠释了设计赋能在资源匮乏型乡村向内生发展型乡村嬗变过程中的巨大作用。通过对葛家村的案例研究，我们发现：在资源匮乏型乡村嬗变中，设计赋能发挥了重要作用；同时，也形成了一种"政府-设计-市场"的乡村治理模式。

一、新内生发展理论与社会创新理论在葛家村设计赋能中的体现

设计赋能通过高效引导村民参与、确保村民获得安全感、积极开发乡村产业以及全面改造基础设施等手段，让葛家村一跃成为当地的"网红村"，成为浙江省文化赋能典型村，葛家村的设计赋能具有一定的代表性和典型性。葛家村的设计赋能行为是新内生发展理论、社会创新理论的实践应用，其赋能经验值得借鉴和推广。

（一）以村民利益为根本出发点

2019 年 4 月，中国人民大学设计团队入驻葛家村，他们并没有将葛家村资源匮乏的现状视为困境，而是从中找到了解决问题的资源，并创造性地进行了转化。面对村民们初始的疑虑和被动态度，葛家村设计团队采取了一系列策略，成功激发了村民参与乡村建设的内生动力。起初，村民对政府的项目持观望态度，认为只要政府出钱，他们等着享受成果就好。为了打破这种思维定式，设计团队和村干部带着几位愿意尝试的村民，在村文化礼堂前动手做起了椅子。这把被称为"人大椅"的作品（黄明朗，2020），不仅解决了村民们茶余饭后聊天时无处可坐的问题，更以其优美的造型和实用的功能，吸引了大量村民的关注和参与（丛志强和段红姣，2019）。村民从最初的旁观者逐渐转变为参与者，他们看到，通过自己的劳动和智慧，可以创造出既美观又实用的乡村设施。这把"人大椅"的成功，不仅激发了村民们的创造热情，更让他们意识到自己在乡村建设中的主体地位和价值。在设计团队的引导下，葛

家村的村民开始主动参与到乡村建设中来。他们挖掘自身的技能、经验和关系网，积极投身各种乡村改造和创业项目。设计团队还通过赋予村民新身份的方式，如口头称呼他们为"艺术家""总监""布玩具大师"等，并颁发"身份证书"，进一步增强村民的自豪感和归属感。此外，葛家村还引入了"村宝创业季"项目和"4＋X"陪伴式创业模式，为村民提供了创业指导和支持。通过搭建"艺起富"乡村数字赋能平台（陈金莲，2022），葛家村还实现了数字化改革，为乡村发展注入了新的活力。如今的葛家村，已经形成了具有一定规模的民宿群落，以主题展的形式吸引了大量游客前来观光旅游。村民不仅参与到了乡村建设中，还从中获得了经济收益和精神满足。他们不再是被动等待的旁观者，而是乡村振兴的积极参与者和受益者。葛家村的成功经验告诉我们，要关注村民的主体地位和主观能动性，通过设计赋能激发内生动力，让村民在创造过程中找到归属感和价值感。

（二）激发村民参与乡建的创造力

葛家村的设计赋能乡村振兴之路是一次深刻的实践和创新。设计团队通过融合设计、创新思维、培育本土艺术家、发展乡村旅游以及国际交流等方式，成功实现了乡村文化的传承与创新、乡村旅游的发展以及共同富裕的目标。在葛家村，设计赋能并不是简单的资金投入，而是要依靠村民的创新思维和物尽其用的理念。例如，教授路口的"融合设计艺术村"牌坊，就是由村干部和村民共同设计、制作而成的，他们回收了倒闭饭店丢弃的物品，通过巧手改造，将这些废弃物变成了具有艺术价值的牌坊。这种创新思维和物尽其用的做法，不仅节约了成本，更让村民在实践中感受到了艺术的魅力。设计团队深知本土艺术家在乡村振兴中的重要性，因此，他们积极培育本土乡建艺术家，并开设"艺术振兴乡村农民讲习堂"，推动农民讲师走进其他村庄（比如贵州定汪村）、走上中国人民大学讲台（陈醉，2019），分享他们的经验和做法。这些本土艺术家不仅传承了乡村文化，更在艺术创作中融入了乡村元素和特色，使得葛家村的艺术作品更加贴近生活和实际。随着葛家村设计赋能的深入推进，乡村旅游也逐渐成为一个新的经济增长点。葛家村通过打造民宿、餐饮等旅游配套设施，吸引了大量游客前去观光游玩。这些游客不仅带来了可观的收入，更让村民在实践中感受到了旅游产业的魅力和潜力。通过发展乡村旅游，葛家村实现了共同富裕的目标，让村民的日子更加富裕和美好。葛家村的设计赋能之路还得到了国际社会的广泛关注和认可。他们成功举办了多场国际交流活动，吸引了来自波兰、南非、乌克兰等国家的外籍人士共同参与打造国际乡建艺术村。这些国际交流不仅拓宽了村民们的视野和思路，更让葛家村的艺术作品走向了世界舞台。

（三）产业兴旺是重点

在葛家村，产业兴旺已成为推动乡村振兴与艺术赋能的核心动力。通过整合内外部资源，创新产业模式，葛家村不仅实现了经济的快速增长，还吸引了大量能人回乡创业投资，为乡村的全面振兴注入了新的活力。首先，小微产业助力艺术振兴。设计团队深知"授人以鱼不如授人以渔"的道理（丛志强和张振馨，2022），因此，在推动设计赋能的过程中，特别注重培养村民的致富本领。通过邀请巧娘、益马当鲜等团体传授村民致富技能，设计团队成功打造出一系列小微产业，如桂语零号乐园、仙人掌酒吧以及民宿群落等。桂语零号乐园作为葛家村的新晋网红打卡点，以其独特的魅力和丰富的活动吸引了大量游客前来游玩。乐园的网上预售门票在五一假期前就已超万张，充分展示了其市场潜力和吸引力。而仙人掌酒吧则是由村干部自费改造而成的，如今已成为村中年轻人聚会、家庭聚会的热门去处。此外，葛家村还形成了一定规模的民宿群落。村民自发以自家的独栋房屋为基础开办民宿，为前来游玩的游客提供了有偿住宿服务。这一举措不仅为游客提供了舒适的住宿环境，还为村民解决了部分就业问题，实现了经济效益与社会效益的双赢。其次，创新产业模式实现共同富裕。在推动产业兴旺的过程中，设计团队特别注重创新产业模式。通过"公司＋基地＋合作社＋村民"的模式，设计团队将产业与农民脱贫致富紧密结合起来。这一模式不仅实现了资源的优化配置和高效利用，还带动了村民的积极参与和主动创业。同时，设计团队利用自身关系网络积极链接外部资源，吸引外地能人回乡创业投资。通过整合资金、技术和人才等资源，葛家村成功打造了一系列具有市场竞争力的产业项目。这些项目的成功实施不仅为葛家村带来了可观的经济效益，还为乡村的全面振兴提供了有力支撑。最后，补齐基础设施短板提升乡村品质。为了实现产业兴旺与乡村振兴的可持续发展，设计团队还特别注重补齐基础设施短板。通过加大投入和改善设施条件，葛家村成功提升了乡村环境和居住品质。如今，葛家村的交通、水利、电力等基础设施已经得到了全面改善和升级，为产业的发展和村民的生活提供了有力保障。

（四）生态宜居是关键

过去，葛家村村民以砍伐毛竹为生，这种方式不仅给生态环境带来了巨大压力，也限制了村民们生活水平的提高。然而，随着艺术振兴乡村的深入实践，葛家村迎来了一场前所未有的变革。在全国范围内，村民开始意识到生态环境的重要性，以及优美环境对于吸引游客、促进乡村经济发展的巨大潜力，葛家村也不例外。在设计赋能的引领下，葛家村采取了一系列举措，致力于打造生态宜居的乡村环境。首先，村民们以村中原有的 800 亩桂花树为基础，精心规划并建造了桂花园。每当金秋时节，桂花竞相绽放，整个村庄都沉浸在一片芬芳之中，吸引了大量游客前来观赏、品香。这不仅为村民们带来了可观的经济收入，也极大地提升了葛家村的知名度和美誉度。除了打造桂花园这一亮点项目外，设计团队还注重整体环境的改善和提升。家家户户沿路的墙壁上，被装饰上了花草树木，旧墙得到了粉刷，墙上还绘制了精美的图案，使得整个村庄的面貌焕然一新。这些举措不仅美化了乡村环境，也提升了村民们的幸福感和归属感。

（五）乡风文明是保障

设计赋能还具有推进移风易俗，培育文明乡风、良好家风、淳朴民风的作用，让葛家村焕发乡村文明新气象。首先，仙绒美术馆的建立不仅为葛家村增添了一处充满艺术气息的文化场所（谢霞，2019），更是工艺美术进乡村的一次成功探索。这个家庭美术馆中的作品，都是家庭成员的原创，体现了艺术在家庭中的传承和发扬。这种代代相传的艺术氛围，不仅塑造了特有的家风新尚，也让更多的村民感受到了艺术的魅力和力量。其次，艺术振兴乡村项目的开展，为葛家村的妇女们提供了新的学习和发展机会，不仅提升了她们的个人素养，也为乡村的文明建设注入了新的活力。葛家村设计团队的贡献不仅体现在乡村治理的智慧和创新，也体现在乡村文明的新气象上。

二、"政府-设计-市场"的新型乡村治理模式

乡村振兴是个系统工程，不仅要考虑城乡关系，还要考虑政府与市场的联动效应。设计赋能是以社区为核心的场域实验，它解决了设计师在场时的临时性，却不能解决设计师离场后的持续性。葛家村的案例说明，"政府-设计-市场"模式能够有效地弥补这一缺陷。"政府-市场-设计"三元治理主体同向发力是发挥设计赋能最大效能的充分条件，设计赋能的持续生效不仅需要政府在公共事务上发挥主导作用，也需要市场在要素调配、主体激活上发挥推动作用。

首先，发挥政府的推动作用。国家高度重视乡村振兴工作，并制定了一系列战略规划。葛家村的设计赋能模式与国家的乡村振兴战略规划相契合，因此得到了相应的政策支持和引导。2003年以来，宁波按照浙江省委、省政府的统一部署，以"千万工程"为抓手，扎实开展新农村建设，旨在通过整治乡村环境、提升乡村品质，推动乡村全面振兴。葛家村作为"千万工程"的受益者之一，其设计赋能模式得到了政府的

鼓励和支持。在葛家村的设计赋能过程中，当地政府主动接洽设计团队和艺术家，为项目实施提供有力支持，这种积极主动的态度为葛家村的设计赋能创造了良好的外部环境。同时，当地政府为了推动乡村振兴和设计赋能模式的发展，提供了一系列政策扶持和资金支持。这些政策包括税收优惠、土地使用优惠等，为葛家村的设计赋能提供了有力的保障。政府通过层级制度安排，统筹乡村交通道路建设、推动卫生医疗事业发展，完善社会保障体系。在此基础上，加大对乡村设计赋能的支持力度，引导各类资金流入乡村用于支持乡村设计。此外，当地政府还会统筹政策资源，利用国家相关政策推动政府部门、社会组织和村庄的协同发展。比如，葛家村所属的县级政府引导设计师和村干部充分利用"共富工坊"的国家政策，借力发力，统筹行政部门资源，保障设计赋能持续推进。同时，在大力发展数字乡村、未来乡村的政策指引下，当地政府支持设计师大力推行"设计＋互联网"模式，打造"网红村2.0"，利用大数据平台实时监测和评估设计赋能和美乡村的成效，并为可持续的设计赋能实施提供科学决策。

其次，发挥设计团队的驱动作用。葛家村的设计团队来自中国人民大学，在葛家村的乡村振兴中发挥了至关重要的作用。他们通过设计赋能、村民参与、品牌培育、文化传承、校地合作和持续陪伴等多种方式，推动了葛家村的全面发展。一是艺术赋能，激发村民创造力。葛家村设计团队以艺术为媒介，通过设计激发村民的创造力，将原本平淡无奇的葛家村转变为一个充满艺术气息的美丽乡村。他们通过引导村民参与艺术创作和乡村建设，让村民在实践中学习和成长，逐渐形成了自己独特的艺术风格和文化自信。这种艺术赋能的方式不仅美化了乡村环境，还增强了村民的归属感和自豪感。二是村民参与，共建共享。设计团队深知乡村振兴需要村民的广泛参与，因此他们积极鼓励村民参与到乡村建设的各个环节中来。从设计方案的制定到施工过程的监督，再到后期运营的维护，村民都全程参与。这种共建共享的模式不仅提升了村民的参与感和责任感，还使得乡村建设更加符合村民的实际需求和期望。三是品牌培育，发展乡村经济。设计团队在葛家村还注重品牌培育，通过挖掘乡村文化和特色资源，打造了一系列具有地方特色的品牌产品。他们通过线上线下相结合的方式，积极推广这些品牌产品，吸引了大量游客前来参观和购买。这不仅提升了葛家村的知名度和美誉度，还带动了乡村经济的发展，增加了村民的收入来源。四是文化传承，弘扬乡村文明。在乡村振兴的过程中，设计团队非常注重文化的传承和弘扬。他们通过组织各种文化活动和文化交流，让村民更加深入地了解和认识自己的传统文化和乡土风情。同时，他们还积极引入现代文化元素，将传统文化与现代文化相结合，形成了独特的乡村文化风貌。这种文化传承和创新的方式不仅丰富了村民的精神文化生活，还提升了乡村的整体文明程度。五是校地合作，推动产学研一体化。中国人民大学设计团队通过校地合作的方式推动产学研一体化发展。他们不仅将高校的育人成果和人才资源引入乡村建设，还通过实践将理论成果转化为实际成果。这种合作模式不仅提升了乡村建设的技术含量和专业化水平，还为高校师生提供了实践锻炼和创新创业的机会。六是持续陪伴，助力乡村长远发展。设计团队在葛家村的乡村振兴中不仅注重短期成效，更注重长远发展。他们通过持续陪伴的方式，与村民建立了深厚的感情和信任关系。他们不仅为村民提供了技术指导和培训服务，还积极帮助村民解决各种实际问题和困难。这种持续陪伴的方式不仅提升了村民的创业能力和自我发展能力，还为乡村的长远发展奠定了基础。

最后，发挥市场的拉动作用。在政府与市场的二元治理模式下，要使市场在资源配置中起决定性作用和更好发挥政府作用（黄祖辉等，2021）。在设计赋能模式中，设计师采用"自下而上"的市场引导机制，考虑对乡村市场的培育，以及市场对乡村治理的反哺作用。在乡村设计赋能过程中，设计师通过乡村文化挖掘、生态环境整治，实现文化产业化和生态产业化，吸引社会投资主体进驻村庄经营，打造出"桂语"系列民宿，赋权村民从事与生态产业化有关的服务业，培育乡村产业经营人才。在设计赋能的"后半程"，更需要发挥市场造血功能，例如采用股份众筹形式成立村庄运营公司，大力发展旅游业，进一步推进生态产业化；充分利用政府引导资金，把再生资源利用与经营权赋予相关企业，以公司化运营方式加大村庄生态环境的整治和管护力度；发挥市场对村民内生动力的激发作用，创建高端民宿，支持乡村民宿经营者交流学习，提高民宿运营能力。市场是对设计赋能成效的巩固与反哺。唯有在设计赋能过程中充分发挥市场的推动作用，才能保障"乡村治理的后半篇文章"持续成效。

三、"政府-设计-市场"协同发力激发内生动力

本章详细阐述设计赋能内生动力型乡村的特点，激发内生动力的设计赋能过程，并延伸分析了"政府-设计-市场"的三元治理模式。设计赋能激发内生动力的元素和过程机制前文已经详细阐述，此处重点归纳总结政府、市场两种力量在激发乡村发展内生动力中的角色和作用。

当地政府在激发乡村发展内生动力中发挥着不可替代的作用。通过政策引导、资源整合、规划引领和文化传承等多方面的努力，政府为乡村内生发展注入了新的活力和动力，推动了乡村的全面振兴。首先，政府在乡村振兴过程中起到主导作用，政府制定政策并负责政策执行落实。政府可以通过政策引导、财政补贴、人才输送、技术支持等方式引导乡村振兴，为乡村发展提供强有力的制度保障和资金支持。这些政策不仅吸引了外部资源的流入，更重要的是激发了乡村内部的发展活力和潜力。其次，政府是资源的整合者和协调者。在乡村振兴过程中，政府整合各类资源，包括自然资源、人力资源、社会资本等，以形成合力推动乡村发展。同时，政府通过协调各方利益，确保乡村发展的公平性和可持续性。再次，政府是乡村规划的引领者和监督者。通过科学规划，政府能够明确乡村发展的方向和目标，避免无序发展和资源浪费。同时，政府还对乡村发展进行监督和评估，确保各项政策措施得到有效落实，乡村发展取得实效。最后，政府是乡村文化的传承者和保护者。在

乡村振兴中，政府重视乡村文化的保护和传承，通过挖掘和弘扬乡村文化，提升乡村的知名度和美誉度，增强村民的文化自信和归属感。

市场力量在激发乡村发展内生动力中发挥着至关重要的作用。通过市场机制的引入和完善，可以推动乡村资源的优化配置、产业的创新发展、经济的繁荣和社会治理的完善。首先，市场是资源配置的主要手段。在乡村发展中，市场能够自由流动资金、劳动力、土地等资源，使其得到更充分、更有效的利用。通过市场的竞争机制，可以推动农业科技化、产业化，提高农业生产效率，增加农民收入，从而激发乡村发展内生动力。其次，市场能够激发乡村产业创新。市场机制的引入，使得乡村产业在选择、要素配置、主体行为以及价格形成等方面更加灵活和自主。这有助于推动乡村产业的转型升级，发展特色产业和优势产业，提高乡村经济的竞争力和可持续发展能力。再次，市场为乡村经济发展提供了广阔的空间和机遇。随着城乡统一大市场的构建，乡村可以更加顺畅地融入全国乃至全球的市场体系，拓展销售渠道，扩大市场份额。这有助于提升乡村产品的知名度和影响力，推动乡村经济的繁荣和发展。最后，市场力量还能够促进乡村社会治理的完善。市场的引入，使得乡村社会治理更加多元化和民主化。村民和村集体可以充分利用市场机制，创新经济组织形式，主导产业经济建设，实现高效的管理运营和民主监督。

第五章

设计赋能的文化活化型乡村：
以沙滩村为例

　　文化活化型乡村的建设需要在乡村文化、村民参与和乡村产业上同时发力，三者齐头并进，协同推进，忽视任一条件，将会导致失败。在这三个条件满足的基础上，乡村公共安全、乡村基础设施和乡村生态宜居满足其一即能实现文化活化型乡村建设目标。本章选择浙江省台州市黄岩区沙滩村作为案例村（杨贵庆，2022），从沙滩村的设计赋能历程中探视文化活化型乡村建设路径与成效、经验与不足。沙滩村是一个历史悠久且自然风光秀丽的古村落，其古街、古树、古迹构成了独特的景观文化。村内柔川书院遗址、南宋古刹太尉殿等宋代古建筑，彰显出宋韵文化"崇尚英雄"和"养我德行"的内涵。这几年，沙滩村在同济大学设计团队带领下，实施设计赋能行动，深入挖掘古村落文化资源，打造了一系列具有地方特色的文化品牌。如通过修复太尉殿、建设社戏广场等举措，传承和弘扬了当地的历史文化；组织多样化的文化及庆典活动，充实了村民的精神生活，同时也强化了村民间的团结协作与归属感。沙滩村还注重乡村文化创造性转化，摸索出了一条乡村旅游和特色产业融合发展之路。沙滩村在大力推进文化建设的同时，还不忘改造全村基础设施，为乡村振兴腾出发展空间，不断加快建设和美乡村的步伐。沙滩村通过设计赋能文化活化，重点解决乡村文化资源挖掘与利用不足、乡村产业融合度低、乡村空间与风貌塑造缺乏特色、乡村文化传承与创新不足以及乡村人才严重短缺与参与度低等问题。目前，沙滩村已跻身国家级 4A 级景区，不仅成为浙江省首批未来乡村试点村、省美丽宜居示范乡村、中国村庄发展研究的十个浙江样本之一，还曾作为

"净零碳乡村建设"的分析案例，登上首届联合国人居大会报告封面（陈久忍，2023），2023 年还上榜了全省金 3A 级景区村庄名单，完成了从"空心村"到文化活化型乡村的美丽蜕变。

第一节　沙滩村介绍

　　沙滩村，地理位置优越，坐落于浙江省台州市黄岩区屿头乡的东南部。此村落宛如一幅精美的自然画卷，淋漓尽致地展现了柔极溪畔"村落隐匿于林间，屋舍巧妙嵌入树丛，人与自然和谐共生于美景之中"的独特风貌。尽管地处山区，沙滩村的交通状况却颇为便利。该村距离黄岩城区仅约 35 千米，这使得其与外界的联系相对紧密。尤为值得一提的是，屿洋线作为穿越沙滩村的主要县级道路，呈东西向延展，路宽达 6 米，不仅为村庄提供了重要的东西方向交通通道，也极大地便利了村民的日常出行。当前，政府部门正积极着手对南北走向的东大路进行扩建，旨在将其打造成为南北交通要道。同时，沙滩村还计划在柔极溪畔依山势新建一条连接屿头村与东坞村的公路，以进一步促进各村落之间的互联互通，推动区域经济的协同发展。沙滩村内南宋古刹太尉殿占地 200 平方米，前有古樟挺拔，声名远播浙东，香火不断。沙滩老街长 300 多米，宽约 8 米，两侧商铺密集。这些文化遗产不仅是村庄悠久历史的见证者，也是地方文化传承的关键元素。村民们至今仍沿袭着众多传统习俗与手工艺，不仅为乡村文化生活增添了色彩，还吸引了大量游客慕名而来，亲身体验这份独特魅力。

　　经过一系列设计赋能行为，沙滩村在旅游业、农业产业、民宿产业和社会治理方面取得了较为突出的成绩。在旅游业方面，沙滩村凭借其丰富的自然景致与深厚的人文底蕴，着重推动乡村旅游的发展，通过改造和提升太尉殿片区、建设四季采摘园、打造沙滩老街等举措，吸引了大量游客前来观光旅游。同时，沙滩村还积极举办各类旅游文化节、采摘活动等，进一步提升了其知名度和影响力。在民宿产业方面沙滩村充分利用闲置农房资源，大力发展民宿产业。通过引入知名民宿品牌、建设高端民宿设施等举措，为游客提供了优质的住宿体验。同时，民宿产业的发展也带动了当地餐饮、购物等相关产业的发展。在农业产业方面，沙滩村在保留传统农业的基础上，积极发展现代农业和特色农业。通过引进先进的农业技术和设备，提高了农产品的产量和质量。此外，沙滩村也注重农产品的品牌塑造与市场推广，成功推出了一系列彰显地方特色的农产品品牌。在社会治理方面，沙滩村注重社会治理创新，通过成立强村公司、实施"共享老街计划"等举措，推动了乡村治理的现代化和民主化。同时，沙滩村还注重发挥村民的主体作用，引导村民积极参与乡村建设和管理。

通过设计赋能改造，沙滩村未来乡村建设也进行得如火如荼。数字化场景的营造，成为沙滩村最明显的特征。智能"微场景"开始让更多优质公共服务下沉乡村，科技赋能乡村缓缓铺开（肖淙文等，2022）。同济大学教研基地内的远程会议系统可以与远在德国的专家教授实现线上交流；村内24小时共享图书馆可供村民游客自助进出，尽情阅览；能够定期关注独居老人在家安全情况，帮扶干部点对点联系的"问好系统"也将陆续上线。未来，沙滩村将持续推动乡村文化活化工作：首先，继续深化校地合作，引入更多高素质团队和先进理念；其次，加大产业培育力度，探索"文化＋"农业、旅游业、民宿业等新业态；再次，加强文化建设和社会治理创新，增强村民文化自信，提升村民的幸福感、安全感和获得感，打造更加宜居宜业的和美乡村。

第二节　沙滩村的设计赋能历程

设计赋能是一个长期而系统的过程。沙滩村作为典型的文化活化型乡村，其乡村设计赋能囊括了文化挖掘、空间规划、产业融合、校地合作等多个方面。根据工作重心变化，沙滩村的设计赋能可分成四个阶段：以文化调查为核心的设计赋能，以文化挖掘为核心的设计赋能，以文化产业化为核心的设计赋能，以文化创新为核心的设计赋能。

一、设计赋能启动：文化调查

2012 年之前，沙滩村并没有一个明确的、科学的村庄规划。2012 年底，沙滩村被选定为美丽乡村建设的先行示范点。为了推动美丽乡村建设，沙滩村与同济大学建立了校地合作关系，并邀请了同济大学建筑与城市规划学院城市规划系副主任杨贵庆带领的团队（简称"沙滩村设计团队"）加入黄岩西部古村落复兴工作（杨贵庆，2015）。沙滩村设计团队深入村头街巷，为村庄的未来发展进行实地调研和规划工作，开始为沙滩村量身定制规划方案，这标志着设计赋能沙滩村乡村发展正式启动（叶子，2022）。

在设计赋能启动阶段，沙滩村设计团队以田野调查的方式，全面了解村庄的历史沿革、文化遗存、民俗风情等，揭示了村庄深厚的历史文化底蕴，挖掘出沙滩村独特的历史文化资源，敏锐地捕捉到了文化活化对于乡村振兴的重要性，明确提出并树立了"文化建村"的核心理念，将文化视为引领沙滩村未来发展的灵魂与核心，认为只有深入挖掘和活化乡村文化，才能为乡村注入持久的生命力。为实现这一目标，设计赋能启动阶段，设计团队便着手构建一套全面而系统的文化规划框架：首先，识别并保护村庄内的文化遗产，如古建筑、传统手工艺等，确保这些宝贵的文化元素得以传承；其次，规划出一系列文化设施的建设方案，如文化中心、文化广场等，旨在为村民提供一个展示、交流与学习文化的平台；最后，设计团队还注重将文化元素融入村庄的整体规划与设计中，使文化成为沙滩村发展不可或缺的组成部分。这一系列举措不仅彰显出设计团队对"文化建村"理念的执着追求，更为沙滩村的文化活化夯实了基础。规划不仅关注物质空间的改造与提升，更深入挖掘乡村文化的内核，旨在通过文化的力量推动沙滩村走全面、可持续发展之路。

二、设计赋能初期：文化挖掘

2013 年 3 月，沙滩村设计团队再次来到沙滩村进行全面的规划与设计，此次调研以文化挖掘为重点。其间，沙滩村设计团队通过发放回收 100 多份有效问卷，广泛收集了村民对于古村落改造及庭院美化等方面的意见与期望，提出推进美丽乡村建设应该让村落保留历史文化特色、在文脉赓续中重现生机的思路。为此，团队为沙滩村量身定制了"修旧如故"的规划方案，内容包括村庄的整体布局规划、公共空间营造、配套设施建设等，强调了对村庄历史文化内涵的挖掘和传承，以及生态环保理念的融入（杨贵庆，2015）。

随后，沙滩村正式启动"美丽乡村"建设，沙滩村设计团队作为技术指导，开始实施规划方案。为了改善村民生活环境，团队将"厕所革命"作为村庄改造的第一步，对村庄内的公共厕所进行改造升级（杨贵庆，2022）。在保持村庄原有建筑风格的基础上，设计团队对老街上的历史建筑进行了修复与功能重塑，例如，将闲置的粮站转变为特色民宿"粮宿"，将废弃的兽医站改造成游客服务中心。经过精心规划，供销社、粮仓等老建筑得到了再利用，被改造成游客中心、文化礼堂、同济大学美丽乡村规划教学实践基地、同济-黄岩乡村振兴学院讲堂以及环保零碳民宿等（李中文，2023）。

此外，团队还注重村庄公共空间的设计与营造，通过挖掘南宋时期柔川书院历史文化内涵，确定"耕读致远"文化品牌，并将其融于社戏广场、书院广场等乡村空间设计和营造中，不仅提升了村庄的整体形象，还为村民和游客提供了丰富的文化活动场所（杨贵庆，2015）。太尉殿前的戏台与社戏广场，以及柔川书院，这些富含文化特色的建筑，不仅为村民与游客提供了休闲、聚会、学习及交流的公共空间，还极大地增强了村民的自豪感与归属感（李中文，2023）。随着改造的深入，沙滩村内的更多老建筑得到了改造和利用，如老屋被改造成书屋、茶室等，既保留了历史风貌，又被赋予了新的功能。各类配套设施如停车场、公共厕所、休闲廊椅、照明设施等开始建设和完善，提升了村庄的公共服务水平（杨贵庆等，2022）。

三、设计赋能深化：文化产业化

沙滩村设计团队一直重视人居环境改造，注重提升村民的环保意识和参与度，共同构建美丽宜居的乡村环境（王祯，2018）。美丽人居环境的改造是推动设计赋能可持续发展的"共鸣基础设施"（Thompson，2015），更是文化产业化的基础。细数沙滩村的文化产业化的过程，先后经历创建乡村振兴学院带动乡村人才和产业振兴、营造共鸣基础设施推动旅游业蓬勃发展两个阶段。2018年2月，同济-黄岩乡村振兴学院作为国内首个乡村振兴学院正式宣告成立（杨贵庆，2019；王荔等，2021），其北校区位于沙滩村。乡村振兴学院立足于乡村振兴这一时代背景，创新采取诸多举措，也是设计思维运用于教育培训的典型案例。在沙滩村设计团队的整体规划下，乡村振兴学院以打造"两山"理论实践示范区为目标，把乡村振兴学院建设成为在国内外具有影响力的科研教育、实践培训基地，学院面向黄岩、辐射台州培训一批"懂农业、爱农村、爱农民"的人才队伍。同时，乡村振兴学院的教学团队持续为村庄发展提供指导和支持，吸引了众多培训班和考察团前来学习交流。

完成乡村振兴学院的规划之后，2019年至2020年，沙滩村着重关注基础设施建设与公共服务水平提升、产业多元化发展两件大事。在基础设施建设与公共服务水平提升方面，继续深化环境整治，投入大量资金进行村庄整体建设，翻新千年古刹太尉殿外围立面，建成社戏广场、生态池塘和大型生态停车场，将老街沿线闲置的老屋改造成古典店铺，并进行绿化工作，对空地、池塘、道路和房屋等全面改造，通过"三改一拆"和"五水共治"等工作，解决了村内老旧房屋较多、违章建筑较多、村路堵塞、阴沟遍地等问题。在产业多元化发展方面，增加资金投入，完成四季采摘园建设和大型智能停车场建设。对沙滩老街进行二次改造，建设特色书屋、酒吧、茶室、民宿等，补齐旅游基础设施，打造生态旅游村。

2021年，沙滩村开始重视旅游发展与品牌建设，沙滩村设计团队开始实施产业化战略，他们设计了一套系统的乡村旅游方案（周薇薇等，2019），包括红色研学、民宿产业、特色食品、文创产业等。沙滩村依托"红色根脉"资源，结合"跟着红色地图学党史"专题活动，传承红色基因，打造屿头特色主题——红色教育与绿色旅游。打造柔极溪沿岸风景绿道，完善乡村振兴学院设施，整合旅游景观资源，形成完整的旅游产业。通过举办各类文化活动、建设旅游设施等措施，吸引游客前来观光旅游，沙滩村在乡村规划建设中取得了显著成效，成为乡村振兴的典范。引入高端元素，将闲置的老乡公所、老卫生院、老供销社改造成蝶来三舍·枕山酒店，为游客提供精品住宿。利用老街特色民居开发高端民宿产业，例如，在沙滩村设计团队的牵线搭桥下，德国巴斯夫公司参与了沙滩村的民宿改造试点项目，运用德国的先进环保技术（"黑科技"）来建造乡村"绿建筑"民宿，为沙滩村的绿色建筑转型升级提供了技术支撑与示范案例。举办各类活动，如戏剧表演、手工艺展示等，丰富了乡村文化生活，提升了村庄知名度。沙滩村成为柔川景区的核心区域，并成功申报成为国家4A级景区，吸引了大量游客。

2022年，沙滩村设计团队提出了数字化提升与智慧乡村建设思路，借助5G网络、虚拟现实（VR）、增强现实（AR）及数字孪生等先进技术，沙滩村着手构建数字中心、创客中心及众创空间等，旨在推进乡村的数字化进程。同时，同济-黄岩乡村振兴学院的二期开发计划正在筹划中，拟在东坞村建立创新创意中心、数字实验基地及房车露营区等项目，与沙滩老街区域形成协同发展，共同打造涵盖智慧旅游、党建信用体系、创客服务、智慧民生服务及综合治理的数字化平台，为村民与游客带来更加高效便捷的服务体验。在产业拓展与农民增收方面，统筹周边行政村，建立共富公司，投身芳养谷等共同富裕项目，激活各村庄的发展潜能与活力。不断拓展产业发展新渠道，引入农创客和文创团队，推动农特产品销售和乡村旅游发展，举办文旅节、直播带货等活动，提升当地旅游热度和农产品附加值。成立强村公司，推出"风物柔川"区域农产品品牌，带动农户增收。古村落外部环境的不断优化，吸引了众多外地游客前来探访，沙滩村探索出了一条新颖的乡村振兴路径，即通过科学研究、教育培训与文化、生态等多方面的深度融合，来塑造未来乡村的发展蓝图（寇瑜笑等，2023）。

四、设计赋能升级：文化创新

2023年后，沙滩村继续深化与同济大学等高校的校地合作，引入更多高素质团队和专业人才参与乡村建设和发展工作。同时，积极应对市场变化和技术进步带来的挑战和机遇，推动产业创新升级和高质量发展，引入新技术、新模式，开发新业态。

沙滩村用艺术设计助力文化共富、乡村振兴，吸引更多文创人才和机构入驻。一是发展村民广场等新型乡村文化载体。以当地"柔川书院"的历史文化资源为基础，提炼出"耕读致远"的乡村文化主题，建成沙滩村社戏广场，该广场被选为中央广播电视总台2023年跨年晚会节目拍摄地之一（杨贵庆，2024）。二是政府不定期举办各类文创活动，让沙滩村业态"火"起来。比如，举办柔川旅游文化节、山野雅集、"共享老街"计划等活动，推出"星星点灯"公益计划，举行青年在村可持续艺术集活动（"馒头山当然可以慢吞吞"艺术集），通过文旅市集的形式，有机融合山水风光、本土美食以及文旅特色，活动期间还安排戏剧表演，展示各种传统风俗、剪纸、竹编等手工艺，让游客在游览过程中深入了解当地文化。三是抓住数字经济的红利，积极拓展文化产业化的旅游新模式。比如，引入山中来信、蓝莲花开等知名民宿品牌，新建书屋、咖啡馆、酒吧、文创店等休闲场所，为游客提供多样化的文化体验空间；推出了一条"台州乡村之旅精品路线"，使之将沙滩村的文化资源与周边自然景观、历史遗迹等相结合，为游客提供丰富的旅游体验；建设线上旅游服务平台，提供在线预订、门票购买、导览讲解等服务，方便游客随时随地获取旅游信息。四是打造青年创客文化，吸引更多青年人返乡创业。政府推出"1＋6＋N"青年人才招引计划（朱玲巧，2024），"1"是打造一个"富屿青年在村"品牌，"6"是包括房租优惠、住房保障、金融帮扶、资源共享、宣传推介在内的六项服务，"N"是 N 种不设限制。在政府推动下，益企爱基金、柔川众富数创、文益社等社会组织纷纷入驻沙滩村，更多青年人在村旅居、创作、创业、分享（朱玲巧，2024），青年创客文化在沙滩村生根发芽。

从近两三年的发展来看，沙滩村设计团队入村设计赋能的活动越来越少、政府的领导行为越来越多，文化创新活动也越来越多。这一转变的根本原因是政府被植入"设计思维"，文化创新的治理模式由政府主导、设计师推动转变为政府与社会组织的共创模式。

第三节 通过设计赋能实现文化活化的关键要素与成效

沙滩村是一个蕴藏着深厚文化底蕴的乡村，在设计赋能中选择乡村文化、村民参与和乡村产业作为文化活化的核心要素，辅以基础设施建设，主要是因为乡村文化是沙滩村的独特文化资源所在，它是连接过去与未来的桥梁，也是吸引外界目光的磁石，更是通过文化活化实现乡村振兴的典范。从沙滩村设计赋能历程也可以看出，沙滩村的蝶变离不开乡村文化转化、村民参与、乡村产业开发和基础设施建设。本节围绕沙滩村的文化要素、村民要素、产业要素和基础设施要素展开论述。

一、沙滩村设计赋能的文化要素

通过设计赋能，沙滩村深入挖掘并传承本土文化，让厚重的宋韵文化在当代实现活化，不仅能增强村民的文化自豪感和归属感，也能为乡村产业化注入灵魂。沙滩村的宋韵文化体现在历史名人与宋学传承、宋瓷与工艺文化、宋服与服饰文化、宋迹与建筑文化以及宋诗与文学文化等多个方面。这些方面共同构成了沙滩村独特的宋韵文化风貌，为当地的文化产业化和乡村振兴提供了重要支撑。

第一，历史名人与宋学传承。沙滩村在南宋时期出现了如黄原泰和黄超然等名人（杨贵庆，2015）。在南宋淳熙年间（1174—1189 年），因家乡连遭水旱灾害，黄原泰主动代缴全乡田赋，并鼓励乡民农耕，展现了宋代士人的担当与奉献。黄超然是宋元交替时期的理学家，师承蔡梦说与车瑾，后成为著名理学家王柏的门生。在黄岩地区，宋学的传播主要围绕以朱熹为代表的理学、南湖学派，以及以叶适为代表的永嘉学派展开（包顺富，2023）。朱熹曾巡行台州，并在黄岩讲学，带动了当地儒学的发展。黄超然作为朱熹理学嫡系传人、"南湖学派"第四代传人，回乡后继续传承儒学，对沙滩村及周边的文化教育产生了积极影响。

第二，宋瓷与工艺文化。黄岩的宋瓷以沙埠窑青瓷为代表，而沙埠窑青瓷的技艺和产品在宋代达到了高峰（包顺富，2023）。虽然沙滩村本身可能不直接生产宋瓷，但作为黄岩的一部分，其居民无疑会受到这种工艺文化的影响，对宋瓷的欣赏和传承也是宋韵文化的一种体现。除了宋瓷外，黄岩还有翻簧竹雕、模具制作等传统工艺。这些工艺在宋代或其后得到了发展，并在沙滩村等地得到了传承。这些工艺品不仅展现了宋代精湛的制作技艺，还体现了宋人独特的审美风格，蕴含着宋代的工艺文化精髓。

第三，宋服与服饰文化。赵伯澐墓出土的士大夫服饰被誉为"宋服之冠"，展示了南宋时期士大夫阶层的服饰风貌（李寒阳，2023）。虽然这些服饰并非直接出土于沙滩村，但沙滩村作为黄岩的一部分，其居民在服饰文化上也会受到影响。他们在日常生活中可能会穿着具有宋代元素的服饰，或者通过文化活动和展览等方式了解和传承宋代服饰文化。

第四，宋迹与建筑文化。黄岩拥有众多宋代遗迹，如瑞隆感应塔、沙埠青瓷窑址等。沙滩村也保留了许多具有悠久历史的古迹，如南宋柔川书院遗址、古刹太尉殿等。这些古迹不仅是村庄历史的见证，也是建筑文化的重要载体（杨贵庆，2015）。许多建筑运用传统工艺建造，就地取材，形式多样，包括木构、石砌、砖砌建筑以及它们的混合运用，与周边环境融为一体，形成了独特的地方建筑风貌。在沙滩村的设计赋能中，把宋代建筑文化的元素和理念贯穿于全过程，如廊桥、古樟树、老街等景观的打造都体现了对宋代建筑文化的传承和发扬。沙滩村在保留宋韵文化的基础上进行了有机更新，引入了会务培训、旅游、农村电商等业态。

第五，宋诗与文学文化。宋代，黄岩地区涌现出了一批杰出的诗人与词人，包括左纬、谢希孟、戴复古以及严蕊等。他们的作品反映了当时社会的风貌和人民的生活状态，具有极高的文学价值。沙滩村设计团队在村庄IP打造、文创产品开发和品牌推广中，有意识地采用了宋词作品中的名言佳句，使得宋代文学文化在沙滩村得以活化。受此影响，沙滩村还进一步营造了宋韵文化氛围（李寒阳，2023），开设了农家书屋等文化设施，这些书屋不仅收藏了文学类书籍，还有与宋代文化相关的历史、艺术、科学等方面的书籍，为村民提供了丰富的阅读资源。

二、沙滩村设计赋能的村民要素

村民参与的理念来源于社会设计理念，更是西方设计师的崇高信仰，也自然地成为沙滩村设计赋能不可或缺的一环。村民不仅是乡村文化的传承者及守护人，还是推动乡村发展的核心动力。沙滩村设计团队鼓励村民积极参与设计过程，不仅能够确保项目贴近实际需求，还能激发他们的创造力和积极性（丛志强和张振馨，2020），共同推动乡村的繁荣发展。沙滩村在设计赋能文化活化过程中，遵循以人为本的设计理念及乡村内生发展理论，尊重村民意愿，提升村民能力，鼓励村民参与决策。因此，实际建设中村民展现出了极高的热情和创造力，不仅积极参与村庄规划、环境整治等公共事务，还自发组织文化活动、手工艺品制作等，丰富了乡村文化内涵，提升了村庄的整体形象。通过政府引导、村委组织、企业支持以及村民的广泛参与，沙滩村的设计赋能文化活化取得了显著成效，为乡村振兴树立了典范。

（一）村民积极参与

政府发挥了重要的引导和支持作用，政府通过制定相关政策，明确村民参与乡村建设的权益与责任，同时提供资金、技术和法律等方面的支持。此外，政府还组织专家团队进行规划指导，确保村庄建设既符合现代发展需求，又保留传统文化特色。政府的引导与支持增强了村民参与乡建的信心。村"两委"是村民与政府之间的桥梁和纽带，负责组织和协调村庄的经济活动，特别是在政府或外部企业投资村庄时，村级组织的生产组织作用更加凸显，成为关键的组织力量（郑敏，2017）。村"两委"通过召开村民大会、座谈会等形式，广泛征集村民意见和建议，确保村庄建设方案贴近民意。同时，村"两委"还组织村民参与培训，提升他们的技能水平和参与能力，使他们能够在建设过程中发挥更大的作用。另外，村干部凭借其在村庄中的高度社会声望，参与乡村振兴项目能有效调和村内矛盾，发挥组织动员群众并整合资源的关键作用（朱海，2020）。企业作为市场经济的重要力量，也在沙滩村设计赋能中发挥了积极作用。一方面，企业通过投资兴业，为村庄带来了资金、技术和市场资源，与村"两委"、合作社、农户等主体通过分工协作、发挥自身优势延长农业产业链，尤其是实现小农户与大市场的衔接促进了乡村产业的发展；另一方面，企业还通过社会责任项目，支持村庄的文化保护和基础设施建设，为村民参与建设提供了更多机会和平台，村民不

127

仅积极参与了环境整治、基础设施建设等工作，还通过开办农家乐、民宿等方式参与到乡村旅游产业中来。在乡村发展的过程中，农户们热切期盼能人引领他们走向富裕，返乡能人怀揣着"富贵不还乡，如锦衣夜行"的情怀回馈故里，不仅是对乡土情感的表达，也是实现个人抱负、提升社会声誉及人生价值的重要途径。激发能人的企业家精神，运用他们卓越的管理才能、宽广的视野及敏锐的商业嗅觉，发掘乡村的发展潜力与机遇，为乡村注入新的生命力，除此之外，村民深度参与乡村建设还需健全的自治体系来保障其自治权益，通过制定乡村公约、建立村民议事组织等手段，促进村民的自主管理、服务、教育与监督，自治体系的完善，不仅增强了乡村的和谐与稳定，也为村民的全面发展奠定了基础。

（二）利益共享驱动

沙滩村通过设计改造和引入新兴业态（如会务培训、旅游、农村电商等），实现了集体经济的壮大。这些经济活动产生的收益成为村民共享的重要来源。村集体根据年度经营情况，制定公平、透明的分配方案，将集体收益按照一定比例分配给村民。这种方式确保了村民能够直接享受到集体经济发展的红利。村庄的发展为村民提供了更多的就业机会，如旅游服务、手工艺品制作、电商运营等。村民通过参与这些工作，实现了收入的增加。村庄搭建创业平台，为有意创业的村民提供资金、技术、市场等方面的支持。成功创业的村民不仅能够增加个人收入，还可能带动其他村民就业，进一步促进村民利益共享。随着村庄经济的发展和集体收益的增加，沙滩村还加大了对社会保障和福利的投入，如为村民缴纳医保、社保等费用，提供养老、医疗等福利保障。这些措施进一步提升了村民的生活水平和社会保障水平。

三、沙滩村设计赋能的产业要素

乡村产业是实现乡村可持续发展的关键基础。通过引入现代农业、乡村旅游、文创产业等新兴产业，打造具有地方特色的乡村产业链，沙滩村不仅为村民提供了更多的就业机会和增收渠道，还促进了乡村经济的多元化发展。产业的繁荣又会反哺乡村文化的传承与创新，形成了良性循环。

首先，沙滩村依托其丰富的自然资源，如耕地、林地和竹林，大力发展生态农业。通过引入先进的农业技术和种植模式，如四季采摘园的建设，不仅提高了农业生产的效率和品质，还丰富了乡村旅游的体验内容。游客可以在这里亲手采摘新鲜果蔬，体验农家乐趣，从而带动乡村旅游的兴起。

其次，沙滩村在产业要素的布局上，注重文化与旅游的深度融合。村庄充分挖掘南宋时期"柔川书院"等历史文化内涵，确定了"耕读致远"文化品牌，并将这一品牌贯穿于村庄的公共空间设计和产业发展中。社戏广场、书院广场等文化设施的建设，不仅为村民提供了文化活动的场所，也吸引了大量游客前来参观体验。此外，沙滩老街的二次改造，建设了书吧、酒吧、茶吧、民宿等特色休闲产业，进一步丰富了乡村旅游的业态，提升了村庄的吸引力。

再次，沙滩村在产业要素的创新上，敢于尝试和探索。借助与同济大学、浙江大学等知名院校的协作，引进高水平团队为乡村建设提供指导，以科学的方式规划发展蓝图。在村庄规划中，注重生态宜居和绿色发展，通过"三改一拆""五水共治"等工作，解决了村内老旧房屋较多、违章建筑较多、村路堵塞等问题，为乡村的华丽转型腾出发展空间。同时，借助绿色建筑理念和先进技术的引入，沙滩村在村庄整体建设中实现了生态与经济的双赢。

最后，沙滩村还积极引进高端元素，提升乡村产业的竞争力。如台州市永宁产业投资集团有限公司斥资开发沙滩村闲置的老乡公所、老卫生院等区块，将其改造成高端品牌设施——蝶来三舍·枕山酒店（柔川店），为来往游客提供精品住宿服务。这一举措不仅提升了沙滩村的旅游接待能力，也进一步推动了乡村旅游产业的发展。

这些举措不仅推动了乡村产业向多元化、高附加值方向发展，为乡村带来了经济收益，还促进了乡村一二三产业的融合发展，为乡村可持续发展奠定了基础（刘沛，2024）。在沙滩村设计赋能中，产业要素的运用是全方位的、多层次的。通过科学规划、文化挖掘、技术创新和高端元素的引进，沙滩村成功实现了从传统农业向生态农业、乡村旅游等多元化产业的转型升级。这一过程中，产业要素不仅为村庄带来了经济效益的提升，也为村民增加了更多的就业机会和收入来源。

四、沙滩村设计赋能的基础设施要素

当前，众多乡村的发展尚处于无序状态，而乡村振兴的首要任务在于制订一个宏伟蓝图，需在理念（"道"）与具体规划（"术"）上赋予乡村一个既科学又符合当地特色的发展方向。在此过程中，基础设施的完善是确保蓝图实现的关键支撑。便捷的交通网络和公共设施，不仅为游客提供了舒适的旅行体验，也为村民营造了更加宜居的生活环境，从而有力地推动了乡村的整体进步与发展。

（一）改善内部空间建设

随着城镇化步伐的加速，多数村民已迁入新型城镇区域，导致乡村中留下大量老旧民居。这些建筑年久失修，部分甚至已倒塌，面临着卫生条件差、安全隐患大的问题。针对这些旧建筑如何改造，才能让村民居住在既美观舒适又保留传统风貌的民居群落的问题，沙滩村的设计团队采取了尊重地域文化的策略、立足于本土设计的理念，保留了原有的建筑风格、院落布局及建筑结构等特色，同时对内部空间进行了现代化改造。首先对村内道路进行改造，将烂泥路升级为古色古香的青石板路，既提升了村庄的美观性，又保留了传统风貌。同时，建设了多个进出通道，确保游客和村民能够便捷地出入村庄。道路两侧的景观绿化充分考虑了文化元素，如种植具有地方特色的植物、设置文化标识等，使游客在行走中就能感受到浓厚的文化氛围。沙滩村建设了公共厕所、停车场等公共服务设施，公共服务设施的设计和建设也充分考虑了文化元素，例如：停车场采用透水植草砖、竹子挡墙等生态材料，既体现了环保理念，又与村庄的自然环境相协调；公共厕所的外观和内部装饰也融入了地方文化特色，使游客在使用过程中能够感受到文化的熏陶；完善了旅游配套设施，建立旅游集散中心、增设星级公厕、设置清晰标识牌以及引入智慧旅游系统等；同时，还建设了富有本地特色的商业设施，如"三径"书屋、"似水年华"酒吧等，丰富了游客的休闲体验。

（二）改造外部生态环境空间

"外部生态环境空间"是沙滩村生态村落的核心组成部分，涵盖了村民日常生活的公共场所、村街巷道、未利用空地、池塘荷塘以及繁茂的花草树木等自然与人文景观。在沙滩村着手改造其外部生态环境空间时，始终坚守"绿水青山就是金山银山"的绿色发展理念，积极推动农业与旅游业的融合发展，旨在加速产业的生态化转型。改造工作严格遵循"因地制宜、尊重自然、和谐规划、综合整治"的原则，力求构建一个循环可持续的外部环境生态空间。通过这些努力，沙滩村的艺术乡村风貌得以持久保持，其村庄生态空间不仅精致独特，而且完美融入到自然之中，实现了景观的精美、独特与自然和谐共生的目标。

（三）搭建设计赋能"共鸣基础设施"

乡村设计赋能的持续发展需要搭建一个社会关系网络。回顾"许村计划""新通道"等乡村社会设计项目，它们都建构了艺术家联盟（或高校联盟、或嵌入国际设计网络），利用这个网络，利益相关者共同推动设计赋能项目发展。沙滩村则不同，设计团队并没有嵌入某个具有社会性和组织性的社会网络，他们发挥当地政府的作用，建构市场力量，吸引社会组织加入，创造性建构了区域型"共鸣基础设施"（Thompson，2015）。其显著特点是：政府是主导力量，设计团队是推动者，企业和社会组织是运营者。沙滩村设计团队成功地植入了"设计思维"，把当地政府打造成服务设计型政府，吸引村民、社会组织参与到政策设计和服务中来，主张设计团队总体谋划，村民参与设计决策，市场企业和社会组织参与运营。

五、沙滩村设计赋能的社会影响力

通过立足本土、深挖特色文化、优化整体布局、能人返乡创新发展等设计行为，沙滩村设计赋能文化活化产生了广泛而深远的社会影响，不仅为乡村振兴提供了有益的借鉴和启示，还促进了绿色建筑理念的传播、生态文化的保护与传承以及旅游业的发展。此外，沙滩村的改造成就也赢得了社会各界的好评与高度赞扬（巩持平和施佳丽，2023）。

（一）宋韵文化的保护与转化

沙滩村在改造过程中注重宋韵文化的发掘、保护和创造性转化。通过修缮古建筑、恢复自然景观、建设生态池塘等措施，沙滩村保留了村庄的历史文化底蕴和生态环境特色。这种保护措施不仅提升了村庄的吸引力，引起了社会各界对乡村生态文化保护的重视，也促进了生态文化的传承与发展。通过举办各类文化活动，如社戏演出、柔川诗会等，弘扬和传承了当地的传统文化，这些文化活动的举行极大地充实了村民的精神生活，提升了他们的文化自信，并增强了村民的归属感。更重要的是，沙滩村设计赋能的文化活化，向世人展示了人与自然和谐共生的可能，推动了对可持续发展理念的深入理解和实践。

（二）乡村产业的培育与引领

沙滩村通过设计赋能，对村庄进行了全面改造和升级。改造后的沙滩村，村容村貌得到了显著提升，从过去的"空心村"变成了如今的美丽宜居示范村（颜彤，2023a）。这种变化不仅改善了村民的生活环境，也提升了村庄的整体形象。设计赋能为沙滩村带来了新的发展机遇。通过引入会务培训、旅游、农村电商等业态，沙滩村的产业结构得到了优化和升级。这些新兴产业的发展为村民创造了更多就业与创业的机会，同时也推动了当地经济的迅猛增长。经过改造的沙滩村吸引了众多游客前来游览，显著提升了旅游收入。此外，沙滩村通过设计赋能实现乡村振兴的做法得到了广泛关注和认可，为其他乡村提供了可借鉴的经验和模式，成为浙江乃至全国乡村振兴的典范。

（三）绿色建筑理念的植入与推广

沙滩村不仅推动了乡村的可持续发展和经济的多元化发展，还增强了公众的环保意识和社会责任感，对社会产生了多维度、深层次的积极影响。从理念创新的角度看，沙滩村将"生态、环保、实用"的绿色建筑理念与乡村振兴紧密结合，不仅改善了村民的居住环境，还为乡村的可持续发展提供了新思路，激发了社会各界对绿色建筑和乡村生态保护的关注与探讨，推动了相关理念的创新与发展。从经济效益的角度来看，通过绿色建筑理念的实践，吸引了大量游客前来观光体验，带动了乡村旅游的蓬勃发展。沙滩村推行的绿色建筑项目不仅为当地新增了就业机会，还提升了村民的经济收入，加速了乡村经济的多元化进程。从社会效益的角度来看，沙滩村绿色建筑理念的传播与推广，增强了公众的环保意识和社会责任感，引导了更多人关注和支持绿色生态事业，形成了全村共同参与环境保护的良好氛围。

（四）社会认可与荣誉

通过深化校地合作，沙滩村设计团队在推进美丽乡村的规划与设计、历史文化村落的修复以及乡村振兴的成功实践等方面取得了卓越成效，为中国乃至全球的美丽乡村建设提供了一个极具参考价值、可复制推广的成功模式。沙滩村的改造得到了社会各界的广泛认可和赞誉，先后获得了"省级美丽宜居示范村""省级森林村庄""省级卫生村"等多项荣誉称号，这些荣誉不仅是对沙滩村改造的肯定，也是对其在乡村振兴进程中发挥示范作用的表彰。沙滩村的改造经验还被联合国人居署及同济大学写入《净零碳乡村规划指南——以中国长三角地区为例》报告[①]，并在国际舞台上展示，这进一步提升了沙滩村的知名度和影响力，也为我国乡村振兴事业赢得了国际赞誉。

第四节 案例研究发现

　　沙滩村作为一个典型的江南水乡古村落，通过设计赋能的方式成功实现了从"空心村"到文化活化型乡村的美丽蝶变。这一过程不仅为设计赋能的文化活化型乡村建设提供了宝贵的经验和启示，也为其他乡村的建设和发展提供了可借鉴的模式和路径。乡村文化是乡村振兴的底色，是设计赋能的基础。设计赋能乡村振兴应当摒弃形式主义，避免同质化，深入挖掘并彰显各村独特的文化特色（张德胜等，2023）。首要任务是秉持新理念与高标准，打造具有鲜明地方艺术特色的村落，这包括深化古村落的开发，实施保护性修复策略，对乡村老建筑、古驿道、旧集市等历史遗迹进行精心维护，并巧妙地将这些元素串联起来，通过资源整合与整体开发，充分释放村落的文化资源潜力（李倩，2021）。同时，鼓励村民精准对接产业需求，实现因地制宜的个性化发展，赋予村庄独一无二的灵魂与文化底蕴，强调村民作为乡村文化建设与传播主体的地位（刘斐，2022）。加大乡村文化宣传力度，积极利用抖音等新媒体平台讲好乡村特色产业发展故事，加速推进"乡村新闻官"机制建设，让村民成为"三农"信息的直接传播者，有效促进思想的交流、文明的传承、文化的弘扬，助力乡村产业振兴与村民致富。此外，重视旅游文创及衍生品的开发与创新，紧密结合乡村的自然风光、地理标志产

---

　　① 根据同济大学新闻网（https：//news. tongji. edu. cn/info/1003/68930. htm）整理。

品、现代农业特色以及深厚的乡村文化底蕴，创作出丰富多彩的文创产品，以市场需求为导向，推广具有特色的文创礼品及地道土特产，促进乡村经济的多元化发展（陆梓欣和齐骥，2022）。

沙滩村的设计赋能经验指明了一条设计赋能的文化活化型乡村建设路径：重塑乡村文化、引导村民参与和开发乡村产业协同推进，大力建设乡村基础设施为设计赋能提供保障。

一、乡村文化、村民参与和乡村产业的协同推进

（一）设计是实现文化活化的重要手段

沙滩村设计团队在公共空间设计和营造中，深度挖掘南宋时期的文化精髓，将耕读文化、宋韵文化等多元文化元素巧妙地融入到现代空间设计中，如社戏广场、书院广场（颜彤，2023a）等。这些空间不仅为村民提供了休闲娱乐的场所，也成为展示和传播乡村文化的重要窗口，充分体现了当地的历史文化内涵和乡土文化特色。社戏广场是一年一度农历十月"太尉殿"社戏演出的舞台，也为柔川黄氏圆谱庆典等乡村文化活动提供了绝佳的场所。沙滩村还集英雄文化、"太尉殿"道家养生文化、柔川黄氏宗亲文化等系列内容于一体，丰富了村庄的文化内涵。通过设计赋能，沙滩村展现了传统文化与现代生活和谐共生的美好图景，为其他乡村在文化建设与空间设计中提供了宝贵的经验与启示，成为乡村振兴与文化传承的典范之作。

（二）文化与产业互相转化

沙滩村通过将乡村历史文化内涵与产业经济紧密联系，推动了文化旅游产业的发展。例如，利用社戏广场等公共空间举办各类文化活动，吸引了大量游客前来观光旅游。除了文化旅游产业外，沙滩村还积极发展其他乡村经济产业，引入会务培训、旅游、农村电商等多元业态，实现了村庄经济的快速增长、多样化产业的引进，不仅拓宽了村民的就业

与收入来源，还有力推动了乡村经济的多元化成长。设计赋能不仅注重乡村产业的融合发展，还要关注商业设施的品质提升，涌现出许多高品质的民宿、酒店、书店和咖啡店等商业设施。这些商业设施的建设不仅提升了乡村的旅游品质，还为游客提供了优质的住宿和休闲体验。

（三）村民参与增强文化自信

在设计赋能的过程中，沙滩村强调以群众为中心，通过召开村民大会及广泛征求民众意见等手段，积极吸纳群众参与到文化设计决策及执行的全过程中。这种公众参与的方式不仅提高了村民的满意度和参与度，也增强了村民对村庄文化的认同感和归属感。设计团队实施"文化定桩"策略（杨贵庆与肖颖禾，2018），旨在深入挖掘、整理并提炼地方各类文化资源，以此为基础确立乡村物质空间布局与精神文化内核的主题。在这一过程中，沙滩村找到了村民的文化认同点，包括祖庙、祠堂、风俗、手工艺等物质和非物质文化遗产。沙滩村通过深入挖掘南宋时期"柔川书院"等历史文化内涵，确定了"耕读致远"的文化品牌，这一举措不仅为村庄规划提供了文化支撑，也增强了村民的文化认同感和自豪感。

（四）基础设施为文化活化提供保障

沙滩村在基础设施建设方面，立足村情，依托资源优势，不断加快建设美丽乡村步伐。通过整村推进"三改一拆"，实现拆、改、建、管一体化，为美丽乡村建设腾出发展空间。研究发现，基础设施建设是乡村全面发展的重要保障，只有具备了完善的基础设施条件，才能保障乡村经济、社会和文化发展。沙滩村在数字化场景的营造方面取得了显著成效，引入同济大学教研基地的远程会议系统、全天候开放的共享图书馆以及专为独居老人设计的"问候系统"等智能化"微场景"，有效促进了高质量公共服务资源向乡村地区的延伸与覆盖。数字化场景的营造和智慧乡村建设是推动乡村现代化的重要手段，引入现代信息技术手段，可以大幅提升乡村治理效率和服务水平，提升村民的幸福感和满意度。

二、基于五重螺旋模型的设计师角色分析

五重螺旋模型（quintuple helix model）是一种创新模型，它将政府、产业、学术界、公众和自然环境这五个要素结合起来，以促进可持续发展和创新。在设计赋能推动沙滩村文化活化、实现乡村创新的过程中，设计团队与当地政府、村民和谐共创，在开发乡村产业、保护自然资源方面发挥了关键作用。设计团队是沙滩村文化活化的"新内生"中介，本章在案例分析基础上，重点分析设计团队与地方政府、村民、产业和乡村文化资源的关系，以期全面审视设计团队在文化活化过程中的作用。

（一）设计团队与地方政府

在沙滩村文化活化型乡村建设项目中，设计团队与地方政府之间的关系有以下几个特点：一是当地政府的政策引领。沙滩村启动建设仍然属于自上而下的外生发展模式，政府起到关键的助推作用。浙江大力推进"千万工程"，颁布了一系列政策举措，开展乡村振兴绩效评估制度，通过奖惩相结合的方式确保乡村振兴目标的实现（Xin and Gallent，2024）。作为浙江省美丽乡村建设的试点村，沙滩村寻求振兴的思路，并在资金和政策上大力投入，引导外部智力进入村庄实施乡建运动。二是建立合作伙伴关系。在政策推动下，当地政府邀请同济大学杨贵庆教授作为乡村总规划师，设计团队与当地政府建立了深厚的校地合作关系，共同推进乡村的文化活化和可持续发展。政府提供政策支持和资金投入，为设计团队的工作提供必要的条件和资源。设计团队提供专业的规划设计和文化挖掘服务，确保项目的质量和效果。三是充分授权给设计团队。当地政府本着"专业的人做专业的事"的思路，把乡村建设完

全授权给设计团队，在乡村设计赋能过程中，政府不会过多干涉设计团队的决策和行动，但政府也会起到监督和纠偏的作用，确保乡村设计项目符合当地政府规划要求，也要求设计团队重视对当地生态和文化资源的保护，让设计赋能的文化活化走在一条更加规范和正确的路上。总之，在沙滩村的案例中，设计团队与政府的紧密合作是实现乡村文化活化和可持续发展的关键。政府的政策、资金支持是设计团队实施项目的基础，而设计团队的专业服务则为政府的发展规划提供了具体的实施路径和创新方案。通过这种合作关系，沙滩村成功地实现了从"空心村"到文化活化型乡村的转变。

（二）设计团队与村民

扭转村民思想，构建乡建利益共同体。村民面对乡村改造中的利益问题可能产生困惑，设计团队用接地气、通俗易懂的俗语解释规划的目的、相关做法的意义，同时听取他们最真实的诉求，充分尊重村民的意见。此外，设计团队隔三岔五来到村里，实地了解情况并及时纠正工作中的偏差，通过"陪伴式规划"（颜彤，2023a）推动乡村文化活化。设计团队运用专业知识和创新思维给予村民教育与引导，首先是乡村规划设计知识普及，设计团队通过邀请村民举办研讨会、工作坊等形式，向村民普及乡村设计与规划知识，提高他们对艺术乡村的认识和兴趣。同时，在设计赋能过程中，设计团队积极引导村民参与，让他们成为艺术乡建的参与者和创造者。这不仅能够增强村民的归属感和自豪感，还能够激发他们的创造力和想象力。具体而言，设计团队通过如下方式激发村民的乡建热情。一是建立信任关系。设计团队通过与村民开诚布公的沟通，让村民感到他们的意见被重视和尊重。设计团队与村民保持良好的沟通，及时解决在实施过程中出现的问题，确保村民的创意和意见得到妥善处理。鼓励村民在整个项目周期内持续参与，从概念设计到实施，再到后续的维护和管理。二是组建创意工作坊，鼓励村民提出自己的想法和解决方案。在工作坊中，设计团队可以引导村民进行头脑风暴和原型制作，例如宋韵文化被当地村民开发出来，并成功运用到当地产品上，形成独特的文化 IP 标识。三是提供平等参与机会，确保所有村民都有平等的机会参与设计过程，包括老年人、妇女和年轻人等不同群体。在关键的设计决策中，设计团队与村干部、村民共同讨论和决策，确保村民的意见在最终设计方案中得到体现。四是培训和能力建设，为村民提供必要的培训，增强他们参与设计和实施项目的能力，使他们能够更好地理解和贡献自己的创意。通过这些措施，设计团队可以确保村民的创意在参与式设计过程中得到充分的尊重和实施，从而促进项目的可持续发展和社区的积极参与。

设计团队既是乡村建设的引导者和推动者，也是乡村设计的知识中介，这种外来知识的嵌入需要当地村民的认可。村民是乡村建设的主要参加者，设计团队把村民打造成乡村建设的决策者和实施者，在体现村民主体地位的同时，也与村民建立了利益共同体关系。

（三）设计团队与当地产业

乡村发展离不开产业发展。设计赋能乡村振兴的一项重点工作是开发乡村产业。沙滩村设计团队发挥了对产业发展的带动作用，主要表现为建设好一批产业发展的基础设施、植入设计思维带动产业发展。在建好基础设施方面，沙滩村设计团队深耕历史文化，修缮太尉殿片区，建造乡村文化广场；设计团队亲自谋划成立同济-黄岩乡村振兴学院，通过对接各地论坛研讨、教学实践以及高端会议等客源，催生"会议经济"在沙滩村生根发芽，2023 年接待会议研讨近 300 场 5 万余人，并承办同济-台州黄岩校地合作十周年论坛、城乡融合推进乡村振兴中德学术研讨会等[①]。在植入设计思维带动产业发展方面，设计团队对沙滩村的改造不仅改变了当地村民的认识，还提升了他们的审美水平，不管

---

① 根据"黄岩发布"公众号内容（https://mp.weixin.qq.com/s/ITWoeyCyjD71JmP1LiXKaw）整理。

是在乡村旅游产业还是在生态农业方面，都体现出设计思维。在乡村旅游方面，沙滩村设计团队在村内设置了"美丽乡村规划教学实践基地"和"中德乡村规划联合研究中心"，通过科学规划和环境整治，打造了一个生态宜居的旅游文化功能性村庄。在设计团队引导下，村民与外来移民开始发展"微企业"，例如建设了四季采摘园，引入了富有本地特色的望川书房、"蕴味茶生活"茶室以及山中来信、蓝莲花开等知名民宿品牌，为游客提供多样化的旅游体验。通过举办柔川旅游文化节、山野雅集、"共享老街"计划、红色研学、环湖骑行赛事等文化创意活动，进一步提升了沙滩村的旅游吸引力和知名度。在生态农业方面，设计团队引导当地微型企业实施农产品品牌化战略，推出了"风物柔川"区域农产品品牌，带动了当地农户增收，借助互联网平台开展网络直播，把屿头馒头、屿头麻花等特色农产品打造成"网红"产品。

在设计团队的带领下，设计思维流淌到沙滩村的"血液"中，沙滩村的当地产业以乡村旅游为核心，同时积极发展"会议经济"、生态农业等新模式，形成了多元化的产业格局，有力推动了当地经济社会的全面发展。

(四) 设计团队与乡村文化资源

相对于其他村落，沙滩村的文化资源丰富，这是吸引设计团队的主要原因之一。在沙滩村，设计团队与乡村文化资源之间是依托和吸引的关系。设计团队以乡村文化资源为依托来挖掘传统文化，改造乡村。两者之间的互动关系表现在挖掘与整理、创新与传承、产业融合、社区参与。首先，设计团队进入沙滩村的首要任务是挖掘与整理乡村文化资源，通过深入乡村，了解乡村的历史、文化和民俗，发现乡村的独特魅力和潜在价值。同时，对乡村文化资源进行系统的整理和分类，为后续的乡村文化设计和产业发展提供基础。其次，在挖掘和整理的基础上，沙滩村设计团队注重将传统乡村文化资源与现代艺术理念相结合，进行创新和传承，他们通过整体规划设计，将乡村的自然风光、民俗风情等元素融入作品中，赋予其生命力和时代内涵。同时，通过举办展览、演出等活动，让更多的人了解和传承乡村文化。再次，设计团队促进乡村文化资源的产业融合，通过发展乡村旅游、文化创意产业等，将乡村文化资源转化为经济资源，带动乡村经济的发展。例如，将沙滩老街的历史文化、民俗风情打造成乡村旅游景点，将传统米酒和馒头等工艺开发成文创产品，提高乡村产品的附加值和市场竞争力。最后，设计团队强调社区参与和共建共享，通过邀请村民参与设计赋能全过程，激发他们的积极性和创造力，增强他们的文化自信和归属感。此外，文化活化项目借助设计赋能，优化了乡村的基础设施与公共服务，显著提高了村民的生活质量和幸福感。

在沙滩村的案例中，设计团队、政府、村民、产业和乡村文化资源这五个要素通过设计赋能的方式相互作用，共同推动了乡村文化活化和可持续发展。政府的政策引导和资金支持、设计团队的创新设计、市场的资本和技术投入、村民的积极参与以及文化资源的保护和利用，共同构成了乡村发展的五重螺旋动力。通过案例分析也可以发现沙滩村的设计赋能是典型的引导乡村内生式发展的外生模式（Xin and Gallent，2024），既有新内生的特点也有新外生的特征。设计团队充当了外生的中介力量，他们利用自身的知识网络、社会关系网络，吸引投资、人才进入沙滩村，为乡村振兴注入强劲动力。

第六章

设计赋能的生态宜居型乡村：
以横坑村为例

　　生态宜居型乡村建设的一个核心理念是将打造宜居环境、引导村民参与以及改造基础设施作为三大支柱，它们相互交织、共同作用、缺一不可，为提升村民的幸福感奠定了坚实的基础。当这三者并行不悖地推进时，乡村不仅在外在风貌上焕然一新，更会在内在气质上实现质的飞跃，构建起人与自然和谐共生的美好图景。在此基础上，若再辅以安全感的获得与乡村文化之一的塑造，即无论是通过加强社会治安管理以维护乡村稳定，还是通过挖掘传承本土文化以增强村民的文化认同感和自豪感，都能进一步激发村民的幸福感，实现乡村的全面振兴。本章选择浙江省丽水横坑村作为生态宜居型乡村建设的典范，生动诠释了这一内涵的深刻意义。横坑村坐落于丽水市的青山绿水之间，凭借其得天独厚的自然环境和丰富的文化底蕴，探索出了一条别具一格的乡村振兴新路径。横坑村秉持绿色生态原则，推行多项环境保护与恢复举措，禁止乱砍滥伐，推广植树造林，村庄周围的山林得到了有效保护，形成了郁郁葱葱的绿色屏障。横坑村充分利用自然资源发展生态旅游，如打造徒步道、观景平台等，不仅让游客得以亲近自然，也促进了当地经济的绿色发展。绿色发展模式不仅保护了生态环境，还为村民提供了更多的就业机会和收入来源，进一步提升了村民的生活水平。横坑村充分发挥党建引领作用，以艺术乡建为载体，实施设计赋能，积极探索传统村落乡村艺术与产业融合发展模式，努力打通"两山"转换通道。借助"艺术家入驻乡村行动"的东风，大力开展"双招双引"，吸引了一批艺术家入驻，盘活乡村闲置资源，打造了竹林剧场、玖层云水美术馆、竹制品博物馆等一批公共艺术空间。举办了"竹也"大地艺术节，通过"竹林剧场"等网红打卡点引流，并以文化柔性介入的方式深入打造"横坑竹艺村"，开发竹文创产业，建设竹制品共富工坊，村党支部书记带头带领村民编制竹制品，并通过玖层公司销售获得收益，全力推动产业进乡村、农民进工坊，让山区百姓在"家门口"就业增收。设计师、企业家入驻横坑村，深度挖掘在地文化、优化产业结构、激活山区文化产业，实现村集体、农户、企业三方共富。2023 年该村集体经济总收入首次突破 100 万元，经营性收入达 60 万元，被中共丽水市委宣传部评为首批市级艺术特色示范村，并作为浙江"千万工程"开启未来乡村新实践素材荣登央视新闻联播。

第一节　横坑村介绍

　　坐落于浙江省丽水市松阳县叶村乡的横坑村是国家级传统古村落，地处华东南部，为东坞水库的发源地之一，依山建于海拔 1 080 米的坳岱尖山坡上，呈现高山梯田式布局，荣膺"浙江十大最美乡村"称号。

一、横坑村的地理特征

　　横坑村东北倚鸡母山，西南被前山环抱，自然地理环境独特，村落朝向东南，寓意吉祥之气自东而来，是浙西南山地村落的典型代表。距离松阳县城约 20 千米，距离松阳龙丽高速路口 12 千米，衢宁、衢丽铁路从叶村乡中部通过，连接衢州、丽水和福建宁德，交通便利，景区通村公路达到等级公路标准，自驾前往较为便捷，可直接通过导航到达。近年来，随着松阳县智慧交通产业的发展，横坑村的交通条件也得到了进一步改善，为游客和村民的出行提供了更多便利。

　　横坑村下辖横坑、膳垄两个自然村，拥有得天独厚的生态环境，村庄空气清新宜人，每立方厘米空气中负氧离子含量在 7 000 个以上，是休闲养生的绝佳之地。村中林地面积广阔，耕地面积适中，形成了山水、梯田、村落相融的田园风光，展现出"天人合一"的和谐美景。村前三坑汇水之处，有保存极为完好的原始林，古木参天，遮天蔽日，村庄周围还有多棵 300 多年的古树名木，树种丰富多样，包括南方红豆杉、榧树、松树等，这些树木为横坑村增添了浓厚的自然韵味。产业经济以绿色产品种植为主，乡村旅游产业为辅，种植的产品包括竹子竹笋、茶叶、高山蔬菜等。丰富的绿色产品不仅为村民带来了可观的经济收入，也为游客提供了丰富的农产品选择，吸引了大量游客前来观光游览和体验农耕文化。

二、横坑村的生态环境

横坑村的生态环境改善之旅始于对自然资源的珍视与保护。作为高山梯田式传统村落的典范，坐拥山水之间，空气清新，传统建筑风貌保存完好。然而，早期的村庄也曾面临基础设施落后、环境脏乱等问题。为了改善这一状况，横坑村首先制定了《横坑村美丽乡村生态建设规划》，遵循"优化生活环境、改善生产条件、提升乡村文明、构建和谐农村、生态可持续发展"的原则，进行了生态环境的初步整治，对村庄中的老旧建筑、危险和污染环境的建筑进行拆除，清理村庄内外的垃圾，治理小溪水质，保护古树名木等等。政府投入资金修缮了村里的古道，这些古道不仅是村民日常出行的通道，也是连接各个自然村的文化纽带。

在生态环境得到有效保护的基础上，横坑村开始着手提升基础设施，以满足村民和游客的多元化需求。村里将原有的乡间土路改造成石板路，不仅提高了通行的安全性和舒适度，还为古村增添了几分古朴的韵味。同时，为了提升夜间出行的便利性，村里还安装了路灯，照亮了村里的主要道路。此外，随着"艺术家入驻乡村计划"的深入实施，横坑村积极建设各类艺术公共空间，如玖层美术馆、竹林剧场等，这些空间不仅为艺术家提供了创作和展示的平台，也为村民和游客提供了丰富的文化娱乐活动场所。

在基础设施水平得到全面提升后，横坑村继续致力于生态环境的优化与长效保护。村里加强了垃圾分类和污水处理等环保工作，确保村庄环境始终保持干净整洁。通过种植花草树木，打造微景观，加强水、电、路等基础设施的建设等方式，让村庄更加美丽宜居。为了进一步提升村庄的宜居性，村里还规划了绿化美化工程，通过建设百竹园等项目，美化了村容村貌，提升了村庄的生态品质；积极争取传统村落集中连片保护项目、共富乡村试点项目等资金支持，进一步改善了交通基础条件，优化了传统村落旅游线路。

三、横坑村的乡村文化

横坑村以其得天独厚的自然环境和深厚的文化底蕴，成了一个生态与人文和谐共生的典范。这里的生态文化极为丰富，村庄被竹林环绕，空气纯净，富含负氧离子，素有"自然氧吧"之美誉。村民们守护着这片绿水青山，坚持绿色种植，以竹子、茶叶、高山蔬菜等为主要产业，实现了经济发展与生态保护的双赢。古树名木的大量保留，更是展现了人与自然和谐共生的美好景象。

农耕文化在横坑村同样源远流长。村民们遵循古老的农耕智慧，春耕夏耘，秋收冬藏，与自然界的节律紧密相连。他们传承着祖辈的农耕技艺和工具，如碾米机、水磨、火盆等，这些不仅是生产生活的辅助，更是文化记忆的载体。此外，四时八节的敬神祭祖活动，如除夕的炊山粉圆、清明节的青粿制作，进一步强化了村民的家族观念和乡土情怀。

横坑村的建筑文化独具特色。黄墙黑瓦的古民居依山而建，错落有致，与自然环境融为一体。村庄的倒三角形布局，既体现了地势特点，又展现了村民的智慧和审美。村内的历史建筑如叶氏宗祠、安福社、文武庙等，不仅是文化传承的重要媒介，还兼具深厚的历史与艺术价值。建筑物融入风水格局的元素，形成了横坑村独特的村落景观。

手工艺文化在横坑村同样源远流长，尤其是竹编技艺。村民们依托丰富的竹林资源，制作出既实用又美观的竹木制品，这些手工艺品蕴含着深厚的文化底蕴。村中的篾匠师傅精通编制农业生产工具，而"绳抽狮子"等传统表演艺术更是展现了村民们的智慧和创造力。横坑村的文化多样性和深厚底蕴，使其成为一个文化与自然和谐共生的典范。

近年来，随着设计赋能的推进，横坑村吸引了设计师的入驻，他们依托横坑村得天独厚的自然条件，通过精心的规划设计，推动了乡村文化和艺术的繁荣发展，为生态宜居的美丽乡村建设注入了新的活力和创意元素。设计师们采用环保材料和低碳技术，对村庄进行了科学合理的规划和改造。通过景观绿化、水系整治、垃圾分类等措施，横坑村的生态环境得到了显著改善。此外，横坑村注重保留村庄的历史文脉和乡土特色，将传统元素与现代设计理念相融合，使村庄既具有现代感又不失乡村韵味。独特的设计举措不仅提升了村民的居住品质，还吸引了众多游客，为乡村注入了新的生机与蓬勃活力。

第二节　通过设计赋能实现生态宜居的关键要素与成效

横坑村的乡村设计赋能是一个多方面、多层次的过程。通过设计赋能的引领，横坑村实现了从传统村落向现代艺术乡村的华丽转身，打造出集生态美与宜居性于一体的乡村典范。在设计赋能过程中，该村聚焦于生态宜居环境、村民参与及基础设施建设三大核心要素。生态宜居环境旨在保护并优化自然资源，确保可持续发展；村民参与则能激发出乡村建设的内生动力，促进乡村振兴的可持续性；基础设施建设则是提升村民生活品质与乡村整体面貌的关键。辅以乡村文化建设，旨在传承与弘扬本土文化，增强乡村凝聚力和独特魅力，为乡村发展注入精神动力，实现自然与人文的和谐共生。

一、横坑村设计赋能的启动与实施

自 2018 年起，松阳县启动了"百名艺术家入驻松阳乡村计划"，这一计划不仅吸引了众多艺术家签约入驻，更为横坑村带来了翻天覆地的变化。艺术家们通过驻村改造，为这座传统村落注入了新的"艺术文化基因"，使其逐渐蜕变为一个充满艺术气息的现代村落。横坑村的艺术乡建秉承社会设计的理念，即社会设计所倡导的设计师公益性与引领性、赋能生态系统的建构、多重主体共情的创造、提升当地居民的生活品质等。

（一）横坑村的艺术乡建

横坑村的艺术乡建过程可以用几个重要的时间节点划分。2018 年，松阳县启动了"百名艺术家入驻松阳乡村计划"，标志着横坑村艺术乡建的开始。到了 2019 年，松阳县借助"拯救老屋行动"及艺术家入驻计划（麻萌楠等，2023）的东风，深入推进设计赋能助推乡村振兴工作。横坑竹艺村项目由此落地。这一年，横坑村开始建设玖层美术馆、玖层博物馆、竹林剧场等艺术公共空间，丰富了村民的文化生活。2020 年，横坑村因其独特的艺术氛围和美丽的乡村面貌，成为新晋的"网红村"，吸引了众多游客前来打卡。同年，横坑村还被评为浙江省 3A 级景区村庄，进一步证明了其艺术乡建的成效。到了 2023 年，横坑村的艺术乡建模式进一步成熟，叶村乡形成了以横坑、南岱两个村为核心的艺术集聚片区，树立了"艺术部落 活力叶村"的 IP。这一年，横坑村还成功举办了第一届横坑"竹也"大地艺术节（麻萌楠等，2023），吸引了全国以及在地艺术家携共计 350 余件作品参展，进一步推动了乡村旅游业的发展。

2024 年，横坑村的艺术乡建成效得到了更广泛的认可，被评为浙江省艺术乡建特色村，其艺术乡建的模式也成为典型案例并在全省进行推广。横坑村通过艺术乡建，不仅提升了乡村的文化软实力，还促进了设计的繁荣与发展，实现了设计与乡村振兴的深度融合。这种相互促进的关系不仅丰富了村民的精神文化生活，还带动了乡村经济的多元化发展，使得横坑村成为浙江省乃至全国知名的艺术乡建示范村之一。

（二）社会设计的体现与应用

之所以把横坑村（甚至是与横坑村同类型的乡村）的艺术乡建称之为设计赋能，是因为在横坑村的艺术乡建项目中，社会设计体现得淋漓尽致，它不仅是一种设计理念，更是一种社会实践，旨在通过设计的手段发挥艺术的力量，推动乡村的经济发展和社会进步。横坑村艺术乡建中社会设计的体现如下：

1. 介入与融入：艺术乡建的本质与旨趣。横坑村的艺术乡建始于 2018 年，当时松阳县启动了"百名艺术家入驻松阳乡村计划"。这一计划的本质在于通过艺术家的介入，融入乡村生活，激活乡村文化潜力，赋能乡村振兴。艺术家们不仅仅是外来的创作者，更是乡村文化生态的共同构建者。他们深入村民生活，洞悉本土文化与需求，利用艺术创作与设计实践参与重建乡村传统礼俗与伦理，激发村民的内在活力。

2. 复构与赋能：艺术乡建的要义与途径。社会设计的核心在于运用设计手段，美化乡村景观的同时，激活村民内在动力，融合扶贫与扶智，助力实现乡村美好生活愿景，打造富有现代特色的乡村文化生态系统。在横坑村，艺术家们通过建设玖层美术馆、玖层博物馆、竹林剧场等艺术公共空间，不仅丰富了村民的文化生活，还吸引了大量游客前来参观打卡。打造艺术空间成为乡村文化生态复构的重要途径。

3. 重塑与创新：艺术乡建的手段与实践。横坑村的艺术乡建实践，从乡村文化精神、情感需求、民俗复构、文旅协同等多方面进行系统性设计治理（张犇，2022）。这种系统性的文化建设，既注重物质创造，又着重人的培育，强化村民主体意识，触及主体间性及多重主体性的交融。艺术家与村民合作，就地取材，因势利导，共筑艺术化乡村。

4. 融合与持续：艺术乡建的维度与目标。社会设计在横坑村的艺术乡建中，不仅体现在物质层面的改造，更体现在精神层面的滋养。通过艺术乡建，横坑村的村民有了更多的自豪感和归属感，他们的文化自信得到了提升。同时，艺术乡建也为村民提供了新的就业机会和经济收入，改善了他们的生活条件。此外，艺术乡建还促进了乡村的可持续发展，通过激活乡村内生动力，推动了乡村经济的多元化发展。

总之，横坑村的艺术乡建是社会设计在乡村振兴中的一次成功实践。它通过艺术家与村民的深度互动和合作，实现了乡村文化的复兴和经济的发展，为其他乡村提供了可借鉴的经验。通过这种深度融合，横坑村不仅保留了其传统的文化特色，还成功地将其转化为促进乡村发展的重要力量。

二、横坑村设计赋能的生态宜居要素

横坑村以其独特的自然环境、有效的生态保护措施、丰富的产业发展、深厚的文化传承以及和谐的居民生活，构建了一个生态宜居的美丽乡村。在自然环境方面，横坑村紧邻东坞水库区域，海拔 580 米，拥有得天独厚的自然条件。村中林地面积广阔，形成了"山水-梯田-村落"的田园格局，独特的地理环境使得横坑村空气清新，负氧离子含量丰富，是理想的休闲养生之所。在生态保护方面，村庄周围保存着大量古树名木，树龄在 300 年以上的就有 50 多棵，树种包括南方红豆杉、榧树、松树等珍贵树种。独具特色的古树不仅为村庄增添了浓厚的历史文化气息，也构成了横坑村独特的生态景观。此外，横坑村还注重生态环境的整体保护，通过植树造林、水土保持等措施，维护了村庄的生态平衡。在产业发展方面，横坑村依托其丰富的自然资源，发展了以竹子竹笋、茶叶、高山蔬菜等绿色产品种植为主的农业产业。农业产业不仅为村民提供了稳定的收入来源，也促进了村庄的经济发展。新兴的乡村旅游等产业，通过打造竹艺村等文化项目（付名煜等，2023），吸引了大量游客前来观光旅游，进一步推动了村庄的多元化发展。在居民生活方面，横坑村的居民生活简单而古朴，他们日出而作、日落而息，过着以农耕为主的生活，与现代社会形成了鲜明的对比。虽然现代社会的快速发展对横坑村产生了一定的影响，但村民们依然保持着对传统文化的热爱和传承，他们与大自然和谐共生，享受着宁静而美好的生活。

三、横坑村设计赋能的村民参与要素

村民参与的理念根植于社会设计思潮的沃土。这一思潮强调设计应服务于社会全体成员，特别是边缘与弱势群体的需求，体现了西方设计师追求社会公正与人文关怀的崇高信仰（Qu and Cheer，2021）。在横坑村推进生态宜居型乡村设计赋能的实践中，村民参与不仅是社会设计理念的具体体现，更成为设计赋能不可或缺的一环。横坑村的村民，作为乡村生态与文化的双重承载者，既是乡村历史的守护者，也是乡村未来发展的主要驱动力。他们拥有对本土环境深刻的理解和独特的情感连接，是设计过程中不可或缺的智慧源泉。横坑村的设计团队深谙此道，积极倡导并实践"以村民为中心"的设计理念，鼓励村民从设计初期就参与到规划、讨论、决策等各个环节中来（Lu and Qian，2023）。这一做法的理论依据，部分来源于乡村内生发展理论（Qu and Zollet，2023a）。该理论强调乡村发展的内生动力应来源于村民自身，通过激发村民的积极性、主动性和创造性，实现村民的自我发展、自我管理和自我服务。村民的参与不仅确保了设计方案的实用性和可行性，更在过程中积极投身于村庄规划、生态保护、环境美化等各个方面，提出了富有创意和实用价值的建议，为乡村的生态宜居建设贡献了自己的力量。

（一）村民参与的具体体现

村民通过村民代表大会、村民议事会等渠道，参与乡村设计、规划、项目实施等各个环节的决策过程，确保乡村建设符合村民的实际需求和利益，村民的意见和建议被充分听取和采纳，使得乡村设计更加贴近村民的生活实际。村民积极参与乡村基础设施建设、环境整治、景观打造等具体工作，如参与老屋修缮、道路硬化、绿化美化等工程，自发组织开展植树造林、垃圾分类、文化传承等活动，用自己的双手改变家乡面貌，还参与手工艺品制作、乡村旅游服务等产业发展，通过提供特色产品和服务，增加家庭收入，改善生活条件。村民作为乡村的主人翁，积极参与乡村环境卫生、公共设施维护等日常管理工作，确保乡村环境整洁有序，还通过监督机制，对乡村设计赋能过程中的各个环节进行监督，确保项目资金、物资等使用公开透明。

（二）保障制度和机制

横坑村建立健全村民自治制度，明确村民在乡村治理中的主体地位和权利义务，为村民参与乡村设计赋能提供制度保障，鼓励和支持村民参与乡村建设和管理。建立村民参与机制，如设立村民意见箱、开展村民座谈会、建立村民微信群等，为村民提供便捷的参与渠道和平台。实施项目公示制度，将乡村设计赋能过程中的项目规划、资金使用、实施进度等信息及时向村民公示，接受村民的监督和建议。建立激励机制，对在乡村设计赋能过程中做出突出贡献的村民给予表彰和奖励，激发村民参与的热情和积极性。加强对村民的教育培训，提高村民的参与意识和能力。通过举办培训班、讲座等形式，向村民传授乡村设计、建设、管理等方面的知识和技能，使村民能够更好地参与乡村设计赋能过程。构建利益联结机制，确保村民在乡村设计赋能过程中能够共享发展成果。通过土地流转、股份合作等方式，将村民与乡村发展紧密联结在一起，使村民在乡村发展中获得实实在在的利益。

四、横坑村设计赋能的基础设施要素

横坑村设计赋能的基础设施要素包括两方面：村内基础生活设施和设计关系基础网络。村内基础生活设施包括交通与道路设施、给排水设施、能源与电力设施以及公共服务设施的建设和管理。设计关系基础网络是包括政府提供的政策体系、外来艺术家的关系网络、外来社会投资（项目）等。

（一）村内基础生活设施

横坑村在基础生活设施方面，通过规划设计加强了多项关键设施的建设与管理。首先，积极推进道路硬化工程，将泥土路、砂石路改造为水泥或沥青路，拓宽狭窄道路，并合理规划布局，加强交通联系，形成便捷交通网络。同时，完善道路配套设施，如照明、交通安全设施和绿化，提升道路使用效率和安全性，美化乡村环境。其次，注重给排水设施建设，保护水源地，升级供水设施，引入先进水处理设备，确保饮用水安全，合理规划供水网络并加强维护，防止漏损和污染。建设完善的雨水排放系统，有效收集并排放雨水，促进水资源循环利用。再次，横坑村推进电网建设与改造，提升供电能力和质量，更换老旧设备，升级输电线路，增加变电站容量，推广智能电表应用，提高电力管理效率。加强电力应急保障体系建设，确保在发生自然灾害或突发事件时迅速恢复供电。此外，横坑村还注重公共服务设施建设，建设标准化卫生室，提供基本医疗服务，并通过引入外部资源、培训乡村医生等方式提升服务水平。同时，建设健身设施和文化活动中心，为村民提供锻炼身体和文化娱乐的场所，促进健康生活方式的形成。

（二）设计关系基础网络

松阳县政府积极支持艺术家的入驻乡村和创作活动，出台相关政策和管理办法，规范艺术家工作室的资金使用和服务管理，进一步推动设计赋能乡村振兴。自 2019 年横坑竹艺村项目启动以来，横坑村成为艺术创作的热土，吸引了包括北京玖层美术馆馆长在内的众多知名艺术家驻村创作。目前横坑村已签约入驻艺术家 10 名，设立艺术家工作室 1 个、公共美术馆 1 个，吸引艺术家、收藏家、企业家成为"新村民"。定时举办艺术展、摄影展、自然音乐会、大地艺术节等艺术活动，精心制作了一批竹制品户外艺术装置，形成了竹艺术展陈、竹文创产品交易、艺术作品交流等文化旅游业态。此外还引进玖层美术馆、云夕天域等项目。在艺术家的引领下，横坑村还举办"竹也"大地艺术节（麻萌楠等，2023）、《抽屉里的世界》《藏》《竹迹》等展览，承办联合国人居署第三届城乡联系论坛"传统村落复兴"主题边会①。艺术家们还积极参与乡村建设，如国家级非遗传承人教村民制作创意竹制品，为留守老人提供了就业机会。横坑村先后争取历史传统村落项目、传统村落集中连片保护利用示范项目、共富乡村等项目，整合资金 2 000 余万元，全力推进传统村落保护利用。

五、横坑村设计赋能的乡村文化要素

松阳县横坑村在文化产业发展方面设计赋能的历程是一个深入挖掘文化资源、整合创新、推动旅游与文化深度融合、加强品牌建设与市场推广的过程。在设计赋能乡村发展的过程中，乡村文化要素扮演着激发内生动力、促进可持续发展的核心角色，不仅是乡村的底色，还促进了艺术与当地社区的深度融合，增强了乡村的凝聚力和韧性（Mahon and Hyyryläinen，2019）。

首先，驻村艺术家们与村民依托丰富的自然资源，发展竹子竹笋、

---

① 根据"松阳发布"的文章《第三届城乡联系论坛｜"传统村落复兴"主题边会》（https：//mp. weixin. qq. com/s/36IySs61LtZ - VbrjWF9udw）整理。

茶叶、高山蔬菜等绿色产品种植，形成了一定的产业规模。打造村竹制品共富工坊项目，不仅让村民在家门口就可以挣钱，同时还保留和传承了传统手工艺和农耕文化，如竹篾编制传统工艺、牛耕田等农耕方式，以及丰富的民俗活动。其次，通过设计赋能行动，叶村乡逐步形成了以横坑村、南岱村为核心的艺术集聚片区，招引多个文旅项目和财政配套项目，项目涵盖了艺术创作、展览、民宿等多个领域，推动了横坑村文化创意产业的快速发展。然后，乡村文旅产业的发展使得村庄面貌焕然一新，成为生态宜居的现代化农村典范，吸引游客前来观光旅游，提升了村庄的宜居指数和"颜值"，为村庄带来了更多的经济收入和就业机会。最后，积极利用互联网、社交媒体等新媒体平台进行宣传推广，吸引更多游客和投资者关注横坑村的文化产业发展，不仅增强了横坑村的文化影响力，也为文化产业可持续发展筑牢了根基。

横坑村深植于乡土的文化精髓，巧妙地将传统建筑风貌、民俗风情、农耕智慧及非物质文化遗产等文化要素融入现代设计理念之中，不仅保留了自身的文化根脉，还实现了传统与现代的和谐共生，提升了乡村的整体风貌，更激发了乡村经济的内生动力，吸引了游客的目光，促进了乡村旅游业的蓬勃发展。同时，乡村文化要素的活化利用也增强了村民的文化自觉与自信，促进了乡村凝聚力的提升，为乡村振兴注入了强大的精神动力。可以说，在横坑村的设计赋能道路上，乡村文化要素不仅是塑造乡村特色、提升乡村价值的重要载体，更是推动乡村全面振兴、实现文化传承与创新的核心要素。

六、横坑村设计赋能的社会影响力

建设生态宜居型乡村是新时代乡村振兴战略的重要内容之一，正以前所未有的力度和广度影响着社会的各个方面，不仅关乎农村环境的改善与居民生活品质的提升，更深刻地影响着经济发展模式、文化传承、社会治理等多个维度。设计赋能应用在生态宜居乡村的建设上，产生了较为深远的社会影响。这些影响体现在横坑村这一具体案例上，主要是促进了经济模式的绿色转型、提升了村民生活品质与幸福感、推动了文化传承与创新、促进了城乡融合发展以及增强了生态文明意识。

（一）促进经济模式绿色转型

横坑村通过设计赋能，成功促进了当地产业的绿色发展。横坑村利用自身丰富的竹林资源，通过引进知名艺术家团队，推进各类艺术公共空间建设，深度挖掘本土竹文化，创造出一件件艺术作品，为村庄增添了时尚文艺的现代气息。在设计赋能的推动下，横坑村不仅成为艺术家们创作的乐园，也吸引了大量游客前来观赏展览、体验乡村生活。在这一过程中，横坑村积极谋划竹制品"共富工坊"项目，免费为村民开设竹编茶席等竹艺品培训课，并通过销售相关产品获得收益，让村民在家门口就可以挣钱。此外，横坑村还结合自身的绿色产业优势，如竹子竹笋、茶叶、高山蔬菜等，发展绿色经济。村庄清新的空气、优美的自然风光以及丰富的历史文化底蕴，也为休闲养生提供了绝佳之地。

（二）提升居民生活品质与幸福感

横坑村通过设计赋能的独特路径，实现了村民生活品质的显著提升。设计师和艺术家的入驻与创作，不仅让古老的村落焕发新生，更激发了村民对本土文化的自信与热爱。在艺术氛围的熏陶下，横坑村的传统手工艺得到复兴，竹编、茶艺等技艺成为村民增收的新途径。同时，艺术展览与乡村旅游的兴起，吸引了众多游客前来体验，带动了当地民宿、餐饮等服务业的发展，为村民提供了更多就业机会。更重要的是，设计赋能让村民们的生活更加丰富多彩，他们不仅有机会近距离接触艺术，还能在参与艺术创作与乡村建设的过程中，提升个人技能与审美素养，享受更加和谐美好的乡村生活。

（三）促进城乡融合发展

横坑村通过设计赋能的独特路径，促进了城乡之间的融合发展。设计师的入驻，不仅为古老的横坑村带来了现代艺术的气息，更通过举办艺术展览、文化交流活动等形式，搭建了城乡互动的桥梁。随着设计赋能的深入，横坑村的知名度与美誉度与日俱增，吸引城市居民纷至沓来，体验乡村宁静美好的生活。这一过程中，横坑村的农产品、手工艺品等特色产品也得以走出乡村，进入城市市场，为村民带来了可观的经济收益。同时，城市居民在横坑村的体验中，也加深了对乡村文化的了解和认同，促进了城乡文化的交流与融合。设计赋能成为横坑村城乡联结、融合发展的新桥梁，为乡村振兴增添了新动力。

（四）增强生态文明意识

通过设计赋能的创新实践，横坑村村民增强了生态文明意识。设计师和艺术家以自然为画布，以乡土为灵感，将绿色生态理念融入每一件作品之中，让村庄成为一幅生动的生态文明画卷。村民在这一过程中，逐渐认识到自身与自然环境和谐共生的重要性，积极参与到植树造林、垃圾分类、河道清理等环保活动中，共同守护这片绿水青山。设计赋能不仅美化了乡村环境，更在潜移默化中提升了村民的环保意识，使他们成为生态文明建设的实践者和传播者。随着设计赋能的深入推进，横坑村的生态文明意识日益增强，成了生态宜居、和谐美好的典范，树立了生态文明建设的标杆。

第三节　案例研究发现

横坑村地处浙南山区，曾面临交通闭塞、经济落后等挑战。随着国家乡村振兴战略的深入实施，以及当地政府对绿色生态发展的重视，横坑村迎来了转型发展的历史机遇。依托其得天独厚的自然环境和丰富的文化资源，横坑村积极探索设计赋能乡村振兴之路，旨在实现经济、社会、生态的全面协调发展。为此，横坑村坚持绿色发展、保护并合理利用自然资源的理念，设计"生态立村、文化兴村、产业强村"赋能乡村振兴的思路，深挖乡村文化精髓，塑造特色文化标识；同时，通过培育特色产业，推动经济转型升级。以生态为基础、文化为灵魂、产业为支撑，构建横坑村乡村振兴的三大支柱。为推进乡村振兴，横坑村采取了一系列设计赋能的具体措施。一是加强基础设施建设，改善村民生产生活条件；二是实施生态修复与保护工程，提升乡村生态环境质量；三是发展特色农业和乡村旅游，拓宽农民增收渠道；四是推进文化传承与创新，提升乡村文化软实力。经过多方努力，横坑村生态环境得到了显著改善，现已成为周边地区的生态样板村；特色农业和乡村旅游蓬勃发展，为村民带来了可观的经济收益；乡村文化得到传承与创新，形成了独特的文化品牌；同时，村民生活水平显著提高，幸福感和获得感不断增强，为其他乡村提供了可借鉴的经验和模式。

一、乡村生态、村民参与和基础设施的协同推进

（一）保护与改善乡村生态环境

横坑村通过多年来的不懈努力，成功保留了其得天独厚的自然风貌，森林覆盖率持续保持较高水平，古树名木得到了妥善保护，为生物多样性提供了丰富的栖息地。同时，村庄基础设施不断完善，道路硬化、生态公厕建设、污水处理系统等项目的实施，极大改善了村民的生活条件和居住环境。依托绿色农业和生态旅游，走生态与产业融合发展之路，实现了经济的快速增长，为村民带来了实实在在的收益。更为重要的是，横坑村注重文化传承与环保教育，通过举办各类文化活动、推广环保理念，提升了村民的环保意识和环保活动参与度。通过设计具有生态理念的艺术作品和公共设施，引导村民树立绿色发展的观念，生态

环境得到了进一步的改善和提升。清新的空气、秀美的自然风光及丰富的生态资源，吸引了众多游客观光，推动了乡村的持续繁荣发展。

（二）优化与和谐乡村社会结构

横坑村通过一系列创新举措，有效促进了村民之间的团结协作，构建了和谐共生的社会氛围。首先，横坑村加强了基层党组织建设，通过定期培训党员、设立党员责任区等，提升党组织的凝聚力和领导力，发挥党员的先锋模范作用，确保了各项政策的有效落实。其次，建立健全了村民自治机制，鼓励村民参与村庄事务管理，保障了村民的知情权、参与权、表达权和监督权，激发了村民参与村庄建设的积极性和创造性。再次，横坑村注重发展农村经济，通过推广绿色农业、发展生态旅游等产业，提高了村民的收入水平，缩小了贫富差距，为和谐社会的构建奠定了经济基础。最后，横坑村还重视文化建设和教育引导，通过弘扬优秀传统文化、开展形式多样的文化活动，提升了村民的文明素养和道德水平，增强了村庄的文化软实力。

（三）振兴与发展乡村经济

在设计赋能的过程中，横坑村深度挖掘并充分利用了自身的生态资源与文化底蕴，将绿色农业与生态旅游紧密结合，实现了经济模式的创新与转型。通过引入现代农业科技，横坑村的传统农业焕发出新的生机，农产品品质大幅提升，不仅满足了市场需求，还赢得了消费者的广泛好评，为村民带来了稳定的经济收益。同时，依托丰富的自然景观和深厚的文化底蕴，横坑村积极发展乡村旅游，打造了一系列具有地方特色的旅游项目，吸引了大量游客前来体验乡村风情，有效带动了餐饮、住宿、手工艺品销售等相关产业的蓬勃发展，形成了多业态融合的乡村经济新生态。此外，横坑村还积极探索"互联网＋农业"的新模式，利用电商平台拓宽农产品销售渠道，进一步提升了农产品的市场竞争力和附加值。这一系列举措的实施，不仅促进了横坑村经济的快速增长，也为乡村振兴战略的深入实施提供了有力支撑。

（四）激活与传承乡村文化

横坑村通过举办以"抽屉里的世界"（林坤伟和郑清，2024）为主题的展览，巧妙地将日常用品转化为艺术展品，促使村民对身边事物重新审视，吸引了大量游客驻足，实现了乡村文化与现代生活的创意融合，展示了艺术源于生活的真谛，更促进了乡村文化的活态传承。在文化特派员的指导下，横坑村深入挖掘本地文化资源，如传统手工艺、民俗节日等，通过举办文化节庆、手工艺工作坊等活动，让游客亲身体验乡村文化的魅力。活动丰富了村民的精神文化生活，带动了乡村旅游的发展，实现了文化与经济的双赢。同时，横坑村注重非物质文化遗产的保护与传承，通过师徒传承、建立传承人名录等方式，确保传统技艺不失传。村中还设立了乡村博物馆和文化礼堂作为展示乡村历史记忆和文化风貌的重要窗口，增强了村民的文化认同感和归属感。此外，横坑村还主动采纳了诸如互联网与多媒体等现代科技工具，提升了乡村文化的影响力，通过线上线下的互动，乡村文化故事被更多人知晓，进一步推动了乡村文化的传承与发展。

二、基于多元主体互动机制的设计赋能

多元主体互动机制下的设计赋能，是一种融合政府引导、企业投资、社会组织（设计师与艺术家）创意、公众参与以及乡村资源保护等多方力量的综合性乡村发展模式。其内涵在于通过构建一个开放、协同、创新的平台，促进各主体间的信息交流、资源共享和优势互补，共同推动乡村在艺术、经济、社会、文化及生态等多方面的全面振兴。不仅能够有效提升乡村的综合竞争力，促进乡村经济的多元化发展，还能够增强乡村文化的凝聚力和认同感，构建和谐的乡村社会关系，实现乡村的全面振兴与可持续发展。

（一）设计赋能与政府

在横坑村的设计赋能中，政府通过制定规划、协调关系、建设基础设施和公共服务配套以及文化传承与保护等具体工作，为横坑村的设计赋能提供全方位的支持和保障。首先，丽水市政府先后出台《丽水市艺术助推乡村振兴项目申报办法》《丽水市"艺术乡建"助力共同富裕"四个双百"工程实施意见》（林坤伟和郑清，2024）等政策，明确了设计赋能目标、任务和措施，确保各项工作的有序开展，出台了一系列优惠政策，如财政补贴、税收优惠等，吸引了更多的企业和艺术家参与到丽水的设计赋能中来。其次，政府积极协调各参与方之间的关系，促进多元主体之间的有效互动和合作。在横坑村的设计赋能过程中，政府不仅与艺术家、设计师等社会组织保持密切沟通，还积极在企业、村民之间进行多方协调，确保各方利益得到兼顾。通过搭建交流平台、组织联席会议等方式，政府促进了信息的共享和资源的整合，为设计赋能的顺利推进提供了有力保障。再者，政府还注重基础设施建设和公共服务配套，为横坑村的设计赋能提供了坚实的物质基础。政府投入资金，对横坑村的交通、通信、水电等基础设施进行了全面升级，为艺术家和游客的进出提供了便利条件，建设了文化广场、艺术展览馆等公共服务设施，为村民和游客提供了丰富的文化活动和休闲场所。最后，政府在推进设计赋能过程中还注重倡导乡村文化传承与保护，通过颁布政策、制定机制等措施来规范乡村文化挖掘、弘扬和保护工作。当地政府牵头组织文化节庆活动、开展非物质文化遗产保护等，让村民和游客更加深入地了解横坑村的历史和文化底蕴。同时，政府还鼓励艺术家和设计师在创作过程中融入传统文化元素，让艺术作品更加贴近乡村实际和村民生活。

（二）设计赋能与公众参与

横坑村的发展离不开乡村能人和艺术家的引领，他们用先进的理念和资源以及实际行动调动了村民的参与热情，与村民一起参与村庄的设计和改造，形成了良好的共创氛围。他们共同设计的工艺精巧的竹艺装置艺术品，在村里的广场、房前屋后持续展陈，不仅美化了村庄环境，还增强了村民的参与感和归属感。同时，横坑村积极组织各类文化活动丰富村民的文化生活，吸引更多游客和村民的参与。在活动中，村民可以展示自己的才艺和手工艺品，与游客进行互动交流，进一步提升乡村知名度和美誉度。随着横坑村设计赋能行动的深入推进，其品牌影响力不断提升，越来越多的游客和艺术家被吸引到这里来感受艺术的魅力和乡村的宁静。

在多元主体互动机制的设计赋能中，村民通过积极参与环境整治、艺术创作、旅游发展和社区治理等工作，不仅为横坑村的设计赋能贡献了重要力量，还促进了乡村经济、社会、文化的全面发展。首先，村民积极参与乡村环境的整治与美化工作，为设计赋能奠定了良好的群众基础。他们自发组织起来，清理垃圾、修缮房屋、种植花草，不仅改善了村庄的卫生状况，还提升了乡村的整体美感。这种自下而上的环境改善行动，不仅增强了村民的归属感和自豪感，也为艺术家和游客提供了一个更加宜人的创作和游览环境。其次，村民主动融入艺术创作过程，成为设计赋能的重要参与者。他们与艺术家、设计师紧密合作，提供本土文化素材和创意灵感，共同创作出具有地方特色的艺术作品，不仅展现了横坑村独特的自然风光和人文风情，还促进了乡村文化的传承与创新。村民通过参与艺术创作，不仅提升了自身的文化素养和审美能力，还增强了文化自信和乡村认同感。再次，村民还积极参与乡村旅游和文创产业的发展，为设计赋能注入了新的经济活力，利用自家的房屋和土地，发展民宿、农家乐等乡村旅游项目，为游客提供地道的乡村体验，参与文创产品的设计和制作，将传统手工艺与现代设计相结合，创造出具有市场竞争力的文创产品。最后，村民们还通过参与社区治理和公共事务管理，为设计赋能的可持续发展提供了有力保障，他们积极参与村民大会、村民议事会等民主决策过程，对设计赋能的相关事项进行讨论和表决；自发组织起来，参与乡村治安维护、环境卫生监督等公共事务管理，为设计赋能营造了和谐稳定的社会环境。

（三）设计赋能与企业

横坑村的设计赋能吸引了企业的目光。在村里，最有代表性的企业是玖层美术馆（丽水市）有限公司和以乡村民宿为代表的乡村微型企业。这些企业不仅为设计赋能提供了资金、技术和市场的支持，还通过与其他主体的紧密合作和市场化运作，实现了经济效益和社会效益的有机结合，为横坑村的乡村振兴和文化繁荣做出了积极贡献。首先，通过投资的方式为横坑村的设计赋能项目提供必要的资金支持。投入的资金用于基础设施的改善、艺术装置的建设、文化活动的举办等多方面，为设计赋能的顺利推进奠定了物质基础。在项目实施过程中，企业积极与政府、艺术家、设计师以及村民等各方主体进行沟通和协作，形成了良好的互动机制。企业与政府合作，共同制定设计赋能的发展规划和政策措施，确保项目的合法性和可持续性；与艺术家和设计师合作，共同打造具有地方特色的艺术作品和文化品牌，提升横坑村的文化影响力和美誉度；与村民合作，创建竹制品共富工坊，共同参与乡村旅游和文创产业的发展，实现经济效益和社会效益的双赢；通过市场化运作，将横坑村的艺术资源和文化资源转化为经济优势，利用自身的营销渠道和客户资源，推广横坑村的旅游产品和文创产品，吸引更多的游客和消费者前来体验和购买；注重品牌的塑造和维护，通过高质量的产品和服务，提升横坑村的整体形象和知名度。

（四）设计赋能与乡村资源

乡村资源作为核心要素，涵盖了自然风光、文化遗产、民俗风情、传统手工艺等多个方面，其有效整合与利用是推动项目成功的关键，不仅丰富了设计赋能的内涵，也为乡村的可持续发展注入了新的动力。首先，乡村资源的挖掘与整理是设计赋能的首要任务。横坑村拥有丰富的自然景观和深厚的文化底蕴，艺术家和设计师入村后，进行实地考察和调研，系统梳理了村内的山水田园、古建民居、民俗节庆、传统技艺等特色资源，并把资源转化为艺术作品和旅游标识。资源的挖掘不仅让村民们重新认识到自己家乡的价值，也为后续的艺术创作及产业发展孕育了多元且丰富的素材与创意源泉。其次，乡村资源的保护与传承是核心工作。在开发利用乡村资源的过程中，松阳县始终坚持"保护优先、合理利用"的原则，通过制定相关政策和措施，加强对古建民居、非物质文化遗产等资源的保护，保证了横坑村设计赋能过程中对传统文物的保护。横坑村还通过举办培训班、邀请专家指导等方式，传承和发展传统手工艺和民俗文化，促使这些珍贵的文化遗产得以传承并使其焕发出新的光彩。再次，乡村资源的活化与创新是关键环节。在保护传承的基础上，横坑村积极探索乡村资源的活化利用途径，通过艺术创作、文化旅游、文创产品开发等方式，将乡村资源转化为经济优势。例如，利用古建民居打造特色民宿，将传统手工艺与现代设计相结合开发文创产品，举办以乡村文化为主题的节庆活动等，不仅吸引了大量游客前来体验和消费，也促进了乡村经济的多元化发展。最后，乡村资源的共享与共赢是最终目标。在多元主体互动机制下，横坑村注重各主体之间的利益联结和资源共享，通过政府引导、企业投资、社会组织参与等方式，形成了多方共赢的局面；村民们通过参与乡村旅游和文创产业的发展获得了经济收益和就业机会；企业和艺术家则通过利用乡村资源实现了自身的价值追求并履行了社会责任；而整个乡村则通过设计赋能实现了文化振兴和可持续发展。

在横坑村的案例中，政府、行业（企业）、社会组织（艺术家、设计师）、村民（参与者）及乡村资源相互协作，共创乡村价值，绘就充满活力与魅力的艺术乡村新图景。政府提供政策支持和基础设施保障，为设计赋能提供宏观指导和方向；企业则发挥市场作用，引入资金和技术，推动乡村产业升级和经济发展；艺术家与设计师作为创意源泉，将独特的艺术视角和设计理念融入乡村建设，重塑乡村风貌，提升文化品位；村民积极参与，成为设计赋能的主体力量，通过自身努力促进乡村文化的传承与创新；同时，乡村资源得到合理保护与利用，为乡村可持续发展奠定坚实基础。通过案例分析可以发现横坑村的设计赋能秉承新内生发展理论中以"人民为中心"的发展理念，强调各主体间的平等合作与资源共享，通过政府引导、市场运作、社会参与、文化引领及生态优先等原则，共同推动设计赋能行动的深入发展，实现乡村经济、社会、文化、生态的全面振兴。

第七章

设计赋能的产业助推型乡村：
以塔后村为例

设计赋能的产业助推型乡村振兴有两条路径，即第三章中说明的 S4a 和 S4b。在路径 S4a 中，以高效获得安全感、高效重塑乡村文化、高效开发乡村产业和高效改造基础设施为核心条件，没有任何条件变量是边缘条件，也没有任何条件变量缺失。在路径 S4b 中，以高效获得安全感、高效开发乡村产业和高效打造宜居环境为核心条件，以重塑乡村文化和改造基础设施作为边缘条件缺失。本章的塔后村是通过 S4a 路径进行设计赋能的产业助推型乡村振兴的典型案例。塔后村村民的安全感来源于对自然条件的充分利用，来源于对深厚的天台山文化的融合设计，更来源于乡村产业的发展，来源于从贫穷落后的乡村到村民富裕、集体强盛的乡村振兴典型村蜕变。塔后村的设计赋能具有特殊性，是在能人带领下把"设计思维"运用到乡村建设全过程，实现乡村产业蓬勃发展。塔后村乡村文化的开发与重塑虽然并不直接以文化产业的方式呈现，但在乡村产业发展中起到非常重要的作用，如文化艺术节、诗词盛会等促进了旅游、民宿等产业的发展。在乡村产业方面，原来自给自足的贫困农村抓住乡村振兴的机遇，在人才资源的带动下吸引社会投资发展旅游、民宿、康养三大产业，形成明显的集聚优势和规模效应，产生极大的经济效益和社会效益，提高了人们的生活水平。塔后村基础设施的改善是显而易见的，原本被大山阻隔和道路不通的状况在设计赋能的乡村发展中得到了彻底改变，这也充分利用了县城近郊的优越地理位置。高效获得安全感、乡村文化的充分利用、产业发展以及基础设施的改善这四个方面的设计赋能成了助推塔后村乡村振兴的核心条件。因此，塔后村案例作为设计赋能的产业助推型乡村非常具有典型性。

一、塔后村简介

浙江省台州市天台县塔后村因位于赤城塔之后而得名，历史悠久。塔后村的文化底蕴十分丰富，是唐诗之路的网红打卡地。众多唐代诗人在游历天台山时，被这里的山水风光吸引，留下了大量脍炙人口的诗篇。这些诗作不乏对赤城山的赞美与描绘，而塔后村作为赤城山脚下的村庄，自然而然地与唐诗文化紧密相连。这些诗作不仅记录了当时的风土人情，也传承了千年的文化精髓，使塔后村在现代社会中依然保持着浓厚的文化氛围。此外，塔后村还保存着许多历史遗迹和民俗文化，如梁妃塔、龙涧古道、塔山古道等。梁妃塔作为塔后村的重要历史遗迹之一，不仅见证了村庄的悠久历史，还承载着丰富的文化内涵。据传，此塔与古代皇室有着深厚的渊源，为塔后村增添了几分神秘与尊贵的气息。龙涧古道与塔山古道是塔后村自然景观与人文历史的完美结合。龙涧古道蜿蜒曲折，沿途风景如画，是徒步爱好者的天堂；而塔山古道则直通山顶，沿途可以俯瞰整个村庄及周边的壮丽景色。这两条古道不仅方便了村民的出行，也成为连接过去与现在的文化纽带，让游客在行走中体验塔后村的历史变迁。

在改革开放以前，塔后村是一个未能完全解决温饱问题的小村庄，环境"脏乱差"，曾经是远近闻名的贫困村。然而，随着时代的变迁和政策的扶持，塔后村逐渐发生了翻天覆地的变化（陈秋月，2021）。2017年起，塔后村扎实推进乡村产业发展，全力打造精品民宿特色村和康养旅游村，在"千万工程"的推动下，凭借独特的区域优势和产业基础，一跃成为和美乡村典范，先后荣获 6 项国家级荣誉。近年来，塔后村用音乐、绘画、佛道养生、非遗技艺等艺术形式打造文化民宿，现有民宿精品民宿 68 家，从事服务业的人员 300 多人（庞锦焕，2024）。2022 年，全村接待游客 37.5 万人次，直接营收 2 367 万元，村集体净收入 172 万元（钱青，2024）。2023 年，塔后村接待游客 31 万人次，营业收入 1 325 万元（庞锦焕，2024）。

二、塔后村设计赋能的具体内容

（一）整治环境，重塑底色

在塔后村，村民们共同参与了一场旨在提升村庄美学和功能性的环境整治行动。这场行动以乡村设计为核心，重点对村庄的基础设施和环境进行了全面的改造和提升。通过精心规划和设计，村庄的山脉、道路、田地、水源和房屋得到了综合改善，以确保与自然环境和谐共生。村民们积极投身这一变革，实施了一系列精准的环境改善措施，从自家庭院开始，包括治危拆违、污水处理、垃圾分类和厕所改造等，旨在实现村庄的清洁和绿色发展。这些举措使村庄的清洁行动常态化、制度化，确保了垃圾的及时清理、厕所的有效管理和污水的合理排放，从而恢复了村庄的清洁、纯净和美丽。在这一过程中，塔后村村民不仅改善了自己的居住环境，还共同迈向了更加富裕和幸福的生活。他们通过实际行动，将美丽乡村的理念转化为现实，享受到更好的居住条件，体验到更加美好的生活。目前，村庄已经清理了超过 15 吨的杂草、枯树和废弃建筑材料，铺设了 1 千米的污水管道，并清理了 10 车的地下粪坑，这些都是乡村设计和环境整治的具体成果。

（二）人才驱动，能人汇聚

通过设计赋能，塔后村的人才驱动战略被赋予了新的内涵与活力。在"两进两回"的政策指引下，塔后村成功构建了一个能吸引并留住人才的乡村生态系统。在这个系统中，新内生发展理论体现在对乡村能人与"新青年"的深入挖掘与培育上。通过建立人才数据库，塔后村不仅记录了这些人才的个人信息，更重要的是激发了乡村原生青年与返乡能人的奋斗动力（天台县委政研室，2021）。为了持续激活塔后村的活力，设计赋能还体现在对农创客、新农人培养目标的确立上。通过对回乡青年大学生进行遴选，塔后村成功地吸引了一批有乡村情怀、有乡建能力的人才扎根农村。这些人才不仅为乡村带来了新的思想与活力，更通过他们的实际行动，为乡村的经济发展注入了新的动力（朱正平，2022）。此外，设计赋能还体现在对返乡人才的政策机制设计上。通过给予农村实用型人才政策上的倾斜与扶持，塔后村成功地吸引了一部分在外打拼的塔后人回到家乡开办民宿或从事其他行业。这些返乡人才不仅实现了家门口致富，更通过他们的示范作用，带动了更多的人才返乡创业。

（三）校地合作，引入智慧

在设计赋能的创新框架下，塔后村积极探索与高校及专业团队的深度合作，引入智慧力量，为村庄的全面发展注入新的活力。塔后村高度重视专家的指导作用，邀请他们深入调研村庄实际情况，共同研究制定符合塔后村特色的发展计划。通过校地合作的桥梁，塔后村与多个团队开展了广泛而深入的合作，这些项目涵盖了乡村优秀传统文化的挖掘与传承、中草药文创产品的开发与推广、乡村影像的田野调查记录以及乡村农副产品的品质提升与品牌打造。在合作过程中，塔后村不仅注重文化产业的培育，还积极谋划打造出"艺术时尚"乡村的新形象。通过举办音乐节、艺术展、美食节、研学活动、时尚秀和体育活动等一系列丰富多彩的活动，塔后村成功吸引了大量游客和社会关注，进一步提升了村庄的知名度和美誉度。

（四）产业升级，文旅融合

在设计赋能领域，产业升级和文旅融合是推动乡村可持续发展的重要策略。塔后村通过设计网红打卡点、多功能娱乐休闲区，以及提供优质的民宿服务，将村庄的各个景点串联起来，形成了一条完整的游览线路。此外，设计赋能还包括对景点的统一规划和设计，以满足不同游客的需求，同时推出高端精品旅游路线，如农耕体验、山地休闲、森林寻氧和礼佛养心之旅，以此带动整个村落的旅游发展。塔后村的发展定位主要有三个：民宿集中村落、健康养生度假目的地、艺术时尚活动基地。通过这三个维度的发力，塔后村成功地将自身的资源优势转化为了经济发展的动力。塔后村的民宿产业是设计赋能中的亮点之一，通过音乐节和互联网，让塔后村民宿远近闻名。村里还流转土地建成中草药样本园，帮助周边村庄增加集体收入。此外，塔后村还注重村民的教化和素质提升。村中央的塔后书院成为文化传承和教育培训的场所，通过举办各类培训和活动，如茶艺课堂、讲座和娱乐活动，丰富了村民的精神文化生活。

（五）因地制宜，康养塔后

生态康养是我国乡村振兴以及应对人口老龄化的重要产业模式（全晓晓和井渌，2024）。设计赋能在于营造康养生态。塔后村通过引入康养文化理念，打造康养文化论坛，定期邀请全国康养专家和康养基地建设专家前来研讨康养文化、产品及其创新。这些活动不仅提升了塔后村的知名度，也实现了塔后村与"康养"品牌的深度绑定，将塔后村打造成全省乃至全国知名的康养中心研究基地。塔后村的设计赋能还体现在对康养产业的深度挖掘上，村里建成中草药样本园后，重点引进中医馆、艾草体验中心等，种植了艾草、乌药、白及、洛神花等 11 种中草药，打造了"中药材种植＋深加工＋销售＋服务＋旅游"五位一体的产业链（金晨和许雅文，2019）。依托赤城山的自然美景和丰富的中草药资源，塔后村发展了以"民宿＋康养"为特色的旅游业，成功打造了中高端民宿集聚地，并获得了多项国家级荣誉。这些民宿不仅是游客的住宿场所，更是体验当地康养文化的重要窗口。

第二节 塔后村的设计赋能要素与成效

一、以设计思维开展艺术乡建

与其他乡村不同，塔后村的设计赋能是由本村村支书所主导的，村支书既不是外来"中介"，也不是艺术家或设计师，却秉承设计思维来进行艺术乡建。将设计思维应用于艺术乡建，意味着将乡村视为一个有生命的系统，通过艺术介入来激发乡村的活力，改善乡村的生活环境，同时保留和弘扬乡村的文化特色。塔后村由此一跃发展成为设计赋能的产业助推型乡村。

设计思维是一种解决问题和创新的方法论（Buchanan，1992），它强调以用户为中心，通过同理心理解用户需求，然后通过迭代过程来探索多种可能性，最终创造出新的价值（陶金元和陈劲，2024）。斯坦福大学的设计创新课程把设计思维精练为五个阶段：培育同理心（empathize）、定义（define）、发散思维（ideate）、原型（prototype）设计和测试（test）（陶金元和陈劲，2024）。在塔后村的设计赋能中，这五个阶段可以具体应用如下：①培育同理心。2017年在浙江省政府"两进两回"政策的号召下，塔后村现任村支书放弃在外的文创事业毅然回到家乡。作为土生土长的本村人，村支书深刻了解当地村民，了解他们的生活状态、文化习俗和对乡村发展的期望，并与村民进行深入交流，收集村民对于乡村建设的意见和建议。同时，他带领塔后村村民共同建设美丽家园，首先以个人担保解决资金难题（钱青，2024），启动基础设施改造，推动环境提升，并创新性地举办音乐节吸引关注（钱青，2023）。同时，他规划民宿集聚区，发展康养产业，促进形成多元化经济体系。此外，数字化治理与创意集市，不仅提升了村民收入，还吸引了青年创客与游客，使塔后村焕发出勃勃生机，成为乡村振兴的典范。

②明确定义：在收集了足够的信息后，塔后村定义设计赋能的核心问题：大力发展民宿产业。塔后村依托其得天独厚的自然环境和丰富的生态资源，如青山绿水、古树参天、中草药资源等，发展了中高端民宿产业。这些民宿往往注重与周围环境的和谐共生，通过生态友好的设计和运营方式，减少了对自然环境的破坏。塔后村民宿在发展过程中，注重将乡村文化元素融入其中，如通过民宿的装修风格、装饰物件、文化活动等展现乡村的传统文化和民俗风情，使游客在体验民宿的同时，也能感受到乡村文化的魅力。民宿成为乡村与外界文化交流的重要平台，吸引了众多游客和艺术家前来体验和学习，促进了乡村文化的传播和发扬。③鼓励发散思维：除了民宿产业外，塔后村还鼓励村民跳出传统思维的框架，探索多种可能性，通过多元化产业模式实现了乡村振兴。该村依托良好的生态环境，发展了民宿集群，吸引游客体验乡村生活。同时，围绕"康养"核心品牌，打造了中医养生、中草药种植与加工等健康产业，形成了"民宿＋康养"的综合性旅游休闲中心。塔后村还注重技能型乡村建设（庞锦焕，2024），通过培训提升村民技能，推动民宿管理、中草药种植等产业发展。此外，还连续举办7届塔后音乐节，进一步提升乡村知名度。④确定设计原型：塔后村实施艺术节（音乐节）实验，打造独特的旅游IP（周余丽，2023）。艺术节以音乐为核心，融合舞蹈、绘画、摄影等多种艺术形式，不仅吸引了众多游客和艺术爱好者，还显著提升了乡村的文化氛围。通过艺术节的举办，塔后村成功吸引了大量年轻人回归乡村，促进了民宿、康养等产业的发展，为村民提供了更多就业机会和经济来源。此外，艺术节还促进了乡村文化的传承和发扬，增强了村民的文化自信和社区凝聚力。目前，塔后村艺术节已成为天台县乃至浙江省内知名的文化品牌，为乡村振兴注入了新的活力和动力。⑤进行项目测试：民宿产业的发展为塔后村居民提供了更多的就业机会和创业机会，增加了居民的经济收入，提高了生活水平（天台县委政研室，2021）。随着民宿产业的不断发展，塔后村的基础设施和公共服务设施也得到了不断完善和提升，如道路、水电、网络等基础设

施的改善，以及文化礼堂、休闲农庄等公共服务设施的建设，为居民提供了便捷与舒适的生活环境。艺术节为乡村文化的展示提供了重要平台，通过音乐、舞蹈、戏曲、手工艺等多种艺术形式展现乡村文化的独特魅力。艺术节的举办还促进了乡村文化的创新和发展，吸引了众多艺术家和文化工作者前来交流和创作，为乡村文化注入了新的活力和元素。艺术节的举办丰富了村民和游客的精神文化生活，通过欣赏和参与各类艺术活动，提升了大家的审美水平和文化素养。艺术节还增强了塔后村社区的凝聚力，通过共同参与艺术活动和文化交流，促进了村民之间的团结和互助。

艺术乡建不仅仅是美化乡村，更是一场文化复兴和社会创新的运动。通过设计思维，塔后村更加系统和科学地推进艺术乡建，让乡村成为充满活力、富有魅力的地方。设计思维的应用，不仅能够提升乡村的美学价值，还能够促进乡村的经济、社会和文化发展，实现乡村的全面振兴。

二、以激发内生动力来实施设计赋能

正如第三章所述，塔后村通过高效改造基础设施、高效重塑乡村文化、高效开发乡村产业和高效获得安全感等四个设计赋能行为，激发乡村发展动力，打造产业助推型乡村。

（一）高效改造基础设施

大山的阻隔与交通设施的滞后发展限制了塔后村与外界的联系。但实际上，塔后村的地理位置十分优越，地处天台县城郊，距县城仅 2.5 千米，距新建高铁站 15 分钟车程，省道、高速公路交织，促进农副产品外销与游客流入。天北线旅游公路与 60 省道新线穿过塔后村，强化了当地旅游吸引力，加速了资源引进。自 2017 年实施设计赋能以来，塔后村先是加强村内基础设施的建设，如安装具有设计感的路灯、监控摄像头，完善村道安全设施和指示牌。2021 年，围绕"康养"品牌，塔后村打造了"民宿集群＋文化体验＋康养休闲＋中草药产业＋多元业态"的"五位一体"综合性康养文化旅游休闲中心（钱青，2023；蒋明等，2021）。2022 年建成与澳大利亚悉尼歌剧院形似的乡野歌剧院（周余丽，2023），为塔后音乐节提供了必要的设施。塔后村展现了古老与现代交融的风貌，自然与人文和谐共存，其地理优势、完善的交通网络及旅游潜力，共同塑造了一个既传统又现代的乡村发展典范，预示着塔后村振兴的广阔前景。

（二）高效重塑乡村文化

塔后村的乡村文化建设是设计赋能行为的重要一环。通过一系列的文化活动和艺术项目的实施，塔后村成功将自己打造成了一个具有独特魅力的文化旅游目的地。首先，塔后村依托其丰富的历史文化资源，特别是唐诗文化，打造了"浙东唐诗之路"的品牌（蒋明等，2021）。村里的民宿和文化设施都围绕唐诗主题进行设计和建设，让游客在体验乡村生活的同时，也能感受到浓厚的文化氛围。其次，塔后村通过举办各种文化活动，如音乐节、艺术展览、文化沙龙等，吸引了众多游客和艺术爱好者。这些活动不仅丰富了村民的文化生活，也提升了村庄的知名度和吸引力。此外，塔后村还注重乡村艺术的培养和发展，与多所艺术院校合作，进行文创产品开发、艺术表演创作、文艺人才培养等，挂牌成立台州学院民宿学院（蒋明等，2021）。这些合作项目不仅为村庄带来了新的文化活力，也为村民提供了学习和提升的机会。塔后村还通过建立文化礼堂、乡村大食堂等设施，为村民提供文化学习和交流的场所。这些设施成了村民日常生活的一部分，也是传承和弘扬乡村文化的重要平台。最后，塔后村的乡村文化建设还体现在对村庄环境的美化和提升上。通过整治村庄环境，将时尚与文化元素融入村庄的每个角落，使得塔后村成为一个宜居、宜游、宜业的美丽乡村。

（三）高效开发乡村产业

塔后村的乡村产业建设是设计赋能乡村振兴的成功案例，通过一系列创新举措，实现了从贫穷落后到富裕文明的华丽转变。首先，塔后村依托其丰富的自然资源和深厚的文化底蕴，重点发展民宿产业。村里通过农房改造，制定了精品民宿发展规划，鼓励村民开设民宿，并提供资金奖励。目前，塔后村拥有 70 家民宿，1 000 个床位（钱青，2023），形成了远近闻名的民宿村，年游客接待量达到 25 万人次。其次，塔后村注重规范管理，成立了旅游公司和民宿协会，建立了经营管理、服务、安全等标准化体系，推动了民宿产业的健康发展。塔后村还探索了"旅游＋"新业态，如康养旅游，利用当地丰富的中药材资源，打造了"中药材种植＋深加工＋销售＋服务＋旅游"的产业链，建设了中草药样本园，推动了乡村旅游与康养产业的深度融合。塔后村通过举办乡村音乐节探索文化创意产业发展，提升了村庄的知名度和吸引力，吸引了大量游客和文化活动参与者，还在村内产生不少"微企业"和新"移民"（Bosworth and Atterton，2012），带动了相关产业在村内的发展。此外，塔后村还注重党建引领，通过建立党建联盟，推动乡村片区组团发展，实现资源共享和协同发展。村集体经济通过发展民宿、建设停车场、店面和档口出租等多元化经营，实现了增收。

（四）高效获得安全感

从前文所述设计赋能前的塔后村状况来看，村庄的杂乱使得塔后村缺少活力和人气；贫穷使得村民在物质的占有和预期方面普遍具有焦虑、不安的情绪，很难获得安全感。同时，集体经济收入少、个人收入水平低下，社会保障状况堪忧。2017 年开始，塔后村在村支书的领导下，开始在建设基础设施、提升治安水平、促进经济发展和强化邻里关系等方面推行增强村民安全感的一系列举措。首先是加强基础设施建设，如安装路灯、监控摄像头，完善村道安全设施。其次是提升治安管理水平，完善村级治安巡逻队建设，定期开展安全教育和演练，提高村民自我防护意识和能力。再次是促进经济发展，通过发展特色产业、乡村旅游等增加村民收入，减少因贫困引发的安全问题。最后是加强邻里互助与社区凝聚力，鼓励村民间建立守望相助机制，形成良好的村风民风，让每位村民都感受到来自集体的温暖与支持。通过这些措施的综合实施，塔后村将显著提升村民的安全感和幸福感。由此分析可知，对于乡村设计赋能而言，用设计思维推进村民安全感建设，还需要与乡村基础设施建设、乡村文化建设和乡村产业建设相结合。

三、五方合力助推产业发展

（一）村支书带领塔后村设计赋能

返乡能人，尤其是村支书，在塔后村的设计赋能中扮演了核心角色。为响应"两进两回"政策，现任村支书舍弃企业，回村竞选村干部，引领塔后村发展。村"两委"从顶层设计出发，依托生态文化资源，吸引资本人才，聚焦乡村休闲度假产业，推动民宿升级，终使塔后村焕发新生、呈现繁荣景象（朱正平，2022）。塔后村的嬗变之路，得益于村支书出色的领导能力。他在设计赋能过程中解决了一系列复杂的社会、经济和文化问题，发挥了"新内生"中介的作用，这种作用主要体现在：

1. 以音乐节为抓手构建参与式网络。2017 年，村支书通过自己在外创业多年积累的社会关系网络，邀请了志同道合的音乐人到塔后村举办草地音乐节，这标志着塔后村设计赋能的艺术乡建运动拉开帷幕。时至今日，塔后村每年一届的音乐节都有创新与升华，先后与中国美术学院、台州学院、浙江传媒学院建立合作关系，并且还专门成立"我们村星光艺术团"（钱青，2023）。正逢浙江省文联推出乡村振兴"文化特派员"行动，台州学院教授、文化特派员牵线搭桥，把台州市音乐协会、温岭市音乐家协会的会员、音乐人带到

175

塔后村，把塔后村打造成为音乐时尚基地。让外人了解塔后村、接受塔后村，音乐是很好的手段和媒介。利用音乐节，村支书意欲打造一种参与式乡建模式，号召塔后村能人、媒体人、音乐人、乡建艺术家、当地政府关注塔后。音乐节帮助塔后村整合了不同社会资源，为解决农村问题提供了新的方案（Wang，2018）。类似的乡村振兴实践还有日本越后妻有大地艺术节（魏志晖和王京皓，2024）、"许村计划"（渠岩，2015）、"碧山计划"（Lu and Qian，2023）。音乐节的成功举办让塔后村在较短的时间内成为闻名全国的旅游村，村支书也充分利用音乐节积累的社会关系和提升的知名度不断游说、对接高端人才，吸引更多人来关注塔后村，为塔后村发展提供资金、项目和规划。通过村干部和村民的不懈努力，塔后村全村有近三分之一的村民从事乡村休闲旅游产业，如民宿、餐饮、纪念品销售等。也正是在设计赋能的有效推动下，塔后村已经从默默无闻的小山村蜕变成一个人居环境、人文环境以及生态环境有机融合，具有特色民宿产业、康养休闲产业的和美乡村。

2. 用设计思维打造可持续生活环境。农村发展的目的是为村民创造可持续生活和工作的环境（Bosworth，2008）。在这方面，村内闲置土地流转成为重中之重。村支书带领村民启动该项工作，把闲置农田打造成开心农场，开辟创意菜园，把闲置老屋改造成现代化民宿。同时，搭台唱戏，在农场中设置田园大舞台，建成乡村大剧院"天台小悉尼"（周余丽，2023），举办各类乡村创意活动，吸引人气，扩大影响力；借资运作，争取资金、项目，建成游客中心、便民中心和生态停车场、星级旅游厕所，整个乡村面貌焕然一新；同步申报省级 3A 级景区村庄和省级农家乐集聚村。闲置土地流转项目的规划与执行，彻底消弭了塔后村原有地域分割的壁垒。昔日，错综复杂的农田布局，犹如天然屏障，使各个自然村孤立呈岛屿状；而今，该项目的实施成功打破了地理限制，促使各自然村在居住空间上实现了无缝对接，共同绘制出一幅村落融合新图景，标志着大村落格局的正式确立。此过程更深层次地触动了社会心理层面的融合，它促进了各自然村之间命运的紧密相连，形成了基于共同利益与责任的"命运共同体"意识。村民们开始以更为紧密的方式协作行动，共享资源，共担风险，这种社会联结的构建，为塔后村的可持续发展奠定了坚实的基础。

3. 紧抓"产业＋政府"实现双向赋能。在村支书带领下，塔后村实践"两进两回"，用能人引领、资本聚焦、数字赋能、青年创业的组合创新模式吸引当地政府加大资金、项目投入，将塔后村打造成了乡村振兴的典范、共同富裕的样板。2019年对塔后村来说是关键年，也是转折年。塔后村村支书与村干部一起商议，制定出塔后村乡村发展的三大战略：首先是发展草药产业，利用天台山的地域特色种植石斛"仙草"，发展中医药产业，开发艾草基地，建立艾草体验中心，从而使塔后村逐渐发展壮大康养产业；其次，通过整合周边的景区和生态资源，将绿水青山与佛道文化、诗路文化结合起来，综合利用资源，最后，在政府的引导下，塔后村打造富有特色的公共共享平台，如宾主乡村会客厅、创新创业基地等。塔后村还积极探索校村融合发展，尽可能地利用高校资源进行乡村设计和开发。台州学院作为台州本地最高学府，是塔后村寻求帮助与合作的首要目标。

产业的成功让塔后村吸引了大量的政府投资项目。塔后村在村干部和其他能人的带领下，通过乡村设计使乡村面貌以及村民收入得到了极大的提升，这使塔后村成为省级美丽乡村现场会的考察点。村干部和其他能人联合村民和产业方进一步商讨乡村发展对策，一方面以文化节为抓手，利用网络提升村庄热度，另一方面通过各种场合宣传村庄发展理念。2020年，全省浙东唐诗之路现场会在天台召开，塔后村再一次成为重要考察点。这得益于塔后村将文化、文宿、文创作为主攻方向，通过校村合作深入挖掘唐诗文化这一优秀文化内核，作词作曲制作村歌，组织各地诗词专家、文人墨客来打卡办雅集。同年，塔后村获中华诗词之村荣誉称号。

（二）高校助力塔后村设计赋能

开展校地战略合作，积极推动产教融合。塔后村非常重视高校参与乡村设计，同时各高校也积极主动地承担乡村振兴的社会责任。台州学院以共同体理念为引领、推动校城战略互嵌，选派优秀教师参与塔后村的发展，组织设计团队和咨询团队，为塔后村献计献策。2020 年 6 月，台州学院民宿学院在塔后村成立，该学院整合了台州学院的商学院、艺术学院等专业资源，为塔后村提供乡村发展设计服务，同时为高校的专业人才培养和学生实践提供高质量实习实践场所。民宿学院发挥智库作用，就村庄设计、产业发展、文化融合等为塔后村提供高屋建瓴的专业方案。民宿学院参与设计和建设塔后村的周边基础设施，包括村绿道慢行系统、旅游休闲观光景道以及村民出行致富路，将天台山文化融入产业设计，深度参与 68 家精品主题民宿的设计。台州学院文旅融合小分队为塔后村策划乡村旅游啤酒音乐节，融入青年元素，对田园、音乐、美食和乡村游进行融合开发，打造了当地的特色旅游休闲项目。这些活动能吸引数万游客和观众到场，成为省、市、县媒体争相报道的特色节目。

同时，塔后村凭借其得天独厚的自然与人文环境，加之村干部的诚挚邀请，吸引了众多高校将其作为乡村设计与实践基地。这些高校及团队派遣了一批批专业实践人员，对塔后村的资源进行深度设计与开发，有力提升了特色农副产品的品牌形象。此外，塔后村还与各高校艺术团队携手举办音乐节、美食节等活动，引领审美观念的革新，共同塑造了一个艺术氛围浓厚的时尚乡村。如今，塔后村已成为一个充满活力，吸引年轻人旅游、居住与创业的新型产业助推型乡村。

（三）政府引领塔后村设计赋能

1. 抓住国家政策激活资源。政府是乡村振兴的发动者，在乡村设计赋能中处于核心地位，中央和地方政府作为宏观调控和政策制定落实的主体，在发起、制定和推动乡村振兴政策方面起到主导作用（吴文治等，2023）。塔后村的蜕变离不开"千万工程"的深入实施，该工程致力于通过全面整治村庄环境、发展农村经济，来提升农民的收入水平。2018年，浙江省在深化"千万工程"、建设美丽浙江推进大会上，提出了打造"千万工程"升级版的新要求。在此背景下，塔后村积极响应，启动美丽乡村建设项目。遵循"规划引领"的原则，塔后村充分发挥设计赋能的作用，开展全域环境整治，包括拆违治危、污水处理、垃圾清理、厕所革命等，并对村庄各户屋前屋后的环境进行美化，从而显著改善了村庄的整体面貌。

2. 利用当地政策创造最优生态。 在"美丽乡村"政策引领下，天台县积极推行"三新"（新农民、新产业、新农村）农村共富五大提升行动，旨在推动乡村全面振兴、迈向共同富裕。为此，天台县出台了涵盖农业农村高质量发展、农村社会高质量发展及扶贫开发等三方面的8项政策，并围绕"三新"农村共富七要素，探索优化"两山银行"运行机制，多渠道筹集资金。同时，天台县成立由县委副书记挂帅的工作领导小组，下设专班，协调解决规划、项目、资金等关键问题（张怡，2023）。天台县人社局则致力于技能型乡村建设，提出"五好"标准，通过开办农民夜校、引进高校资源（如台州学院民宿学院）等方式，为村民提供民宿管理、营销策略等培训，并举办职业技能大赛，鼓励村民提升技能水平，推动村民实践电商直播等新型销售模式。此外，还发展康养产业，如中药材种植、加工和销售，建设技能培训基地，促进村民增收。为解决资金难题，天台县人社局联合天台农商银行推出"技能共富贷""民宿贷"等定制贷款产品。同时，出台政策鼓励和支持技能型乡村建设，按星级评定给予补助（庞锦焕，2024）。塔后村紧抓民宿产业发展政策红利，对开办民宿的村民给予3万元奖励（王东丽，2023），积极打造"我们村"民宿经营劳务品牌。

（四）村内微型企业深耕塔后村设计赋能

强村公司是天台县塔后村为实现乡村振兴和共同富裕目标而设立的村级集体经济组织。强村公司通过整合村内资源，推动产业发展，增强村级集体经济的造血功能，促进集体经济从"保底型"向"发展型"转变。塔后村依托强村公司的运作，已经取得了显著的成效。首先是资源整合与产业发展。塔后村通过强村公司整合村内资源，发展起了精品民宿、乡村旅游等产业，村内现有精品民宿68家，并且有国家级登山健身步道、居家养老服务中心、房车驿站、幼儿园等配套设施。其次是环境整治与提升。塔后村通过强村公司推动村庄基础设施改造和环境提升，所有党员主动参与，对山、水、田、房、路进行综合改造，提升了村庄的公共服务功能和环境质量。

乡村民宿是乡村振兴的重要助力手段。塔后村的精品民宿（其中10％是村外移民经营户）是典型的乡村微型企业，它们通过自下而上的经济多样化发展、资源交换、知识交流，在建设产业助推型乡村中发挥着关键作用（Qu and Zollet，2023a）。微型企业的数量、商业模式和社会关系成为衡量艺术社区振兴成效的指标（Qu and Zollet，2023a）。塔后村民宿微型企业不仅提供了丰富的住宿选择，还成为塔后村乡村旅游的重要组成部分，带动了当地就业，从事服务业的人员达到了300多人。此外，还有更多村民从事与民宿相关的配套产业，如洗衣、打扫等。民宿产业的发展为塔后村带来了显著的经济效益。通过举办乡村音乐节等活动，塔后村吸引了大量游客，民宿的入住率和营业收入均得到了显著提升。

（五）公众参与推动塔后村设计赋能

村支书作为塔后村"新内生"发展的引路人，带动村民踊跃参与到村庄的发展和治理中。通过引入杰出的能人和激发人才回流，村庄成功地优化了人才结构，提升了人才素质，培养了一支知识丰富、理想坚定和责任感强的干部队伍。塔后村的返乡人士，如杭州天台商会会长陈某某，不仅出资建设了五星级文化礼堂，还投入巨资用于村庄基础设施的改善，包括道路、集体房屋和幼儿园的建设。村支书还动员了有能力的年轻人参与到乡村建设和运营中，吸引了 18 名青年回乡，共同推动了村庄经济的发展。村民则抓住了农房改造的机遇，积极创办民宿，发展起了以康养为主题的特色旅游产业。村里打造的康养 IP 和产业链，涵盖了中药材的种植、深加工、销售，以及服务业和旅游业，激发了村民的参与热情，促进了康养产业的集群发展。

塔后村的村民们不仅积极参与康养设施的维护和活动的组织，还纷纷将自己的住宅改造成民宿，或者承包给他人经营，共同分享旅游业发展带来的红利。2014 年，村里出台了新政策，对开办民宿的村民给予 3 万元的奖励（周余丽，2023），进一步激发了村民的创业热情。2015 年，天台县首张民宿营业执照颁发给了塔后村，标志着民宿产业的正式起步。如今，塔后村已经发展成为拥有 68 家民宿、1 000 张床位的乡村旅游热点区域，每年吸引游客 37.5 万人次（庞锦焕，2024），成为民宿生活体验的典范区域。这一系列成就，都离不开村民们的广泛参与和积极贡献。

四、塔后村设计赋能的社会影响力

（一）高校民宿学院建在村中，指导塔后村民宿产业成为支柱产业

在乡村振兴的设计赋能行动中，高校是不可忽视的力量。高校民宿学院对于村落来说是一个重要的知识源泉，它通过研究、教育和服务等方式，向学生、企业家和社区传授民宿产业知识。此外，高校还能为政府提供基于研究的决策建议，帮助政府、企业和公众理解和实施乡村振兴战略，并且制定有利于发展民宿产业的规划和政策，同时也可以对自然环境进行科学研究，为保护和利用自然资源提供依据。塔后村通过与各类高校合作，既获取了最新的研究成果

181

和专业知识，提升了乡村文化产品和旅游服务的质量，又为高校进行相关领域的研究提供了支持，例如资助科研项目、提供实习机会等，实现了双向赋能。高校在接受相关科研项目支持后更能发挥教育和研究的作用，培养本土人才，并支持在外人才的回归，通过开展培训、提供咨询等方式，帮助人才提升专业技能和领导能力，为乡村振兴提供智力支持。塔后村积极推动"高校＋乡村"模式，定期接待高校考察团，开展摄影采风、暑期社会实践等活动。

（二）紧跟乡村振兴政策，以示范和创新思路规划乡村发展

为推动乡村产业转型升级，在乡村可持续发展过程中，政府是设计赋能乡村振兴的推动者和各种要素的协调者，通过运用各种乡村振兴政策来帮助乡村与企业、高校以及其他乡村振兴组织进行协同创新，这些政策涉及财政资助、平台搭建等（葛秋萍和李青，2022）。对于塔后村而言，首先，政府为民宿发展提供政策支持。乡政府制定维护消费者权益和维护市场秩序的规范、制定相关的质量标准和服务标准、制定鼓励民宿运营的政策等。其次，推动产学研合作。塔后村与众多高校合作，共办实践基地、合作参与项目等，为校企协同创新与成果转化提供动力支撑。最后，提供资金支持。塔后村民宿的发展和生态环境的转变需要政府提供资金支持，以促进和吸引投资者进村发展。

（三）设计赋能让塔后村成为民宿、康养等微型企业的重要展示窗口

企业在"高校、政府、企业、公众、自然环境"五合一的作用机制中是推动农村经济发展、实现乡村可持续发展的关键力量。农村的微型企业利用高校民宿学院提供的知识和技能，结合政府政策，开发和运营民宿，能成功吸引更多的投资者和创业者，从而推动民宿产业的发展。同时，微型企业坚持对公众的服务和对自然环境的保护，创造就业机会，推动经济发展，并通过产品和服务满足公众需求。微型企业创办者

大多是塔后村外出人才，他们回村后成为企业家，创办民宿、康养企业或帮助当地企业发展壮大，带来了管理知识、市场经验和创新意识，促进了乡村经济的发展和多样化。微型企业家的连通性和网络能力对于在本村和从本村以外获取资源和社会基础设施至关重要（Dubois，2016），他们的连通性得到社会网络资本的支持，这有助于他们与本地和本地以外的参与者和部门的互动和合作（Jørgensen et al.，2021）。此外，微型企业家营造的创业氛围也将吸引更多企业前来投资，推动当地经济发展。

（四）设计赋能让塔后村的自然、文化、产业融合发展

塔后村依托天台山的自然资源和生态环境，实现了自然、文化与产业的有机融合。通过与高校合作，塔后村不仅成为环保研究和教育的实践地，还是生态保护和可持续发展的典范。村庄的基础设施改善，如道路扩建、停车场建设、绿化提升以及农房改造，都体现了在融合传统与现代的同时，还有效保护了村庄的自然景观。塔后村的产业发展紧扣康养主题，发展了68家民宿，提供了1 000张床位（庞锦焕，2024）。通过音乐节等文化活动吸引游客，带动村民增收。村里引入了台湾香水莲花等经济作物，开发了相关农副产品，通过线上线下销售，提升了村民的收入。此外，塔后村还探索了康养产业，引进中医馆和艾草文化体验中心，与桐柏宫合作，提供养生体验，进一步丰富了村庄的文化内涵，推动了产业的多元化发展。塔后村的自然美景、文化底蕴和产业活力共同作用，形成了一个生态宜居、产业兴旺的可持续发展模式。村庄的规划充分利用了现有资源，形成了"一溪带七区"的发展格局，使得塔后村成为天台县内的热门乡村，吸引了内外投资，为村庄的未来发展奠定了坚实基础。通过这些努力，塔后村成功地将自然资源转化为经济和文化发展的驱动力，实现了生态保护与产业发展的双赢。

第三节　案例研究发现

一、能人引领、设计思维主导

塔后村的发展成果显著，这归因于设计赋能的深远影响。无论项目团队中是否直接包含设计师，整个发展进程始终采纳设计思维的方法论，这与"管理就是设计"的理念（辛向阳，2024）不谋而合。塔后村的发展实践，成为设计思维在乡村振兴中成功应用的典型案例。在此过程中，村支书作为设计思维的积极倡导者与引领者，成功地将这一方法论渗透并融入乡村建设的每一个阶段。从初期的规划到后期的实施，无不彰显出设计思维所蕴含的强大驱动力。

1. 培育同理心阶段：深入村民，奠定发展基础。在塔后村的乡村建设征程初期，村支书深刻认识到同理心的重要性。他亲自深入田间地头，与村民面对面交流，倾听他们的心声与诉求。这种深入群众的姿态，不仅让他对村民的生活状态有了更直观的了解，也让他收集到了大量关于乡村发展的宝贵意见和建议。这些意见和建议如同灯塔，为塔后村的发展指明了方向。在资金方面，村支书通过个人担保等方式，积极筹措资金，启动了基础设施的改造工程，使塔后村的面貌焕然一新。同时，他还创新性地举办了音乐节等活动，这些活动不仅丰富了村民的精神文化生活，也吸引了外界的目光，为塔后村的发展注入了新的生机与活力。

2. 定义阶段：明确目标，聚焦民宿产业。在"定义"阶段，塔后村村民通过深入分析自身资源禀赋，明确了以发展民宿产业为核心。他们依托得天独厚的自然环境和丰富的生态资源，将中高端民宿产业作为发展的重点。同时，他们还将乡村文化元素融入民宿设计中，使民宿不仅成为游客的住宿之地，也成为文化交流的平台。这一明确定位，为塔后村的后续发展奠定了坚实的基础，指明了前进的方向。

3. 发散思维阶段：多元化思维，促进产业融合。在"发散思维"阶段，塔后村并没有止步于民宿产业的发展。他们鼓励村民积极探索多元化产业模式，将中医养生、中草药种植等健康产业与民宿产业相结合，形成了"民宿＋康养"的旅游休闲中心。这一举措不仅丰富了塔后村的产业结构，也提升了乡村的吸引力。同时，他们还通过举办培训班等方式，提升村民的技能水平，推动产业发展。这使得村民能够在家门口就业，实现家门口致富的梦想。

4. 原型设计阶段：打造旅游 IP，提升文化氛围。在"原型设计"阶段，塔后村通过举办音乐节等活动，成功打造了独特的旅游 IP。这些活动不仅吸引了众多游客和艺术爱好者的关注，也提升了乡村的文化氛围。音乐节的举办还为塔后村带来了人气和经济效益，更让塔后村的文化底蕴得到了充分的展示和传承。这些活动成为塔后村的一张亮丽名片，让更多的人了解并记住了这个美丽的乡村。同时，这些活动也促进了民宿、康养等产业的发展，为塔后村的乡村旅游注入了新的活力。

5. 测试阶段：民宿蓬勃发展，经济效益显著。在"测试"阶段，塔后村的民宿产业迎来了蓬勃发展的春天。随着民宿数量的不断增加和品质的不断提升，越来越多的游客选择来到塔后村度假休闲。这不仅为村民提供了大量的就业机会，也带来了可观的经济收入。同时，民宿产业的发展不仅提高了村民的生活水平，也推动了整个乡村的经济繁荣。同时，音乐节的持续举办也进一步推动了塔后村的旅游产业发展，使塔后村成为乡村旅游的热门目的地。这些成果充分证明了塔后村在乡村建设道路上的正确性和有效性。

二、激发内生动力实现产业助推

塔后村通过设计赋能，以激发内生动力为核心，成功转型为产业助推型乡村，其过程涵盖了基础设施改造、乡村文化重塑、乡村产业发展及安全感提升四大方面的高效实践。

基础设施的高效改造是塔后村蜕变的第一步。曾受大山阻隔与交通滞后困扰的塔后村，凭借优越的地理位置——位于天台县城郊，距县城仅2.5千米，高铁与省道、高速公路交织的便利交通，为村庄发展打开了新局面。自2017年起，塔后村不仅加强了路灯、监控等基础设施建设，确保安全与便捷，还围绕"康养"品牌，构建了集民宿、文化体验、康养休闲、中草药产业于一体的综合性旅游休闲中心。2022年落成的乡野歌剧院，更是成为塔后音乐节的重要设施，展现了古老与现代、自然与人文的和谐共生。

乡村文化的高效重塑是塔后村魅力的源泉。依托丰富的历史文化资源，特别是唐诗文化，塔后村打造了"浙东唐诗之路"品牌，民宿与文化设施均融入唐诗元素，营造浓厚文化氛围。同时，音乐节、艺术展览等活动的举办，不仅丰富了村民生活，更提升了村庄知名度。与多所艺术院校的合作，不仅为村庄带来了文化活力，也为村民提供了学习机会。建立的文化礼堂、乡村大食堂等设施成为文化传承与弘扬的平台，村庄环境的美化更是将时尚与文化元素融入每个角落，使塔后村成为宜居宜业和美乡村的典范。

乡村产业的高效开发是塔后村经济振兴的关键。依托自然资源与文化底蕴，塔后村重点发展民宿产业，制定规划，鼓励村民开设民宿，并成立旅游公司与民宿协会，规范经营管理。此外，探索"旅游+"新业态，如康养旅游，利用中药材资源打造产业链，实现乡村旅游与康养产业的深度融合。乡村音乐节的举办与文化创意产业的发展，提升了村庄知名度，吸引了大量游客与文化活动参与者，促进了相关产业在村内的发展。

安全感的高效提升是塔后村社会和谐的保障。塔后村的设计赋能让曾受贫穷与物质匮乏困扰的村民的安全感与幸福感显著增强。通过加强基础设施建设、提升治安管理水平、促进经济发展及加强邻里互助，塔后村构建了一个安全、和谐、充满活力的乡村社会。

三、塔后村实现设计赋能的关键力量

塔后村的设计赋能乡村振兴实践是一个典型的五重螺旋模型应用案例，体现了高校、政府、企业、公众以及环境五方面的协同作用，共同推动了乡村的可持续发展。在这个模式中，每个要素都扮演了不可或缺的角色，共同构成了乡村振兴的强大动力。

1. 高校的角色：知识源泉与创新驱动。高校在塔后村的发展中扮演了知识源泉的角色。通过与高校的合作，塔后村不仅培养和支持了乡村建设人才，还引进了音乐节等文化活动，丰富了村民的文化生活。更重要的是，高校的科研力量和理论指导为乡村教育和中药材种植业的科技进步提供了强有力的支持。例如，塔后村积极推动"高校＋乡村"模式，定期接待高校考察团，开展社会实践活动，为乡村文化和创意开发提供了支持。这种模式不仅为高校学生提供了实践机会，也为塔后村带来了新的视角和创新思维。高校的专家和学者通过实地调研，为塔后村的发展规划提供了科学依据，帮助村民理解市场趋势，提高农产品的附加值。

2. 政府的作用：规划引导与政策支持。政府在塔后村的乡村振兴中起到了规划和引导的关键作用。天台县利用"千万工程"的契机，出台了一系列政策，以"三新"乡村共富七要素，探索"两山银行"运行机制。这些政策旨在通过发展乡村旅游、高端民宿等产业，吸引更多人来寻找"诗和远方"。政府的规划和引导为塔后村的发展提供了方向和动力。通过改善基础设施、提升公共服务水平、举办文化活动等方式，政府营造了良好的创新环境，吸引了更多的人才和资金。同时，政府还通过提供财政补贴、税收优惠等措施，鼓励企业和个人投资乡村建设，推动了乡村经济的发展。

3. 企业的力量：经济推动与创新发展。微型企业是塔后村的典型特点，这得益于塔后村大力发展民宿业和康养业。这些企业在塔后村发展中起到了经济推动的作用。能人回归后，作为企业家，创办新的企业或帮助当地企业发展壮大，带来了管理知识、市场经验和创新意识。塔后村内的精品民宿、中医馆、铁皮石斛标本馆等康养业态，以及直播基地、网红音乐舞台等新兴业态，都是企业参与乡村振兴的成果。这些企业不仅为村民提供了就业机会，也为乡村经济的发展注入了新的活力。同时，企业还通过技术创新和产品升级，提高了农产品的市场竞争力，增加了村民的收入。

4. 公众的参与：社会支持与文化传承。乡村人才的回归展现了公众参与的力量。他们不仅带来了资金和项目，还引入了先进的管理经验和技术。例如，杭州天台商会会长陈某某出资建设村民中心和道路，村支书也是能人回归的典型代表。这些行动体现了能人对乡村发展的积极贡献，也是公众参与乡村振兴的生动体现。同时，作为塔后村外来"移民"的公众也参与到乡村建设中，他们带来资金或项目，为塔后村的发展提供了动力。公众的参与不仅体现在经济层面，还体现在文化传承和社会支持上。通过参与乡村的节庆活动、文化保护和教育支持，公众为乡村的可持续发展贡献了社会力量。

5. 环境的改善：生态保护与文化发展。创新改善和公众参与也是塔后村发展的重要因素。塔后村通过改善基础设施、提升公共服务水平、举办文化活动等方式，营造了良好的环境，吸引了更多的人才和资源。同时，塔后村还注重生态保护和文化发展，通过发展生态农业、保护传统村落、传承非物质文化遗产等方式，提升了乡村的文化内涵和生态价值。这种对环境的创新不仅提升了塔后村的生活质量，也为乡村的可持续发展提供了坚实的基础。通过保护和利用好乡村的自然资源和文化资源，塔后村成功地将生态优势转化为经济优势，实现了经济发展与环境保护的双赢。

第八章

结论与启示

　　自"许村计划"取得显著成就以来，中国乡村大地掀起了一股前所未有的热潮，吸引了众多设计师与艺术家涌入，积极参与艺术乡建运动。在"千万工程"的强力推动下，浙江省历经二十多年的不懈探索与实践，在艺术乡建领域积累了丰富的经验，并以独特的魅力和显著成效成为全国乡村振兴的标杆。在前述几章中，笔者以浙江省艺术乡建为研究背景，从多维度、多层次阐述艺术乡建下设计赋能的理论基础、理论路径和实践经验。本章在此基础上，进一步总结凝练出其中的核心结论、理论贡献和未来的研究方向，以期为其他研究者和决策者提供参考。

第一节　设计赋能的理论基础

　　聚焦于浙江省的艺术乡建工程，当深入探讨艺术乡建背景下的设计赋能现象时，新内生发展理论、社会创新理论以及社会设计思想这三大理论体系无疑扮演着至关重要的角色。其中，新内生发展理论和社会创新理论为设计赋能奠定了理论基础，而社会设计思想则为设计赋能提供了宝贵的实践指导。

　　新内生发展理论指出，乡村的发展应当根植于内部的资源和力量，同时合理利用外部资源。它倡导的是一种内外结合、资源融通的发展模式，即乡村应紧密结合自身的文化底蕴、历史传承和社会特性，通过内部力量与外部环境的良性互动，探索出一条符合乡村长远利益的发展道路。在设计赋能实践中，新内生发展理论要求设计师深入挖掘和充分利

189

用乡村丰富的文化遗产、得天独厚的自然资源和深厚的社会资本，以设计为媒介，以艺术为表现形式，激活乡村的内生发展活力，提升乡村的自我造血能力和可持续发展水平。社会创新理论则聚焦于通过创新手段解决社会问题，创造社会价值。它强调，创新不仅局限于技术和产品的层面，更涉及社会关系的深刻变革（周直和臧雷振，2009），包括新型的组织架构、服务模式和文化形态的涌现。社会创新理论指引设计师借助设计的力量，介入乡村社会关系的重构，打造全新的社会互动模式，从而增强乡村社会的凝聚力和发展韧性。正如有的学者所述，社会创新不仅促进了乡村社会的和谐与进步，更为乡村振兴注入了源源不断的活力（Li，2023）。社会设计思想则进一步强调，设计应当服务于社会的整体福祉，通过设计的力量推动社会和生态的双重变革。它呼吁设计师们承担起应有的社会责任（滕晓铂，2013），发挥设计在解决复杂社会问题中的独特作用。在设计赋能的实践中，社会设计思想要求我们始终坚持以用户为中心的设计理念，密切关注村民的实际需求和参与度，通过艺术和设计的巧妙融合，提升村民的生活质量和社会福祉水平。

　　不难发现，新内生发展理论和社会创新理论在四个案例中（表8-1）得到了充分展现，而社会设计思维方法则为设计赋能提供了切实可行的工具范式和操作路径。以上理论在实践中相互交织、相互促进，共同推动了设计赋能在乡村的实践应用。

表8-1　设计赋能的理论基础及其应用

乡村类型	新内生发展理论			社会创新理论	社会设计思想
	内部资源	新内生中介	外部资源		
内生发展型（葛家村）	村干部、村民、乡村资源	中国人民大学设计团队	政府、社会组织	激发村民内生动力的文化创新	以村民为中心的参与式设计
文化活化型（沙滩村）	村干部、村民、乡村资源	同济大学设计团队	政府、微型企业	形成以文旅为核心的商业模式创新	"文化定桩"式设计

（续）

乡村类型	新内生发展理论			社会创新理论	社会设计思想
	内部资源	新内生中介	外部资源		
生态宜居型（横坑村）	村民、乡村资源	艺术家	政府、微型企业	打造艺术节IP的负责任创新	艺术家引领的责任式设计
产业助推型（塔后村）	村民、乡村资源	秉承设计思维的村支书	政府、能人、高校	打造音乐节IP的公共服务创新	能人引领式服务设计

注：作者自制。

一、新内生发展理论在设计赋能中的应用

（一）新内生中介：设计介入乡村

设计师、艺术家和具有设计思维的村干部介入乡村，成为乡村新内生发展的中介力量，他们是连接乡村内外资源的桥梁，在乡村振兴的进程中扮演着至关重要的角色。在保护和传承乡村本地资源，如自然风光、传统文化、手工艺和产业资源的基础上，这些新内生中介通过引导和鼓励村民、社会各界人士广泛参与、共同投入到设计赋能实践中。他们利用工作坊、讲座、培训等形式，促进知识、技能和经验的交流，从而激发村民的内生动力（刘佳和李洋艺，2023）。通过合作与对话，新内生中介与村民共同探索符合乡村实际的发展路径，构建了具有地域特色的乡村文化生态（徐聪，2021）。在这一过程中，新内生中介不仅带来了外部资源，更重要的是，他们促进了乡村内部资源的激活与整合，实现了内外资源的良性互动，为乡村的可持续发展奠定了基础。

（二）内生反应：村民的内生动力与微型企业的诞生

村民不仅仅是设计赋能的受益者，更是参与者和推动者，他们主动参与到设计赋能项目的策划、实施和运营中，贡献自己的智慧和力量。

面对设计赋能带来的新变化，村民展现出适应新情况的能力（Lu and Qian，2023），并在此基础上进行创新，以适应不断发展的社区和市场需求，他们探索新的生产方式和商业模式，如开设民宿、餐馆、手工艺品店等，以艺术为媒介推动当地经济发展。设计赋能也吸引了外来移民的入驻，他们通过开办民宿、旅游企业、文化公司等微型企业的形式从乡村获得经济收益，该类微型企业是乡村基础设施的重要补充（Qu and Cheer，2021），能够加快乡村创新进程（Ji and Imai，2022），对乡村振兴的可持续发展起到重要推动作用（Qu and Zollet，2023a）。

（三）新内生过程：政府、新内生中介与乡村的融合

在设计赋能中，政府、设计师和乡村的三方融合至关重要，这种融合不仅促进了乡村文化的复兴，还带动了乡村经济的多元化发展。政府在这一过程中扮演着引领者和支持者的角色，通过制定政策、提供资金和资源（尧优生等，2023），为设计赋能创造良好的外部环境。政府的支持和引导，使得设计师深入乡村，与村民建立联系，共同挖掘、活化乡村文化（邓力文等，2021）。设计师则以其独特的视角和创意，为乡村注入新的活力。他们通过艺术创作，将乡村的自然风光、民俗风情等转化为独特的文化符号，提升乡村的文化品位和吸引力。同时，设计师还通过举办艺术展览、文化讲座和村民培训等活动（丛志强和张振馨，2022），拉近了与村民的距离，促进了乡村文化的传承与发展。乡村是三方融合的基础，其独特的自然资源和人文环境为设计赋能提供丰富的素材和灵感，村民的积极参与更使得设计赋能具有深厚的群众基础和持久的生命力。

二、社会创新理论在设计赋能中的应用

实现创新与实践的统一，是设计赋能乡村振兴的关键所在。设计赋能旨在通过艺术和设计的手段，提升村民的生活质量和社会福祉。

在这一过程中，社会创新的理念和方法被广泛应用于实践之中。设计师、艺术家与村民紧密合作，共同探索适合乡村特点的创新模式。他们不仅关注乡村环境的改善，更注重挖掘和传承乡村的文化价值，并通过设计创新将传统文化与现代生活相结合。在实践中，设计赋能项目不断试验和改进，形成了许多具有示范意义的成功案例。这些案例不仅改善了乡村的物质环境，更在精神层面激发了村民的归属感和自豪感。随着设计赋能实践的深入推进，当地的创新生态系统逐渐形成（Li et al.，2019；Qu and Zollet，2023a），包括创意产业、乡村旅游、特色农产品等多个领域都得到了快速发展。这一过程中，村民不仅是受益者，更是创新的主体，他们通过参与设计赋能实践，不断提升自身的创新能力和综合素质，为乡村的可持续发展注入了新的活力。

在内生发展型乡村中，葛家村设计团队作为外来中介力量，充分整合了乡村外部的政府资源、社会组织资源，以村民为中心打造激发村民内生动力的文化创新模式，实现这种创新模式所采用的方式是参与式设计（徐聪，2021）。在文化活化型乡村中，设计师同样是外来中介力量，他们以本地文化资源为中心，挖掘、活化和使用文化资源，推动文旅产业高效发展，逐渐形成以文旅为核心的乡村商业创新模式，"文化定桩"式设计则是设计师所采用的核心方法。在生态宜居型乡村中，横坑村艺术家充分利用和发挥社会力量（比如广泛的社会网络关系）的资源杠杆功能，为当地带来实体资源和财务资源（刘志阳等，2018），并在发展中时刻关注艺术给乡村带来的影响（比如环境保护、文化表达和村民富有），并通过责任式设计方式形成了以打造艺术节为标识的负责任式创新模式。在产业助推型乡村中，塔后村的村干部通过音乐节等形式整合多种要素资源（周直和臧雷振，2009），发挥了村党支部的公共服务功能，创新性地推出了乡村音乐节，用公共服务保障、音乐节拉动当地产业发展，秉承设计思维的村干部采用服务设计方式，形成了乡村独特的公共服务创新模式。

三、基于新内生发展和社会创新理论的设计赋能理论路径

基于新内生发展和社会创新理论，设计赋能包含引导村民参与、获得安全感、重塑乡村文化、开发乡村产业、改造基础设施和打造宜居环境等六个设计行为，它们与村民幸福感密切相关。采用组态理论构建模型，揭示这些设计行为间的相互依赖关系及其对村民幸福感的贡献。使用 fsQCA 计算后，得出四类设计赋能的乡村类型：S1 是内生动力型乡村，其核心条件为高效引导村民参与、高效获得安全感、高效开发乡村产业和高效改造基础设施。S2 是文化活化型乡村，分 S2a、S2b、S2c 三个组态，其核心条件为高效引导村民参与、高效重塑乡村文化和高效开发乡村产业；边缘条件分别为高效获得安全感、高效改造基础设施和高效打造宜居环境，三者存在替代效应。S3 是生态宜居型乡村，分 S3a、S3b 两个组态，核心条件为高效引导村民参与、高效改造基础设施和高效打造宜居环境；边缘条件分别为高效获得安全感和高效重塑乡村文化，两者存在替代效应。S4 是产业助推型乡村，分 S4a、S4b 两个组态，它们的核心条件不一致，S4a 以高效获得安全感、高效重塑乡村文化、高效开发乡村产业和高效改造基础设施为核心条件，没有任何条件变量是边缘条件，也没有任何条件变量缺失；S4b 以高效获得安全感、高效开发乡村产业和高效打造宜居环境为核心，边缘条件为低效重塑乡村文化和低效改造基础设施，引导村民参与均未出现在两个组态中。

内生动力型乡村强调通过设计赋能来增强乡村社区凝聚力进而培育乡村内生发展动力（吴一凡和黄丽坤，2022），实现乡村可持续发展。设计赋能通过引导村民参与、获得安全感、开发乡村产业和改造基础设施，满足村民物质与精神需求，提升幸福感。关键在于高效引导村民参与和激发内生动力。文化活化型乡村注重乡村文化的挖掘、转化与传承，通过设计赋能提升村民文化自信，营造乡村文化空间

（刘东峰，2023）。高效重塑乡村文化、引导村民参与和开发乡村产业是核心条件，同时需要关注安全感、基础设施和生态宜居等条件建设。文化活化与产业发展相辅相成（陆梓欣和齐骥，2022），共同推动乡村发展。生态宜居型乡村关注生态环境改善、特色风貌保留和社会关系建构，设计赋能在乡村规划、人居环境等方面发挥重要作用。高效打造宜居环境、引导村民参与和改造基础设施是提升村民幸福感的关键。生态环境改善是基础（赵斌和俞梅芳，2023），村民参与和社会关系建构同样重要。产业助推型乡村将产业兴旺放在首位，产业兴旺是乡村繁荣的基础和保障（宫同伟和周梅婷，2019）。通过设计赋能提升乡村产业价值，包括农业、制造业和服务业。高效开发乡村产业是核心，同时需要关注公共安全、基础设施和乡村文化氛围等条件。存在两条路径实现产业助推：一是综合考虑产业、安全、基础设施和文化；二是在文化和基础设施建设不足时，重视乡村的产业、公共安全和生态宜居。

第二节 设计赋能的多主体互动机制

五重螺旋模型是在"三重螺旋"（政府—大学—企业）和"四重螺旋"（大学—产业—政府—公众）模型的基础上发展而来的，它在四重螺旋基础上加入自然环境（Carayannis and Campbell，2011）对知识生产和创新的作用。五重螺旋模型的五个子系统分别是：政治子系统、教育子系统、经济子系统、公众子系统和自然环境子系统。政治子系统关注政治与法律资本，为创新活动提供法律政策支持，并实施监管引导。教育子系统聚焦于人力资本，大学等教育机构培养创新人才，推动知识创新。经济子系统则注重经济资本，企业通过研发投资、新技术应用等驱动经济增长。公众子系统基于媒介与文化，涵盖信息资本与社会资本，通过信息传播、价值观塑造及政策影响推动创新。自然环境子系统关注自然资本，为创新提供物质基础，并强调可持续性及环境影响（武学超，2015；张海峰，2019）。在五重螺旋模型中，五个子系统之间通过复杂的相互作用和协同创新来推动知识生产和创新。这种协同创新体现在多个方面，包括知识创造、传播和使用的创新网络、知识集群的形成，以及人力资本、知识资本、社会资本和金融资本等要素的整合（武学超，2015）。

设计赋能是一个复杂的社会文化现象，它涉及多元主体的参与和互动（邓小南等，2016；张海彬等，2022；渠岩，2024）。只有通过各主体的有效合作和协调，才能实现乡村文化的振兴和乡村经济的发展。这需要政府的政策引导、设计师的创新引领、社会机构的积极参与、村民的广泛参与（马黎和董筱丹，2024；张海彬等，2022），以及其他社会组织的倾力相助。通过这些主体的共同努力，设计赋能整合利用了乡村自然资源（尧优生等，2023），为乡村振兴提供了新的动力和方向。本书采用五重螺旋模型分析设计赋能给乡村带来的深刻变化，根据模型中的五个创新主体，本书的分析聚焦到政府、乡村企业、设计师、本地村民和乡村资源的角色和互动机制上。

一、参与主体角色

（一）政府

政府是政治子系统的重要体现者。首先，政府是设计赋能的组织者和协调者。乡村振兴是各级政府的职责，而设计赋能作为乡村建设的一个重要方面，政府在其中发挥着不可替代的作用。政府需要组织和协调各方力量，包括社会资金、艺术实践者、设计师等，共同参与到设计赋能中来。通过政府的组织和协调，可以形成政府、社会、村民多方参与的格局，推动设计赋能的顺利开展。其次，政府是设计赋能的主要资助者和支持者。设计赋能需要大量的资金投入，而政府可以通过直接的资助和支持（马黎和董筱丹，2024），为设计赋能提供必要的资金保障。这种资助和支持不仅有助于设计赋能的顺利推进，还可以引导更多的社会资金投入到乡村建设中来，形成多主体参与、多渠道融资的良好局面。此外，政府在设计赋能中还需要发挥监管和引导作用。政府需要制定相关的政策和规范，对设计赋能的过程和成果进行监管和评估，确保设计赋能符合乡村发展的实际需要和长远规划。同时，政府还需要通过政策引导和激励，鼓励更多的艺术实践者和设计师走进乡村、融入乡村，为乡村的艺术发展和文化传承贡献力量。

（二）设计师

设计师大多来自高校，他们是高校的典型代表。设计师是设计赋能的核心力量，他们通过自己的专业技能和创新思维，为乡村带来新的文化元素和审美观念。艺术家是设计赋能的文化引领者，设计师作为文化的承载者和传播者，通过艺术的形式将乡村的传统文化与现代审美相结合，引领乡村文化的复兴和发展（尧优生等，2023）。他们通过挖掘乡村的历史底蕴和文化特色，将艺术元素融入乡村建设中，使乡村焕发新的文化活力。设计师在设计赋能中通过创作具有地方特色的艺术作品，传承和弘扬乡村优秀传统文化。他们不仅关注乡村的艺术创作，还积极参与乡村的社会治理和文化活动，为乡村发展注入新的动力。其次，设计师是乡村社会介入者（尧优生等，2023），设计师以个体的身份进入乡村，通过艺术手段介入乡村社会，推动乡村社会的变革和进步，设计师通过艺术活动吸引社会各界的关注和参与，为乡村建设筹集资金和资源。他们还通过组织艺术展览、演出等活动，动员村民积极参与乡村建设，增强村民的归属感和凝聚力。设计师还是艺术教育者，设计师在乡村中开展艺术教育，提升村民的艺术素养和审美能力。他们通过教授村民绘画、雕塑等艺术技能，激发村民对艺术的热爱和追求，培养乡村的艺术氛围。设计师的艺术作品往往能够触动人的心灵，为村民提供精神慰藉和情感共鸣。在设计赋能中，设计师的作品成为村民表达情感、寄托希望的重要载体。

（三）乡村企业

在设计赋能乡村振兴的语境中，乡村企业是经济子系统的重要组成部分。乡村企业在乡村复兴过程中扮演着重要角色，并发挥着多重作用。它们不仅连接了乡村与艺术项目，还推动了经济多元化与社区发展，增强了乡村韧性（Li et al.，2019），并促进了艺术与文化传承。同时，乡村企业还创造了经济与社会效益，并展现出了强大的适应能力和创新精神（Bosworth，2008）。首先是连接乡村与艺术项目。乡村企业，特别是旅游类的微型企业，不仅为游客提供了服务和产品，还促进了乡村与艺术项目之间的互动与合作。它们经常举办各种活动，如艺术节庆活动、艺术展览等（Qu and Zollet，2023a），吸引了游客和当地居民的参与，从而增强了村民的凝聚力和归属感。其次是推动乡村经济多元化发展。通过引入创意和艺术元素，它们不仅提供了就业机会，还促进了当地产品销量和服务水平的提升，从而增强了乡村的整体经济实力。乡村企业在创造经济效益的同时，也带来了显著的社会效益。它们为当地居民提供了就业机会和收入来源，提高了居民的生活水平。同时，这些企业还通过参与社区公益活动、支持教育事业等方式，为社区的整体发展做出了贡献。最后是增强乡村韧性。乡村企业在面对外部冲击时，能够通过灵活调整经营策略和业务模式来增强乡村的韧性，这种韧性体现在乡村对经济波动的适应能力、对新兴市场的快速反应能力以及对社会变革的接纳能力上（Li，2023）。面对外部环境的变化和挑战，乡村企业展现出了强大的适应能力和创新精神，它们通过不断引入新技术、开发新产品、拓展新市场等方式来应对外部变化，从而保持了企业的竞争力和活力。

（四）本地村民

村民代表五重螺旋模型中的乡村公众，当然，乡村公众中还有村干

部、各类社会组织等主体。鉴于研究的需要，此处重点谈论村民。村民
在设计赋能中扮演着至关重要的角色，并发挥着不可替代的作用。他们
不仅是设计赋能的内生动力源泉和主体性地位的体现者，还是乡村文化
的创造者（刘东峰，2023）。因此，在设计赋能过程中，应充分尊重村
民的主体地位和意愿，激发他们的积极性和创造力（段胜峰等，2024），
共同推动乡村的全面振兴。首先，村民是设计赋能的内生动力源泉（吴
志宏等，2017；马黎和董筱丹，2024）。村民是设计赋能的天然内生动
力，他们的参与和支持是设计赋能成功的关键（丛志强和张振馨，
2022）。村民对乡村有着强烈的归属感，他们希望乡村能够变得更加美
好，这种愿望成为设计赋能的重要推动力。其次，村民是设计赋能的主
体性地位体现者。在设计赋能中，村民的主体性地位不断被强化。他们
不仅是乡村建设的参与者，更是乡村文化传承、乡村治理能力提升、乡
村经济发展和乡村凝聚力增强的推动者（文军和陈雪婧，2024；张海彬
等，2022）。最后，村民是乡村文化创造者。村民的生活方式、风俗习
惯、传统技艺等都是乡村文化的重要组成部分。村民的参与有助于保护
和传承乡村文化，防止文化流失和同质化（刘东峰，2023）。通过设计
赋能，村民可以将自己掌握的传统技艺与现代艺术相结合，创造出具有
地方特色的文化艺术作品。

（五）乡村资源

乡村资源包括自然资源、人文资源和社会资源等多个方面（张文明
和章志敏，2018；袁宇阳和张文明，2020），对应着五重螺旋模型中的
自然环境子系统。这些资源为设计赋能提供了丰富的素材和灵感来源。
自然资源包括乡村的山水田园等自然景观，是设计赋能的重要依托。设
计师可以通过对这些自然景观的描绘和诠释，展现乡村的独特魅力，吸
引游客和投资者的目光。人文资源是指乡村的历史文化、民俗传统、手
工艺等资源（袁宇阳和张文明，2020），是设计赋能的灵魂。通过挖掘
和传承这些人文资源，可以打造具有地方特色的文化品牌，提升乡村的

文化软实力。社会资源包括乡村的人力资源、社会关系网络等（袁宇阳和张文明，2020），是设计赋能不可或缺的一部分。通过动员和组织村民参与设计运动，可以激发村民的积极性和创造力，促进乡村社会的和谐与发展。在设计赋能中，有效的资源动员策略是推动项目成功的关键（马黎和董筱丹，2024）。首先是挖掘和整合乡村资源。设计赋能项目需要对乡村资源进行深入挖掘和细致梳理，明确资源的优势和潜力，在此基础上，通过整合各种资源，形成优势互补、协同发展的格局。其次是通过创意和创新将这些资源转化为具有市场竞争力的产品和服务，这包括开发乡村旅游产品、打造文化创意产品等，以满足游客和市场的需求。

二、主体间的互动机制

五重螺旋模型在评价创新生态活动的效能、创新参与者之间的协同互动方面提供了崭新的视角。在设计赋能乡村振兴中，多元主体之间的互动促使设计赋能产生强大效能。在对四个村落的案例分析中，我们发现不同村落的参与主体之间存在不同的互动机制，但却导致了同样的创新效果（表8-2）。

表8-2 乡村设计赋能主体间互动机制

	内生发展型（葛家村）	文化活化型（沙滩村）	生态宜居型（横坑村）	产业助推型（塔后村）
参与式决策	设计团队、村干部与村民	设计团队、村干部与村民	政府与设计师	村干部与村民
价值共创	设计团队驻村、村民共建、文化挖掘与活化、业态融合与创新、数字化平台建设	文化挖掘与设施改造、发展多元业态、文旅融合发展、社区参与和共享、数字化提升	艺术家入驻、文化挖掘与活化、文旅融合发展、基础设施改善、文化特派员制度	音乐节IP打造、文艺活动举办、艺术与乡村结合、艺术教育与培训、文化基础设施建设、民宿和康养产业发展

（续）

	内生发展型 （葛家村）	文化活化型 （沙滩村）	生态宜居型 （横坑村）	产业助推型 （塔后村）
利益共享	设计团队获得社会认可、实现成果推广；村干部履行职责、获得经济收益、声誉提升；村民获得经济收益、文化自信提升	设计团队理念推广、获得社会认可；村干部履行职责、获得经济收益、声誉提升；村民获得经济收益、文化自信提升	政府获得政治收益和社会收益；设计师理念推广、获得社会认可	村干部实现理想抱负、履行责任、获得经济收益；村民获得经济收益、提高艺术素养

（一）参与式决策

设计赋能的参与式决策发生在政府、设计师、村干部和村民之间，他们分别对应到五重螺旋模型中的政府、设计师和本地村民三个创新主体，而决策的依据和基础则是乡村资源，包括社会资源、人力资源和自然资源等。乡村企业作为乡村的经济和知识资本，在参与式决策中发挥的作用不大。

在内生发展型和文化活化型乡村中，决策参与主体是设计师、村干部和村民，决策的引领者是设计师。设计师在设计赋能中发挥着至关重要的作用，他们通过艺术形式介入乡村建设，成为乡村建设的规划者和实施者之一。设计师往往以美术馆知识系统为主导，将艺术展览模式和文化公共场所移植到乡村，以文化生产的方式引导乡村价值的再发掘，进而促进乡村文化建设，也在一定程度上激发了村民的热情。比如葛家村的设计团队引导村民开发美术馆（丛志强和段红姣，2019），沙滩村改造村民文化礼堂，创建同济-黄岩乡村振兴学院（杨贵庆等，2022）。这类文化场所的改造不仅增强了村民的艺术创造能力，也提高了村民的艺术欣赏水平，更加增强了村民的文化自信。村干部在此过程中是重要的组织者，他们负责协调各方资源，确保项目的顺利推进。村民通过参与规划讨论，提出自己的意见和建议，确保乡村建设符合他们的实际需求和生活习惯，他们也通过投工投劳的方式参与乡村建设，既降低了建设成本，又增强了他们的归属感和责任感。村民还对乡村建设项目进行监督和管护，确保项目的质量和效果得到长期保障。设计师还深入挖掘乡村资源中的文化价值，并借助现代互联网技术进行开发利用，促使乡村文化进入现代文明的视域中，比如葛家村设计团队利用"艺起富"平台（陈金莲，2022）策划村民手工艺品制作、文创作品销售、即食餐饮经营等，实现村民家门口创业就业。

在生态宜居型乡村中，设计赋能的决策参与主体是当地政府与外来设计师（艺术家）。政府的参与作用首先是利用政策引导与支持推进项目开展。政府制定了相关政策和规划，为设计赋能提供了良好的政策环境和法律保障，吸引设计师入驻乡村。政府通过出资支持、项目审批等方式，为设计赋能项目提供必要的经济保障和资源配置。其次是政府要组织与管理。政府建立了相应的部门机构，负责统筹协调设计赋能的各项工作。政府加强了与设计师、村民及相关部门的沟通和合作，形成了合力，共同推动设计赋能事业健康发展。比如，案例中的横坑村所处的松阳县启动"艺术家入驻乡村行动"，专门出台《艺术家工作室管理办法》和《艺术家工作室项目资金使用办法》（阮春生，2024）。设计师入村后，结合乡村特色和文化底蕴，创作出了一系列具有艺术价值和乡土气息的作品，在乡村建立美术馆、艺术工坊等场所，通过举办讲座、培训班等方式，为村民提供了欣赏艺术、学习艺术的机会。不仅实现了传统文化的传承，而且增强了村民的文化自信，提高了村民的艺术素养和审美能力。不可否认，在只有政府和设计师参与主导的设计赋能实践中，设计师可能以"文化救世主"的姿态进入乡村，忽视或曲解当地文化（张璜等，2023），导致原有文化生态的破坏。这种单向的文化输出可能造成当地居民的边缘化，加深文化鸿沟。因此，如何规避此类现象，也成为今后研究的重点。

在产业助推型乡村中，村干部是设计赋能的重要组织者。在塔后村案例中，村干部虽然不是设计师，也不是艺术家，但他却秉承了设计思维，利用社会设计的手段实施乡村设计赋能，这是典型的乡村能人以设计思维来推动的乡村振兴实践。村干部通过召开村民大会、村级议事会等方式（望超凡，2022），与村民充分沟通和协商，促进决策的透明化和民主化；村干部在规划阶段就积极参与，确保乡村建设符合当地实际，同时尊重村民的意愿和需求。村干部有在外创业的经历，积累了亲密的合作关系，负责动员和利用乡村内外的资源，包括资金、人才、技术等，为设计赋能提供了有力支持。村干部利用自己的社会关系网络吸引能人和政府投资。首先，在村干部领导下建立能人联络机制（徐学庆，2022），通过节日聚会、文化活动等方式加强乡情联系，激发能人对家乡发展的责任感。其次，制定优惠政策，如税收减免、土地使用优惠等，吸引能人返乡投资。同时，主动与政府部门沟通，争取政策扶持和资金支持，展示乡村发展潜力和规划愿景。此外，可通过能人影响力争取企业和社会投资，共同参与乡村建设。通过多渠道合作，形成政府、能人和社会力量共同参与的乡村发展格局。

（二）价值共创

在设计赋能实践过程中，政府、设计师、村干部、村民和其他社会组织等主体通过合作共创的方式，共同推动项目的顺利开展（张璜等，2023）。政府提供政策支持，设计师提供艺术创意和技术支持，村干部提供协商与领导资源，村民提供乡土资源和文化资源，社会组织提供资金和管理支持。各主体之间的合作共创，使设计赋能项目更加丰富多彩和具有创新性。

1. 葛家村的价值共创。设计师驻村行动：葛家村通过引进艺术家团队激发村民的内生动力，如中国人民大学艺术学院设计团队带队深入村民生活，引导村民参与艺术创作（丛志强和张振馨，2020）。设计师与村民共同参与设计和改造，让村民在艺术创作中提升自我价值和技能。村民共建：村民在设计师的指导下，利用本地材料和资源，如竹子、石子、稻草等，进行艺术创作和村庄美化（丛志强和张振馨，2022）。这种就地取材的方式不仅降低了成本，也提高了村民的参与度和归属感。文化挖掘与活化：葛家村拥有丰富的文化资源，如葛家祠堂、九宫广场等，通过挖掘和活化这些文化资源，结合艺术创作，葛家村成功地将文化优势转化为经济价值。业态融合与创新：葛家村通过设计赋能，发展了多元化的业态，如农家乐、文创产品、乡村旅游等，这些业态不仅为村民提供了新的收入来源，也吸引了大量游客，促进了当地经济的发展。数字化平台建设：葛家村打造了"艺起富"乡村数字赋能平台（陈金莲，2022），通过数字化手段整合资源，提高了信息透明度，拓宽了获客渠道，从而推动了乡村文旅产业的发展。

2. 沙滩村的价值共创。 文化挖掘与设施改造：沙滩村依托其丰富的历史文化资源，如太尉殿、柔川书院等，进行文化的挖掘和活化。同时，对旧建筑进行改造，如废弃粮站变身为民宿，兽医站成为游客服务中心，老书吧改造为望川书房（颜彤，2023b），这些改造既保留了村庄的传统特色，又赋予了新的功能。发展多元业态：沙滩村通过引入商户和创新业态，如民宿、农家乐、文创产品等，吸引了大量游客，促进了当地经济的发展。例如，沙滩村的馒头店通过线上订单和游客带货，实现了销量的大幅增长。文旅融合发展：沙滩村通过举办各种文化节庆活动，如柔川旅游文化节，提高了村庄的知名度和吸引力，实现了文化和旅游的融合发展。社区参与和共享：沙滩村鼓励村民参与到村庄的改造和经营中来，通过共享老街计划吸引新兴商户入驻，使得村民成为乡村振兴的受益者和参与者（颜彤，2023a）。数字化提升：沙滩村还计划建设创新创意中心、数字实验中心等项目，推动乡村数字化提升，为未来发展打下基础。

3. 横坑村的价值共创。 艺术家入驻：松阳县实施了"艺术家入驻乡村计划"（焦雯，2022），引进了知名艺术家团队，推进了各类艺术公共空间的建设，如玖层美术馆，为乡村注入了新的文化基因（付名煜等，2023）。文化挖掘与活化：艺术家们深度挖掘本土竹文化，探索自然万物的可塑性，创造出艺术作品，使横坑村被艺术氛围包裹，增添了现代气息。文旅融合发展：横坑村通过举办艺术展陈活动和古村落写生采风等活动，形成了"月月有展览，天天有艺术家"的模式，吸引了大量游客和艺术爱好者，促进了文旅融合发展。基础设施改善：横坑村通过改善交通基础条件，优化了传统村落旅游线路，使得村庄面貌焕然一新，为乡村全面振兴打下了基础。文化特派员制度：丽水市出台了文化特派员制度（林坤伟和郑清，2024），外出的能人以文化特派员的身份回到家乡，发挥文学艺术资源优势，从文化品牌打造、资源挖掘等方面入手开展文化建设工作，为乡村振兴注入了新的活力。

4. 塔后村的价值共创。音乐节 IP 打造：塔后村通过打造音乐节 IP（李平等，2023），助力乡村振兴，构建特色鲜明的"人文乡村"，吸引了大量游客和年轻人，使得小山村"出圈"引流。文艺活动举办：村内举办各种文艺活动，如音乐会、艺术展览等，提升了村民的文化素养和艺术技能，同时吸引了游客，增加了旅游收入。艺术与乡村结合：塔后村以农田、民宿、山水、文化礼堂等乡村场景为舞台，融入书法、绘画、摄影等艺术形式，让艺术与乡村生活紧密结合，创造出独特的乡村艺术体验。艺术教育与培训：村内开展艺术教育和培训，提高村民的艺术技能，同时也为村民提供了新的就业机会（庞锦焕，2024）。文化基础设施建设：塔后村推进"大地艺术"装置项目，提升文化基础设施水平，为艺术活动提供了更好的硬件支持（叶高峰，2024）。民宿和康养产业发展：塔后村发展民宿和康养产业，结合艺术活动（张怡，2023；诸葛晨晨，2021）提供多元化的文旅体验，增加了村民收入。

（三）利益共享

在设计赋能实践的成果分享机制中，各参与主体之间利益共享模式的建构，推动着多方共赢的良性循环。政府作为推动设计赋能项目的关键力量，不仅通过政策引导与资源调配，促进乡村的全面发展，还在此过程中收获了显著的政治效益与社会效益，进一步巩固了其在乡村治理中的主导地位，并提升了公信力。设计师、艺术家作为创意与美学的提供者，通过创作富有地域特色与文化内涵的艺术作品，不仅实现了个人艺术成就的提升，还赢得了广泛的社会认可与尊重。村干部作为连接政府与村民的桥梁，积极履行责任，不仅推动着设计赋能项目的落地实施，实现经济收益增长，还通过项目的成功实施提升了个人声誉与影响力。特别是在塔后村，村干部怀着深厚的乡土情怀，将设计赋能项目视为实现个人理想抱负的重要途径。村民作为设计赋能现象的直接受益者，通过参与项目的规划与实施，不仅获得了实实在在的经济收益，还通过文化的传承与创新，实现了个人文化素养与审美能力的提升。此外，其他社会组织通过参与设计赋能实践，不仅为乡村发展贡献了力量，还借此机会提升了自身的社会声誉与品牌价值，实现了社会效益与经济效益的双重丰收。

第三节　理论贡献与未来方向

一、理论贡献

（一）跨学科融合的设计赋能理论与路径

新内生发展理论为乡村设计赋能提供了内外结合、资源融通的发展模式；社会创新理论则强调通过创新手段解决社会问题，增强乡村发展韧性；社会设计思想则要求设计服务于社会整体福祉提升，推动社会和生态变革。这三大理论支柱相互支撑、相互补充，共同构成了乡村设计赋能的理论基础。在实践层面，它们指导设计师、艺术家与村民紧密合作，共同探索适合乡村特点的发展路径，推动乡村振兴的可持续发展。新内生发展理论强调乡村应依托内部资源和力量，同时合理利用外部资源，实现内外资源的良性互动。这一理论要求设计师深入挖掘乡村的文化遗产、自然资源和社会资本，通过设计激活乡村的内生发展活力，提升自我造血能力和可持续发展水平。在实践中，设计师、艺术家等作为新内生中介，成为连接乡村内外资源的桥梁，促进乡村内部资源的激活与整合，共同探索符合乡村实际的发展路径。社会创新理论则聚焦于通过创新手段解决社会问题，创造社会价值。在设计赋能中，社会创新理论指引我们借助设计的力量，介入乡村社会关系的重构，打造全新的社会互动模式，增强乡村社会的凝聚力和发展韧性。在这一过程中，创新不仅局限于技术和产品层面的创新，更需要社会关系的深刻变革，包括新型组织架构、服务模式和文化形态的涌现。村民作为创新的主体，通过参与设计赋能实践，不断提升自身的创新能力和综合素质，为乡村的可持续发展注入新活力。社会设计思想进一步强调设计应服务于社会的整体福祉提升，推动社会和生态的双重变革。它要求设计师承担起社会责任，发挥设计在解决复杂社会问题中的独特作用。在设计赋能实践中，社会设计思想坚持以用户为中心的设计理念，密切关注村民的实际需求和参与度，通过艺术和设计的巧妙融合，提升村民的生活质量和社会福祉水平。这一思想鼓励设计师与村民紧密合作，共同探索适合乡村特点的创新模式，挖掘和传承乡村的文化价值，实现传统文化与现代生活的结合。

在新内生发展理论和社会创新理论基础上，乡村设计赋能会导致四类乡村的产生，分别是：内生动力型乡村、文化活化型乡村、生态宜居型乡村和产业助推型乡村。内生动力型乡村核心在于高效引导村民参与、获得安全感、开发乡村产业及改造基础设施。通过设计赋能，增强乡村社区凝聚力、培育内生发展动力、满足村民物质与精神需求，实现持续发展。该类乡村的关键在于村民的积极参与和内生动力的激发。文化活化型乡村注重乡村文化的挖掘、转化与传承。高效重塑乡村文化、高效引导村民参与和高效开发乡村产业是核心条件，同时，需关注安全感的提升以及基础设施和生态宜居环境的建设。文化活化与产业发展相辅相成，共同推动乡村发展，提升村民文化自信。生态宜居型乡村关注生态环境改善、特色风貌保留和社会关系建构。高效打造宜居环境、引导村民参与和改造基础设施是提升村民幸福感的关键，生态宜居是基础，村民参与和社会关系建构同样重要，共同营造宜居宜业的乡村环境。产业助推型乡村将产业兴旺放在首位，通过设计赋能提升乡村产业价值。高效开发乡村产业是核心，同时需关注公共安全、基础设施和乡村文化氛围。该类乡村存在两条路径：一是综合考虑产业、安全、基础设施和文化；二是在文化发展和基础设施不足时，重视产业、公共安全和生态宜居，也能提升村民幸福感，实现乡村繁荣。

（二）设计赋能的多元主体参与与互动机制

在艺术乡建背景下，通过五重螺旋模型全面解析设计赋能中政府、设计师、乡村企业、本地村民和乡村资源等主体的角色与互动，揭示出设计赋能推动乡村振兴的内在逻辑和机制。这一理论框架不仅深化了对设计赋能乡村振兴的理解，也为未来乡村振兴的实践提供了理论指导和策略建议。首先，政府作为政治子系统的核心，扮演着组织者、资助者和监管者多重角色，通过政策引导、资金支持与规范制定，推动设计赋能的顺利实施。其次，设计师作为文化引领者和社会介入者，不仅将现代审美与乡村优秀传统文化融合，还通过艺术教育提升村民艺术素养，成为乡村振兴的重要驱动力。再次，乡村企业作为经济子系统的关键要素，通过连接艺术项目、推动经济多元化和社区发展，增强了乡村的韧性和活力。本地村民作为乡村社会的主体，不仅是设计赋能的内生动力源泉，还是乡村文化传承与创新的主体，其参与和创造力是设计赋能成功的关键。最后，乡村资源作为设计赋能的物质基础，包括自然资源、人文资源和社会资源，通过挖掘整合与创意转化，为乡村振兴提供了丰富的素材和灵感来源。

设计赋能的多元主体间互动机制则归纳为：参与式决策、价值共创和利益共享。首先，参与式决策强调政府、设计师、村干部和村民等多方主体在乡村建设中的协同作用，通过艺术形式介入和文化价值的挖掘，促进乡村文化建设，实现了决策的民主化和透明化。其次，价值共创揭示了各主体在设计赋能项目中的合作方式，通过资源共享和优势互补，共同推动设计赋能实践的顺利开展，丰富了乡村建设的内涵和形式。最后，利益共享机制确保了各参与主体在设计赋能实践中的共赢，通过合理的利益分配，实现了经济效益、社会效益和文化效益的全面提升。

二、未来方向

设计赋能融合了设计学、社会经济学和公共管理学的学科知识，从不同学科视角会产生不同的研究方向。在设计学领域，我国学者吕品晶（2023）从五个方面来建构"乡村艺术设计学"的中国理论体系，分别是：乡村设计教育方向，从艺术设计教育的角度介入乡村教育，探索艺术设计如何介入并解决乡村教育中的迫切难题，反思乡村教育的本质，尝试以乡村视角为导向的艺术设计特色教育模式；乡村设计环境方向，需综合考虑乡村景观风貌的营造以及物质性空间的存续、保护与修复，这包括乡村生态关系的适应性修复、生产关系结构的支撑以及乡土社会的激活与再生；乡村设计造物方向，将乡村生产生活中的物品系统视为整体研究对象，涵盖建筑、工具、服饰、用具等，通过艺术设计的介入，梳理乡村物品系统及工匠传统，构建符合可持续发展理念与高品质生活需求的乡村造物设计原则与标准；乡村设计媒介方向，关注乡村形象与媒介能力在信息时代的发展，利用艺术设计塑造乡村的视觉图像、文字符号及色彩纹样，提升乡村媒介的批判性并推动其改进，以促进城乡协调、内外联动、经贸交流与文化交融；乡村设计事件方向，聚焦于乡村生产生活中的日常活动及节庆文体活动，探索艺术设计在激活与构建乡村情感、文化与文明共同体中的作用，挖掘、传承并创新乡村活动，推动乡风文明建设与乡村社会治理。吕品晶团队从艺术设计学的视角出发，为乡村设计赋能提供了富有启示性的方向。

从社会经济学视角来看，未来乡村设计赋能的研究方向可以归纳为三个方面：第一，设计赋能的经济效应与社会影响力评估。乡村设计赋能的核心旨趣在于催化乡村经济的多元化转型。此过程不仅涵盖了文化产业与旅游业的蓬勃发展，还触及农产品附加值的提升、农业产业链条的延伸，以及绿色能源与环保产业的培育。通过量化分析，可评估设计赋能对当地居民收入、就业机会及生活质量的实际改善情况，具体表现为农民收入的增加、农村文化影响力的提升以及基础设施的显著改善。此外，设计赋能的长远社会效应亦不容忽视，它可通过乡村旅游、研学旅行、康养项目等多元化发展路径，强化乡村审美价值，丰富农民精神文化生活，进而重塑乡村社会结构与人际关系，促进文化传承与更新。第二，乡村设计赋能的高效协调机制。一个高效的设计赋能协调机制用以平衡政府、企业、农民等多元主体的利益诉求，是确保项目顺利实施的关键。这要求通过政策引导、市场机制运作及科学规划的综合作用，促进资源要素向乡村有序流动，激发农业农村发展新活力。设计师在此过程中扮演着至关重要的"桥梁"角色，需深入乡村一线，与县域、乡域、村域紧密对接，精准把握需求，将实际问题转化为研究课题，引入教育体系与科研实践，实现智力资源与乡村发展的深度融合，促进共赢共创局面的形成，这一路径和机制值得深入探讨。第三，乡村设计赋能可持续发展的制度保障。设计赋能面临资金短缺、人才缺乏、文化传承断层、发展动能不足等多重挑战，持续推进设计赋能需依托创新机制与政策支撑体系，如拓宽投融资渠道、加大政策宣传力度、强化知识产权保护等制度保障。同时，设计赋能必须在保护乡村文化遗产与生态环境的基础上，追求经济效益与社会效益的双重提升。这就要思考设计赋能在农业与商贸、旅游、教育、文化、健康养生等产业的深度融合中发挥什么作用，如何发挥作用的问题。

从管理学视角审视，乡村治理的未来路径呈现出多元化趋势，本书提炼出未来可能的三个研究方向。首先，设计治理模式的深度探索成为关键议题。在新内生发展理论的指导下，设计师（艺术家）作为一股新兴的外源性力量，正逐步融入乡村发展的进程之中。他们不仅以独到的视角影响着地方政府的政策导向，更在深层次上重塑着以村干部为核心的村庄治理模式。通过引入设计思维，当地政府和村干部的治理效能得以显著提升。然而，这一现象背后的逻辑机理与运作机制尚需深入探究，以期揭示设计治理模式对乡村治理效能提升的具体路径与影响机制。其次，设计师（艺术家）下乡的动因解析与政策设计同样重要。探究设计师（艺术家）远离都市、投身乡村建设的内在与外在动因，对于理解并激发这一群体的积极性与创造力具有深远意义。政府应从政策层面出发，制定一系列科学合理的保障措施，如提供充足的资金支持、改善生活条件、构建有效的激励机制等，以切实维护下乡设计师（艺术家）的合法权益，营造有利于其长期驻扎与贡献的政策环境，此举旨在吸引并留住更多设计人才，为乡村振兴提供源源不断的发展动力。最后，设计师心理机制与行为规律的个体分析不容忽视。应深入研究设计师在实施设计赋能过程中的行为动机，探讨如何有效激励其在乡村建设中发挥更大的创造力与积极性，同时，分析设计师在设计赋能过程中的情感体验，以及这些情感体验如何影响其创作思路与决策过程，进而探讨如何增强设计师与乡村之间的情感共鸣。此外，还需关注设计师在设计赋能中的创新行为，包括设计理念、方法、技术等方面的创新，并深入分析设计师与各方利益相关者（如政府、企业、居民等）的沟通与协作方式，以期为乡村治理的多元化路径提供更为丰富的理论支撑与实践指导。

参 考 文 献

柏振平，2024. 中华优秀传统生态文化赋能和美乡村建设的语境、向度与进路 ［J］. 内蒙古社会科学，45（3），181－188.

包顺富，2023. 宋韵文化的精神内涵与时代价值：以黄岩为例 ［J］. 钱塘江文化（10）.

曹维燕，2022. 艺术赋能乡村兴　诗与远方尽春色 ［EB/OL］.（2022－09－28）https：//mp. weixin. qq. com/s/hFfWSq45x7XK639S－dwkXw.

查普夫，1998. 现代化与社会转型 ［M］. 陆宏成、陈黎，译. 北京：社会科学文献出版社.

陈金莲，2022. "艺起富"乡村数字赋能平台上线　甬凉两地 10 个艺术村抢滩入驻 ［EB/OL］.（2022－05－20）https：//zj. cnr. cn/mlnb/nbgd/20220520/t20220520_525832497. shtml.

陈劲，曲冠楠，王璐瑶，2019. 有意义的创新：源起、内涵辨析与启示 ［J］. 科学学研究，37（11），2054－2063.

陈久忍，2023. 生态环境怡人　文化气息养人 ［N］. 浙江日报-07－11.

陈凯华，薛泽华，张超，2024. 数字化背景下的社会创新：理论框架与政策启示 ［J］. 科学学研究，1－22.

陈茗瑾，陈正达，2024. 基于社区心理学的幸福社区设计研究 ［J］. 大众文艺（8），28－30.

陈庆军，袁诗群，2022. 乡村设计的内涵、特征及价值立场 ［J］. 工业工程设计，4（1），59－65.

陈秋月，2021. 浅谈乡村全域旅游背景下的乡风文明建设：以浙江省天台县塔后村为例 ［J］. 现代农业研究，27（5），25－27.

陈晓莉，吴海燕，2019. 增权赋能：乡村振兴战略中的农民主体性重塑 ［J］. 西安财经学院学报，32（6），26－33.

陈正达，黄倩，2023. 有关幸福的多维设计 ［J］. 新美术，44（5），258－263.

陈醉，2019. 一场"艺术试验"改变山村气质 ［N］. 浙江日报-12－13.

池毛毛，潘美钰，周敏，等，2024. QCA方法在国内外管理学领域的应用：演进、比较与展望［J］. 经济管理，46（1），184-208.

丛志强，段红姣，2019. 因它而美：设计激发村民内生动力的理论、流程和案例［M］. 北京：中国纺织出版社.

丛志强，黄波，段红娇，等，2022. 乡村家庭资源共享设计研究：来自浙黔两省的乡村公共文化建设实践［J］. 装饰（4），34-41.

丛志强，张振馨，2020. 赋能缺失与服务错位：乡村设计价值批评［J］. 工业工程设计，2（4），21-27，38.

丛志强，张振馨，2021. 乡村建设中的儿童娱乐设施设计：基于葛家村"树虫乐园"的设计实践［J］. 装饰（5），106-109.

丛志强，张振馨，2022. 村民培育的乡村设计方法：来自宁波市乡村振兴实践［J］. 美术观察（3），72-73.

大佳何镇，2023. 宁海这个村，创业收入近五六百万！［EB/OL］.（2023-12-01）https://mp. weixin. qq. com/s/3B3UUVNbw4qH6w6Vf_X21Q.

邓力文，张婧，谭敏洁，等，2021. 村民参与式设计在乡村人居环境提升中的应用研究：以湖北红安柏林寺村为例［J］. 中国园林，37（S1），161-165.

邓小南，渠敬东，渠岩，等，2016. 当代乡村建设中的艺术实践［J］. 学术研究（10），51-78.

董玉妹，董华，2019. 设计赋能：语境与框架［J］. 南京艺术学院学报（美术与设计）（1），174-179.

董玉妹，董华，2020. 老龄赋能、参与及社区包容性设计［J］. 设计，33（15），62-64.

董占军，2021. 艺术设计介入美丽乡村建设的原则与路径［J］. 山东师范大学学报（社会科学版），66（1），101-108.

豆书龙，朱晴和，丁大增，2024. 宜居宜业和美乡村：谁在谈？谈什么？［J］. 南京农业大学学报（社会科学版），24（2），38-50.

杜运周，贾良定，2017. 组态视角与定性比较分析（QCA）：管理学研究的一条新道路［J］. 管理世界（6），155-167.

杜运周，李佳馨，刘秋辰，等，2021. 复杂动态视角下的组态理论与QCA方法：研究进展与未来方向［J］. 管理世界，37（3），180-197，112-113.

杜运周，刘秋辰，陈凯薇，等，2022. 营商环境生态、全要素生产率与城市高质量发展的多元模式：基于复杂系统观的组态分析［J］. 管理世界，38（9），127-145.

杜运周，刘秋辰，程建青，2020. 什么样的营商环境生态产生城市高创业活跃度?：基于制度组态的分析 [J]. 管理世界，36（9），141‐155.

杜运周，孙宁，刘秋辰，2024. 运用混合方法发展和分析复杂中介模型：以营商环境促进创新活力，协同新质生产力和"就业优先"为例 [J]. 管理世界，40（6），217‐237.

段胜峰，梁若男，皮永生，2024. 农民主体参与设计的社会创新实践研究 [J]. 装饰（1），124‐126.

樊慧慧，2023. 塑形与铸魂：中国式现代化视野下乡村精神审视 [J]. 毛泽东邓小平理论研究（4），27‐33，108.

方李莉，2018. 论艺术介入美丽乡村建设：艺术人类学视角 [J]. 民族艺术（1），17‐28.

方晓风，2018. 设计介入乡村建设的伦理思考 [J]. 装饰（4），12‐15.

符兴源，杨盼，姜珊，等，2019. 不同景观设计元素及其组合对景观安全感的影响 [J]. 城市问题（9），37‐44.

付名煜，叶步芳，潘伟香，2023. 一场与艺术共舞的乡村美育 [N]. 丽水日报‐04‐06（3）.

傅才武，刘倩，2020. 农村公共文化服务供需失衡背后的体制溯源：以文化惠民工程为中心的调查 [J]. 山东大学学报（哲学社会科学版）（1），47‐59.

高良，郑雪，严标宾，2010. 幸福感的中西差异：自我建构的视角 [J]. 心理科学进展，18（7），1041‐1045.

高鸣，郑兆峰，2024. 宜居宜业和美乡村建设的理论逻辑与实践进路：基于浙江"千万工程"的经验与启示 [J]. 中州学刊（2），14‐22.

葛秋萍，李青，2022. 优化的五重螺旋促进科技成果转化的运行机理研究：基于安徽中磁高科案例 [J]. 科学管理研究，40（6），33‐41.

耿涵，2024. 设计人类学观照：社会创新设计的模式、身份与场域 [J]. 天津大学学报（社会科学版），26（5），457‐463.

耿小烬，2019. 乡村振兴战略可持续发展路径研究 [J]. 学术探索（1），41‐46.

耿言虎，2019. 村庄内生型发展与乡村产业振兴实践：以云南省芒田村茶产业发展为例 [J]. 学习与探索（1），24‐30.

耿言虎，2023. 内生型发展：乡村产业绿色转型的社会基础考察 [J]. 江苏社会科学（4），94‐103.

宫同伟，周梅婷，2019. 乡村产业兴旺因地制宜是关键 [J]. 人民论坛（28），56‐57.

巩持平，施佳丽，2023. 同济携手黄岩 十年赋能共生 [N]. 解放日报‐05‐31（9）.

顾鸿雁，2021. 人地共生：日本乡村振兴的转型与启示［M］. 上海：上海社会科学院
　　出版社.

郭寅曼，季铁，2018. 社会转型与乡村文化建设中的设计参与［J］. 装饰（4），39 - 43.

郭占锋，张森，乔鑫，2023. 参与式行动：中国乡村振兴实践的路径选择［J］. 南京农
　　业大学学报（社会科学版），23（2），24 - 32，102.

郭竹林，汪卉，马军山，2017. 基于共生理论下的乡村古建筑群有机更新与保护研究：
　　以宁海葛家村为例［J］. 山东林业科技，47（1），99 - 102，112.

韩涛，2022. 金字塔、马拉松与群岛：三种社会设计模式分析［J］. 装饰（3），12 - 20.

何佳宁，丁继军，2019. 设计师视野下的浙江艺术乡建［J］. 艺术与设计（理论），2
　　（4），31 - 33.

何人可，郭寅曼，侯谢，等，2016. 基于社区的文化创新："新通道"设计与社会创新
　　项目［J］. 公共艺术（5），14 - 21.

何宇飞，李侨明，陈安娜，等，2022. "软硬兼顾"：社会工作与社会设计学科交叉融
　　合的可能与路径［J］. 装饰（3），24 - 27.

鹤见和子，胡天民，1989. "内发型发展"的理论与实践［J］. 江苏社联通讯（3），
　　9 - 15.

侯同佳，2024. 乡村建设行动中的农民主体性参与：实践困境与优化策略［J］. 华中农
　　业大学学报（社会科学版）（5），122 - 133.

胡春华，2022. 建设宜居宜业和美乡村［N］. 人民日报- 11 - 15（6）.

胡霞，刘晓君，2022. 内生式发展理论在乡村振兴中的实践：以日本岛根县邑南町为
　　例［J］. 现代日本经济，41（1），58 - 77.

黄海清，徐丽，2023. 生态立县 20 年，宁海何以实现绿色崛起?［J］. 环境经济（13），
　　56 - 59.

黄海涛，2020. 农产品包装设计应用研究：以普安红茶为例［J］. 美术观察（10），
　　156 - 157.

黄明朗，2020. 当山村与艺术结缘［J］. 宁波通讯（5），74.

黄祖辉，2023. 突出八个"和"字，建设宜居宜业和美乡村［J］. 浙江经济（11），
　　11 - 14.

黄祖辉，李懿芸，马彦丽，2021. 论市场在乡村振兴中的地位与作用［J］. 农业经济问
　　题（10），4 - 10.

霍影，2023. 多重螺旋视域下创新生态系统研究理论进展与制度反思［J］. 科学与管
　　理，43（4），1 - 10.

纪光欣，刘小靖，2014. 社会创新国内研究述评［J］. 中国石油大学学报（社会科学版），30（6），41－46.

纪光欣，徐霞，2016. 谁是社会创新理论第一人：社会创新概念探源［J］. 创新与创业教育，7（4），1－3.

纪光欣，岳琳琳，2012. 德鲁克社会创新思想及其价值探析［J］. 外国经济与管理，34（9），1－6.

季中扬，康泽楠，2019. 主体重塑：艺术介入乡村建设的重要路径：以福建屏南县熙岭乡龙潭村为例［J］. 民族艺术研究，32（2），99－105.

贾娟，2024. 新内生理论下县域乡村公共文化服务高质量发展研究［J］. 图书馆（4），9－14.

江南，2022. 广袤田野播下文艺"种子"［N］. 人民日报-07－05（12）.

姜长云，2024. 关于农业强国建设的若干认识［J］. 中国农村经济（4），20－31.

蒋明，冯洁，徐家钏，等，2021. 天台：从"诗路文化"走向"诗路经济"［J］. 浙江经济（4），28－29.

焦雯，2022. 艺术人类学视角下的艺术乡建驱动机制及社会互动研究：以浙江松阳为例［J］. 北京：中国艺术研究院.

杰夫·摩根，Wilkie N，Tucker S，等，2006. 社会硅谷：社会创新的发生与发展［J］. 经济社会体制比较（5），1－12.

金晨，许雅文，2019. 全域秀美　生态富美　和合共美［N］. 浙江日报-11－08.

靳今，胡建强，田卫戈，2021. 艺术在乡土和雨水中生长：石节子村的一场艺术乡建［J］. 雕塑（4），50－53.

荆翡，李艳伟，2023. 艺术乡建赋能乡村旅游高质量发展的机理及路径［J］. 艺术百家，39（3），33－39.

康格，赖海榕，2000. 社会创新［J］. 马克思主义与现实（4），35－37.

可靖涵，2022. 产业兴旺的农民解读与现实困境［J］. 中国农业大学学报（社会科学版），39（4），32－52.

孔梅，2023. 乡村振兴背景下农业农村优先发展的基本逻辑、关键抓手与机制设计［J］. 贵州社会科学（5），161－168.

寇瑜笑，薛小杰，王琏，2023. 乡村振兴背景下乡村旅游景观与地域文化的融合设计［J］. 文化产业（36），118－120.

拉金，2019. 重新设计社会科学研究［M］. 杜运周，等，译. 北京：机械工业出版社.

兰翠芹，乔龙，吴中南，2022. 设计赋能乡村振兴模式研究："设计＋工业互联网模式"

为乡村振兴注入新动能 [J]. 艺术设计研究 (6)，71 - 77.

李寒阳，2023. 擦亮"宋韵黄岩"金名片 [N]. 台州日报- 05 - 22 (1).

李梅，2024. 高校艺术赋能乡村振兴的创新实践路径研究：以中国美术学院为例 [J].
公共艺术 (2)，56 - 65.

李牧，2024. 作为事件的艺术介入：艺术乡建和社会设计的实践逻辑 [J]. 民族艺术
(4)，34 - 43.

李培林，2023. 乡村振兴与中国式现代化：内生动力和路径选择 [J]. 社会学研究，38
(6)，1 - 17，226.

李平，迟诚，郑盈盈，等，2023. 一滴水折射的乡村重塑 [N]. 中国水利报- 07 - 05
(1).

李倩，2021. 乡村文化遗产与乡村振兴：基于设计视角的创新思考 [J]. 文化遗产
(4)，144 - 151.

李曙华，2006. 当代科学的规范转换：从还原论到生成整体论 [J]. 哲学研究 (11)，
89 - 94.

李卫朝，荆玉杰，2020. 松绑、赋权、引导：乡村振兴中农民主体性建设路径：杜润生
农民主体性建设思想的启示 [J]. 湖北民族大学学报 (哲学社会科学版)，38 (6)，
42 - 50.

李晓，陆健，王胜昔，等，2023. 挖掘乡村之美，为发展注入新动能 [N]. 光明日报-
02 - 20 (7).

李叶，李杰，周博，2023. 周博：实现以社会福祉为目标的价值追求是社会设计意义
价值的体现 [J]. 设计，36 (8)，83 - 85.

李正平，2020. 创意点亮乡村艺术助推振兴 [J]. 思想政治工作研究 (4)，49 - 50.

李中文，2023. 十载扎根乡间，古村展现新貌 [N]. 人民日报- 09 - 21 (6).

李竹，2023. "参与"的使用限度：社会参与式艺术的基本概念问题 [J]. 公共艺术
(1)，38 - 43.

李卓，董彦峰，2023. 资源匮乏型村庄产业现代化路径探索 [J]. 西北农林科技大学学
报 (社会科学版)，23 (3)，91 - 100.

里豪克斯，拉金，2017. QCA 设计原理与应用：超越定性与定量研究的新方法 [M].
杜运周，李永发，等，译. 北京：机械工业出版社.

廖永松，2014. "小富即安"的农民：一个幸福经济学的视角 [J]. 中国农村经济
(9)，4 - 16.

刘彬，唐承丽，周国华，等，2024. 乡村创新政策演进特征及对乡村发展的启示：基于

2004—2023 年中央一号文件分析 [J]. 经济地理，44（3），147 - 159.

刘东峰，2023. 艺术乡建激活乡村内生动力的文化逻辑和实践路径 [J]. 山东社会科学
　　（11），120 - 127.

刘斐，2022. 艺术介入乡村振兴历史经验的若干思考 [J]. 艺术百家，38（6），
　　43 - 49.

刘佳，李洋艺，2023. 设计，解决社会民生问题 [J]. 美术观察（2），26 - 29.

刘丽伟，2024. 中国式乡村文化振兴：理论内涵、价值耦合及未来进路 [J]. 东北师大
　　学报（哲学社会科学版）（4），49 - 58.

刘沛，2024. 农村创新创业的政策环境、项目及模式 [J]. 中国农业资源与区划，45
　　（2），9，48.

刘琪，2023. 艺术如何赋能乡村振兴 [J]. 人民论坛（19），104 - 106.

刘涛，邦贝克，2012. 区域内生式发展：区域协作网络 [J]. 国际城市规划，27（6），
　　38 - 42.

刘志阳，李斌，陈和午，2018. 社会创业与乡村振兴 [J]. 学术月刊，50（11），77 - 88.

刘志阳，赵陈芳，邱振宇，2023. 突发公共事件下的数字社会创新机制与模式：基于
　　资源编排理论的视角 [J]. 管理工程学报，37（6），32 - 45.

刘志阳，郑若愚，2024. AI 时代的社会创新理论 [J]. 研究与发展管理，36（2），
　　1 - 10.

卢梦得，张凌浩，2013. 设计思维，为改变社会而设计：社会问题的设计解决之道 [J].
　　设计（9），185 - 187.

鲁强，徐翔，2017. 农民、农民工与市民：生育行为如何影响幸福感 [J]. 浙江社会科
　　学（8），42 - 49，57，157.

陆梓欣，齐骥，2022. 艺术乡建与乡村文化产业高质量发展 [J]. 理论月刊（6），83 - 91.

罗必良，洪炜杰，耿鹏鹏，等，2021. 赋权、强能、包容：在相对贫困治理中增进农民
　　幸福感 [J]. 管理世界，37（10），166 - 181，240，182.

吕品晶，雷大海，刘焉陈，2023. 新发展理念下艺术设计助力乡村振兴发展的思考 [J].
　　美术研究（4），5 - 8.

麻萌楠，王雯静，兰腾飞，2023. 横坑村：艺术乡村的"转型之路" [EB/OL].（2023 -
　　11 - 23）. https：//mp. weixin. qq. com/s/Sem73hVM_iEWJArLAzmXYA.

马海龙，杨玫玫，2023. 新内生发展理论视阈下乡村特色产业发展的动力整合：以东
　　北地区 J 村木耳产业为例 [J]. 原生态民族文化学刊，15（4），64 - 77，154 - 155.

马黎，董筱丹，2024. 从资源动员策略看艺术参与乡村建设：以闽东北山区龙潭村为

例［J］. 贵州社会科学（6），62-68.

曼奇尼，2016. 设计，在人人设计的时代：社会创新设计导论［M］. 钟芳，马谨，译. 北京：电子工业出版社.

蒙克，娄德兰，2024. 迷宫中的探索者：赫伯特·西蒙的设计理论［J］. 装饰（2），12-16.

聂建亮，钟涨宝，2017. 环境卫生、社会治安与农村老人幸福感：基于对湖北省农村老人的问卷调查［J］. 华中农业大学学报（社会科学版）（2），60-68，132-133.

潘丹，胡启志，2022. 主观感知的环境污染对农民幸福感的影响［J］. 中国人口·资源与环境，32（9），119-131.

潘鲁生，2018. 设计服务民生［J］. 美术研究（5），111-116.

潘鲁生，赵屹，2008. 手艺农村：山东农村文化产业调查报告［M］. 济南：山东人民出版社.

彭开丽，杨宸，2021. 社会经济地位对农民主观幸福感的影响机制：基于文化消费行为中介变量的实证分析［J］. 湖南农业大学学报（社会科学版），22（6），37-45.

皮永生，王艺雄，綦涛，2024. 文化—制度—行为：农民主体参与乡村建设研究［J］. 重庆大学学报（社会科学版）（4），1-16.

蒲实，袁威，2019. 乡村振兴视阈下农村居民民生保障、收入增长与幸福感：水平测度及其优化［J］. 农村经济（11），60-68.

钱青，2023. 陈孝形："未来乡村"探路者［N］. 台州日报-10-17（1）.

钱青，2023. 塔后村：破茧成蝶，让世界"看见"［N］. 台州日报-10-12（1）.

邱志杰，2023. 当前的乡村振兴艺术热潮及其出路［J］. 美术研究（5），9-10.

渠岩，2014. 艺术乡建许村家园重塑记［J］. 新美术，35（11），76-87.

渠岩，2015. 许村国际艺术公社［J］. 公共艺术（4），46-48.

渠岩，2019a. 青田范式：一种基于生活样式重建的乡土伦理与设计实践［J］. 装饰（12），96-99.

渠岩，2019b. 乡村危机，艺术何为？［J］. 美术观察（1），6-8.

渠岩，2020. 艺术乡建：中国乡村建设的第三条路径［J］. 民族艺术（3），14-19.

渠岩，2024. 同舟共济：艺术乡建中的多主体联动机制与在地实践［J］. 公共艺术（1），16-26.

阮春生，2024，松阳实施"艺术家驻村"行动，富有艺术气息的古村落"活"了［N］. 丽水日报-01-08（1）.

设计编辑部，2023. 乡村振兴中的设计［J］. 设计，36（12），5.

宋东瑾，2024. 社会创新系统构建中共创设计作用研究：基于4个生活实验室案例的比

较研究 [J]. 装饰 (4)，139 - 141.

覃梦妮，曹斌，赵心童，2024. 新内生发展视角下日本推动乡村产业兴旺的实践经验 [J]. 现代日本经济，43 (2)，71 - 82.

唐啸，2017. 参与式设计视角下的社会创新研究 [D]. 长沙：湖南大学.

陶金元，陈劲，2024. 设计思维创新：发展演化、过程机制与实践原则 [J]. 科研管理，45 (5)，43 - 55.

陶秋燕，高腾飞，2019. 社会创新：源起、研究脉络与理论框架 [J]. 外国经济与管理，41 (6)，85 - 104.

滕晓铂，2013. 维克多·帕帕奈克：设计伦理的先驱 [J]. 装饰 (7)，60 - 61.

天台县人力社保局，2024. 天台：建设"双增五好"技能型乡村 [EB/OL]. (2024 - 07 - 26). http://rsj.zjtz.gov.cn/art/2024/7/26/art_1229569450_58909674.html.

天台县委政研室，2021. "和合共富"的乡村振兴实践 [J]. 政策瞭望 (12)，48 - 50.

田立法，张思嘉，巫玉琴，等，2022. 农村文化多元供给与村民幸福感关系研究 [J]. 青海民族大学学报（社会科学版），48 (2)，36 - 46.

仝晓晓，井渌，2024. 乡村振兴视域下生态康养小镇空间韧性营造策略研究 [J]. 现代城市研究 (8)，96 - 102.

汪锦军，王凤杰，2019. 激发乡村振兴的内生动力：基于城乡多元互动的分析 [J]. 浙江社会科学 (11)，51 - 57，157.

王东丽，2023，昔日穷山村今朝焕新颜 [N]. 中国劳动保障报 - 08 - 05 (4).

王荔，杨贵庆，陶小马，2021. 耕读致远：台州沙滩村发展研究 [M]. 杭州：浙江大学出版社.

王鹏飞，李祯，2024. 数字时代的艺术乡建与文化再造 [J]. 美术 (3)，18 - 25.

王祯，2018. 适用技术在美丽乡村规划建设中的应用研究：以浙江省黄岩区屿头乡沙滩村为例 [J]. 西部人居环境学刊，33 (1)，26 - 33.

望超凡，2022. 行政嵌入与农村社会自治能力再造：基于对浙江宋村的个案研究 [J]. 云南民族大学学报（哲学社会科学版），39 (3)，100 - 109.

魏志晖，王京皓，2024. 艺术何以赋能乡村：以越后妻有大地艺术节为例 [J]. 艺术研究 (4)，155 - 157.

文军，陈雪婧，2024. 国家介入与地方行动：乡村内生发展的张力及其化解 [J]. 南京农业大学学报（社会科学版），24 (1)，1 - 13.

文军，刘雨航，2022. 迈向新内生时代：乡村振兴的内生发展困境及其应对 [J]. 贵州社会科学 (5)，142 - 149.

翁剑青，2024. 艺术在乡建中的赋能与"润物"[J]. 公共艺术（1），71-76.

吴文治，郭林娜，汪瑞霞，2023. 中国乡村设计的主体间性与价值判断[J]. 民族艺术研究，36（1），126-135.

吴杨，2024. 杭州市长埭村农民收入增长调查[J]. 上海农村经济（1），42-43.

吴一凡，黄丽坤，2022. 艺术介入视角下的城市社区公共空间微更新设计[J]. 家具与室内装饰，29（6），110-115.

吴志宏，吴雨桐，石文博，2017. 内生动力的重建：新乡土逻辑下的参与式乡村营造[J]. 建筑学报（2），108-113.

武学超，2015. 五重螺旋创新生态系统要素构成及运行机理[J]. 自然辩证法研究，31（6），50-53.

咸贵垚，刘超帆，刘治保，等，2024. 乡村振兴视角下城郊融合型乡村的演变与分类[J]. 科技和产业，24（17），123-126.

肖淙文，钱关键，陈久忍，等，2022. 在"浙"里，看见乡村未来的模样[N]. 浙江日报-04-18（8）.

谢霞，2019. 艺术振兴葛家村[J]. 宁波通讯（23），68-70.

辛向阳，2024. 设计哲学实践：理查德·布坎南学术思想观察[J]. 装饰（2），44-50.

熊彼特，2020. 经济发展理论[M]. 北京：商务印书馆.

徐聪，2020. 社会设计理论视角下社区治理思路创新及原则遵循. 重庆社会科学（7），110-120.

徐聪，2021. 充分认识社会设计在乡村振兴中的作用[N]. 重庆日报-11-11.

徐旭初，徐之倡，吴彬，2023. 从社会创新到数字社会创新：国际实践、基本特征与经验启示[J]. 中国科技论坛（12），168-177.

徐学庆，2022. 乡村振兴背景下新乡贤培育的路径选择[J]. 学习论坛（6），85-90.

徐勇，2018. 乡村文化振兴与文化供给侧改革[J]. 东南学术（5），132-137.

闫宇，汪江华，张玉坤，2021. 新内生式发展理论对我国乡村振兴的启示与拓展研究[J]. 城市发展研究，28（7），19-23.

严力蛟，2024. 学习运用"千万工程"蕴含的理念方法[J]. 人民论坛（11），88-92.

严妮，高梦瑶，封基铖，等，2022. 设计介入与共同营造：高荡布依山村的案例[J]. 装饰（4），42-47.

颜彤，2023a. 黄岩沙滩村：从"空心村"到"网红村"[N]. 台州日报-08-25（10）.

颜彤，2023b. 走进沙滩村，探寻"全国最美农家书屋"[N]. 台州日报-08-06（1）.

杨超，2024. 系统、分离术和群岛模型：消费空间非物质化生产的三个维度及其超越[J].

国际城市规划，1-19.

杨高升，庄鸿，田贵良，等，2023. 乡村经济内生式可持续发展的实现逻辑：基于江苏省Z镇的经验考察［J］. 农业经济问题（6），121-134.

杨贵庆，2015. 黄岩实践：美丽乡村规划建设探索［M］. 上海：同济大学出版社.

杨贵庆，2019. 乡村人居文化的空间解读及其振兴［J］. 西部人居环境学刊，34（6），102-108.

杨贵庆，2022. 村庄规划"点穴启动"的方法探究：以浙江黄岩屿头乡沙滩村为例［J］. 小城镇建设，40（6），60-68.

杨贵庆，2024. 村民广场为和美乡村添彩［N］. 人民日报-08-25.

杨贵庆，开欣，但梦薇，2022. 乡村振兴背景下村庄闲置公共设施活化利用的认识与实践：以浙江黄岩屿头乡沙滩村为例［J］. 上海城市规划（6），48-56.

杨锦秀，刘敏，尚凭，等，2023. 如何破解乡村振兴的内外联动而内不动：基于成都市蒲江县箭塔村的实践考察［J］. 农业经济问题（3），51-61.

杨希双，罗建文，2023. 基于乡村振兴内生发展动力的农民主体性问题研究［J］. 重庆大学学报（社会科学版），29（3），261-274.

尧优生，李敏，周砖，等，2023. 社会设计视角下乡村振兴可持续发展对策研究：以潮州市江东镇为例［J］. 生态经济，39（11），203-212.

叶高峰，2024. 文化特派员叶高峰：让艺术点亮乡村［N］. 台州日报-09-12（2）.

叶子，2022. 来了规划师，"画"出乡村新模样［N］. 人民日报-10-11（5）.

一木，渠岩，2012. 艺术拯救乡村：渠岩的"许村计划"［J］. 公共艺术（4），28-35.

尹晶晶，2019. 农民内生动力提升视角下乡村振兴实施机制研究［J］. 山西农业大学学报（社会科学版），18（6），12-16，45.

尤亮，马千淇，2023. 收入不平等何以影响农民主观幸福感：基于乡土逻辑变迁视角的分析［J］. 中国软科学（12），208-218.

余晓宝，2003. 安全感设计［J］. 艺术百家（2），127-128，114.

袁文浩，2020. 活力系统模型下的社会创新设计研究［J］. 设计，33（19），152-154.

袁宇阳，张文明，2020. 乡村内生发展视角下资源的内涵及其应用［J］. 世界农业（6），10-17.

原韬雄，2022. 艺术为乡村振兴发展赋能［N］. 人民日报-12-22（5）.

臧雷振，2011. 社会创新概念：世界语境与本土话语［J］. 经济社会体制比较（1），166-171.

张犇，2022. 论艺术乡建的本质与要义［J］. 民族艺术研究，35（6），118-123.

张丙宣，王怡宁，2022. 转化与回馈：艺术催化乡村共同富裕的实践机制研究［J］. 中共杭州市委党校学报（6），36－43.

张德胜，张晓霞，苗海青，2023. 乡村建设中"设计植入"的理论探讨与实践［J］. 民族艺术研究，36（3），145－152.

张朵朵，2020. 设计，助力乡村产业发展［J］. 美术观察（5），17－19.

张朵朵，季铁，2016. 协同设计"触动"传统社区复兴：以"新通道·花瑶花"项目的非遗研究与创新实践为例［J］. 装饰（12），26－29.

张海彬，吴晓倩，张海琳，2022. 艺术乡建参与者的主体融合与共生［J］. 民族艺术研究，35（5），126－133.

张海峰，2019. 五重螺旋模型下城市实验室与区域发展转型［J］. 北方经贸（12），128－130.

张行发，徐虹，张妍，2021. 从脱贫攻坚到乡村振兴：新内生发展理论视角：以贵州省Y县为案例［J］. 当代经济管理，43（10），31－39.

张航宇，盛誉，黄凯南，等，2023. 乡村振兴战略指标体系的构建与分析：基于对"产业兴旺"维度的研究［J］. 南开经济研究（10），44－59.

张红宇，周二翠，2023. 宜居宜业和美乡村建设：现实基础与实现路径［J］. 中国农村经济（9），36－47.

张华，2021. "文化空间"视阈中"为乡村振兴而设计"的理念及行动策略［J］. 南京艺术学院学报（美术与设计）（6），177－181.

张环宙，黄超超，周永广，2007. 内生式发展模式研究综述［J］. 浙江大学学报（人文社会科学版）（2），61－68.

张璜，贺景卫，夏大为，2023. 从价值提供到价值共创：设计介入乡村建设的路径研究：基于番禺大岭村的案例［J］. 装饰（5），133－135.

张苏秋，2020. 艺术参与对个体主观幸福感的影响研究：基于中国综合社会调查（CGSS 2015）的经验证据［J］. 暨南学报（哲学社会科学版），42（6），121－132.

张挺，李闽榕，徐艳梅，2018. 乡村振兴评价指标体系构建与实证研究［J］. 管理世界，34（8），99－105.

张文明，章志敏，2018. 资源·参与·认同：乡村振兴的内生发展逻辑与路径选择［J］. 社会科学（11），75－85.

张熙，杨冬江，2023. 从"乡村美化"到"和美乡村"：新时代"美丽乡村"的内涵变化、建设路径及价值探析［J］. 艺术设计研究（3），69－74.

张晓溪，2022. 乡村文化新内生发展路径的实践探索：基于主体性身体技术视角的社

会学分析 [J]. 贵州社会科学（5），150 - 157.

张怡，2023. 天台：打造宜居宜业宜游美丽乡村 [N]. 台州日报- 08 - 04 (1).

张颖，2021. 中国艺术乡建二十年：本土化问题与方法论困境 [J]. 民族艺术（5），
　　15 - 25.

张颖，2024. 概念、方法与路径：艺术赋能乡村的三个基本问题 [J]. 美术（1），
　　6 - 15.

赵斌，俞梅芳，2023. 生态视野下浙江艺术乡建发展困境与实践路径 [J]. 农村经济与
　　科技，34（8），177 - 180.

赵泉泉，2022. 设计"幸福"：从政策到行动的芬兰设计 [J]. 装饰（4），114 - 119.

赵莹莹，2022. "社会创新是乡村最需要的创新" [N]. 人民政协报- 07 - 12 (10).

郑沃林，洪炜杰，罗必良，2021. 在促进共同富裕中增进农民幸福感：基于经济收入-
　　社会网络-生态环境框架的分析 [J]. 南京农业大学学报（社会科学版），21（6），
　　140 - 151.

郑自立，2022. 文化产业增强新时代社会凝聚力的机理与路径研究 [J]. 治理现代化研
　　究，38（5），48 - 56.

钟伯清，2011. 资源匮乏型乡村的发展模式及路径选择：福建省 2 个区域外转移就业村
　　落的比较 [J]. 福建农林大学学报（哲学社会科学版），14（6），29 - 33.

钟芳，2024. 设计师行动者：埃佐·曼奇尼与社会创新设计 [J]. 装饰（2），38 - 43.

钟芳，刘新，2018. 为人民、与人民、由人民的设计：社会创新设计的路径、挑战与机
　　遇 [J]. 装饰（5），40 - 45.

钟芳，刘新，梁茹茹，2022. 从制作走向实践：从适老化改造设计看社会设计的实践
　　内涵 [J]. 装饰（3），44 - 49.

钟芳，曼奇尼，2021. 社会系统观下的社会创新设计 [J]. 装饰（12），40 - 46.

周薇薇，黄微，陈蔡缪，2019. 黄岩："农文旅融合"促乡村振兴 [Z].

周余丽，2023. 塔后：点"水"成金 [N]. 台州日报- 06 - 07 (6).

周悦，王利刚，陶婷，等，2019. 农民社会支持和希望与主观幸福感的关系 [J]. 中国
　　心理卫生杂志，33（4），307 - 311.

周直，臧雷振，2009. 社会创新：价值与其实现路径 [J]. 南京社会科学（9），59 -
　　64.

周子书，2015. 重新赋权：北京防空地下室的转变 [J]. 装饰（1），24 - 25.

周子书，2020. 创新与社会：对社会设计的八点思考 [J]. 美术研究（5），124 - 128.

周子书，2022. 社区作为方法：用社会设计建构城乡融合协作平台 [J]. 装饰（3），

37 - 43.

朱海，2020. 梁漱溟乡村建设思想对增强农民主体性的研究 [J]. 知与行 (1)，95 -
101.

朱玲巧，2024. 屿头启动富屿青年在村计划 [N]. 台州日报- 05 - 02 (1).

朱启臻，2022. 如何建设宜居宜业和美乡村 [J]. 农村经营管理 (12)，6 - 7.

朱正平，2022. 乡贤助推"共同富裕"的现实逻辑：基于场域理论对浙江省塔后村共
富经验的解释 [J]. 未来与发展，46 (8)，79 - 84，58.

诸葛晨晨，2021. 高校＋乡村，台州民宿业发展有了新动能 [N]. 台州日报- 07 - 29
(5).

专题调研组，2023. 总结推广浙江"千万工程"经验　推动学习贯彻习近平新时代中
国特色社会主义思想走深走实 [J]. 求是 (11).

邹其昌，2021. "设计治理"：概念、体系与战略："社会设计学"基本问题研究论纲 [J].
文化艺术研究，14 (5)，53 - 62，113.

邹其昌，许王旭宇，2022. 基于社会设计学体系的数字乡村设计治理理论体系研究 [J].
文化艺术研究，15 (4)，38 - 47，112 - 113.

左靖，2019. 碧山、茅贡及景迈山：三种文艺乡建模式的探索 [J]. 美术观察 (1)，
12 - 14.

Andrews F M，Withey S B，1976. Social Indicators of Well - being：Americans' Percep-
tions of Life Quality [M]. New York：Russell Sage Foundation.

Anusic I，Lucas R E，Donnellan M B，2017. The validity of the day reconstruction
method in the German socio - economic panel study [J]. Social Indicators Research，
130 (1)，213 - 232.

Arbogast D，Butler P，Faulkes E，et al.，2020. Using social design to visualize out-
comes of sustainable tourism planning：a multiphase，transdisciplinary approach [J].
International Journal of Contemporary Hospitality Management，32 (4)，1413 - 1448.

Bagozzi R P，Yi Y，1988. On the evaluation of structural equation models [J]. Journal
of the Academy of Marketing Science，16 (1)，74 - 94.

Beckman C M，Rosen J，Estrada - Miller J，et al.，2023. The social innovation trap：
Critical insights into an emerging field [J]. Academy of Management Annals，17
(2)，684 - 709.

Berg N G，2020. Geographies of wellbeing and place attachment：Revisiting urban - rural
migrants [J]. Journal of Rural Studies，78，438 - 446.

Berg - Schlosser D, 2012. Comparative research designs and case selection [M] // Berg - Schlosser D. Mixed Methods in Comparative Politics: Principles and Applications. London: Palgrave Macmillan UK.

Bock B B, 2016. Rural marginalisation and the role of social innovation: A Turn towards nexogenous development and rural reconnection [J]. Sociologia Ruralis, 56 (4), 552 - 573.

Bock B, 2012. Social innovation and sustainability: how to disentangle the buzzword and its application in the field of agriculture and rural development [J]. Studies in Agricultural Economics, 114, 57 - 63.

Boland R J, Collopy F, 2004. Managing as Designing [M]. Redwood City: Stanford Business Books.

Bosworth G, 2008. Entrepreneurial in - migrants and economic development in rural England [J]. International Journal of Entrepreneurship and Small Business, 6 (3), 355 - 369.

Bosworth G, Annibal I, Carroll T, et al. , 2016. Empowering local action through neo - endogenous development: The case of LEADER in England [J]. Rural Sociology, 56 (3), 427 - 449.

Bosworth G, Atterton J, 2012. Entrepreneurial in - migration and neoendogenous rural development [J]. Rural Sociology, 77 (2), 254 - 279.

Brown T, Wyatt J, 2010. Design thinking for social innovation [J]. Stanford Social Innovation Review, 8 (1), 30 - 35.

Buchanan R, 1992. Wicked problems in design thinking [J]. Design Issues, 8 (2), 5 - 21.

Carayannis E G, Campbell D F J, 2011. Open innovation diplomacy and a 21st century Fractal Research, Education and Innovation (FREIE) Ecosystem: Building on the quadruple and quintuple helix innovation concepts and the "Mode 3" knowledge production system [J]. Journal of the Knowledge Economy, 2 (3), 327 - 372.

Carra M, Levi N, Sgarbi G, et al. , 2018. From community participation to co - design: "Quartiere bene comune" case study [J]. Journal of Place Management and Development, 11 (2), 242 - 258.

Chen D S, Cheng L L, Hummels C, et al. , 2015. Social design: An introduction [J]. International Journal of Design, 10 (1), 1 - 5.

Chen H C, Knierim A, Bock B B, 2022. The emergence of social innovation in rural revitalisation practices: A comparative case study from Taiwan [J]. Journal of Rural Studies, 90, 134 - 146.

Cilesiz S, Greckhamer T, 2020. Qualitative comparative analysis in education research: Its current status and future potential [J]. Review of Research in Education, 44, 332 - 369.

Del Gaudio C, Franzato C, De Oliveira A J, 2016. Sharing design agency with local partners in participatory design [J]. International Journal of Design, 10 (1), 53 - 64.

Du Y, Kim P H, 2021. One size does not fit all: Strategy configurations, complex environments, and new venture performance in emerging economies [J]. Journal of Business Research, 124, 272 - 285.

Dubois A, 2016. Transnationalising entrepreneurship in a peripheral region - The translocal embeddedness paradigm [J]. Journal of Rural Studies, 46, 1 - 11.

Duxbury N, Campbell H, 2011. Developing and revitalizing rural communities through arts and culture: Summary overview [J]. Mall Cities Imprint, 3 (1), 111 - 122.

Easterday M W, Gerber E M, Rees Lewis D G, 2018. Social innovation networks: A new approach to social design education and impact [J]. Design Issues, 34 (2), 64 - 76.

Fayard A L, 2024. Making time for social innovation: How to interweave clock time and event time in open social innovation to nurture idea generation and social impact [J]. Organization Science, 35 (3), 1131 - 1156.

Fiss P C, 2011. Building better causal theories: A fuzzy set approach to typologies in organization research [J]. Academy of Management Journal, 54 (2), 393 - 420.

Fornell C, Larcker D F, 1981. Evaluating structural equation models with unobservable variables and measurement error [J]. Journal of Marketing Research, 18 (1), 39 - 50.

Furnari S, Crilly D F, Misangyi V, et al., 2021. Capturing causal complexity: Heuristics for configurational theorizing [J]. SSRN Electronic Journal.

Gefen D, Straub D, Boudreau M C, 2000. Structural equation modeling techniques and regression: Guidelines for research practice [J]. Commun Assoc Inform Syst, 4, 2 - 76.

Georgios C, Barraí H, 2023. Social innovation in rural governance: A comparative case study across the marginalised rural EU [J]. Journal of Rural Studies, 99, 193 - 203.

Greckhamer T, Furnari S, Fiss P C, et al., 2018. Studying configurations with qualitative comparative analysis: Best practices in strategy and organization research [J].

Strategic Organization, 16 (4), 482 – 495.

Gürdere Akdur S, Kaygan H, 2019. Social design in Turkey through a survey of design media: projects, objectives, participation approaches [J]. The Design Journal, 22 (1), 51 – 71.

Hillgren P A, Seravalli A, Emilson A, 2011. Prototyping and infrastructuring in design for social innovation [J]. CoDesign, 7 (3 – 4), 169 – 183.

Huang Y, Huang B, Song J, et al., 2021. Social impact assessment of photovoltaic poverty alleviation program in China [J]. Journal of Cleaner Production, 290, 125208.

Janzer C L, Weinstein L S, 2014. Social Design and Neocolonialism [J]. Design and Culture, 6 (3), 327 – 343.

Ji Y, Imai H, 2022. Creative revitalization in rural Japan: Lessons from Ishinomaki [J]. Asian Studies, 10 (1), 211 – 240.

Jørgensen A, Fallov M A, Nielsen R S, 2021. 'Just ask Eric': On the importance of governance efficacy, territorial ties and heterogenous networks for rural development [J]. Sociologia Ruralis, 61 (2), 303 – 321.

Julier G, Kimbell L, 2019. Keeping the system going: Social design and the reproduction of inequalities in Neoliberal Times [J]. Design Issues, 35 (4), 12 – 22.

Jungsberg L, Copus A, Herslund L B, et al., 2020. Key actors in community – driven social innovation in rural areas in the Nordic countries [J]. Journal of Rural Studies, 79, 276 – 285.

Koskinen I, 2016. Agonistic, convivial, and conceptual aesthetics in new social design [J]. Design Issues, 32 (3), 18 – 29.

Koskinen I, Hush G, 2016. Utopian, molecular and sociological social design [J]. International Journal of Design, 10 (1), 65 – 71.

Li W, Li Z, Kou H, 2022. Design for poverty alleviation and craft revitalization in rural China from an actor – network perspective: the case of bamboo – weaving in Shengzhou [J]. Heritage Science, 10 (1), 2.

Li Y, 2023. A systematic review of rural resilience [J]. China Agricultural Economic Review, 15 (1), 66 – 77.

Li Y, Westlund H, Liu Y, 2019. Why some rural areas decline while some others not: An overview of rural evolution in the world [J]. Journal of Rural Studies, 68, 135 – 143.

Light A，2019. Design and social innovation at the margins：Finding and making cultures of plurality [J]. Design and Culture，11 (1)，13 – 35.

Lowe P，Phillipson J，Proctor A，et al.，2019. Expertise in rural development：A conceptual and empirical analysis [J]. World Development，116，28 – 37.

Lu Y，Qian J，2023. Rural creativity for community revitalization in Bishan Village，China：The nexus of creative practices，cultural revival，and social resilience [J]. Journal of Rural Studies，97，255 – 268.

Lyytimäki J，Pitkänen K，2020. Perceived wellbeing effects of ecosystems in Finland [J]. Human Ecology，48 (3)，335 – 345.

Mahon M，Hyyryläinen T，2019. Rural arts festivals as contributors to rural development and resilience [J]. Sociologia Ruralis，59 (4)，612 – 635.

Mainiero L A，1986. Coping with powerlessness：The relationship of gender and job dependency to empowerment – strategy usage [J]. Administrative Science Quarterly，31 (4)，633 – 653.

Manzini E，2014. Making things happen：Social innovation and design [J]. Design Issues，30 (1)，57 – 66.

Margolin V，2015. Social design：From utopia to the good society [M] // Bruinsma M，Zijl I V. Design for the good society. Utrecht City：Stichting Utrecht Biennale.

Margolin V，Margolin S，2002. A "Social Model" of Design：Issues of Practice and Research [J]. Design Issues，18 (4)，24 – 30.

Marinho E，Campelo G，França J，et al.，2017. Impact of infrastructure expenses in strategic sectors for Brazilian poverty [J]. EconomiA，18 (2)，244 – 259.

Markussen T，2017. Disentangling 'the social' in social design' s engagement with the public realm [J]. CoDesign，13 (3)，160 – 174.

Misangyi V F，Greckhamer T，Furnari S，et al.，2016. Embracing causal complexity：The emergence of a neo – configurational perspective [J]. Journal of Management，43 (1)，255 – 282.

Moulaert F，Martinelli F，Swyngedouw E，et al.，2005. Towards alternative model (s) of local innovation [J]. Urban Studies，42 (11)，1969 – 1990.

Mulgan G，2014. Design in public and social innovation. https：//socialinnovationexchange. org/design – public – and – social – innovation/.

Nanor M A，Poku – Boansi M，Adarkwa K K，2021. Determinants of subjective wellbeing in rural communities: Evidence from the Juaben Municipality, Ghana [J]. Cities, 113, 103140.

Neumeier S, 2012. Why do social innovations in rural development matter and should they be considered more seriously in rural development research? – Proposal for a stronger focus on social innovations in rural development research [J]. Sociologia Ruralis, 52 (1), 48 – 69.

Neumeier S, 2017. Social innovation in rural development: identifying the key factors of success [J]. The Geographical Journal, 183 (1), 34 – 46.

Nordberg K, Mariussen Å, Virkkala S, 2020. Community – driven social innovation and quadruple helix coordination in rural development [J]. Case study on LEADER group Aktion Österbotten. Journal of Rural Studies, 79, 157 – 168.

Novikova M, 2021. Transformative social innovation in rural areas: Insights from a rural development initiative in the portuguese region of Baixo Alentejo [J]. European Countryside, 13 (1), 71 – 90.

Panelli R, Tipa G, 2009. Beyond foodscapes: Considering geographies of Indigenous well – being [J]. Health & Place, 15 (2), 455 – 465.

Papanek V, 1985. Design for the real world: Human ecology and social change [M]. London: Thames and Hudson.

Phills Jr J A, Deiglmeier K, Miller D T, 2008. Rediscovering social innovation [J]. Stanford Social Innovation Review, 6 (4), 34 – 43.

Powell D, 2014. The business of social design: Rethinking model and method [J]. Design Management Review, 25 (2), 48 – 51.

Qu M, Cheer J M, 2021. Community art festivals and sustainable rural revitalisation [J]. Journal of Sustainable Tourism, 29 (11 – 12), 1756 – 1775.

Qu M, Zollet S, 2023a. Neo – endogenous revitalisation: Enhancing community resilience through art tourism and rural entrepreneurship [J]. Journal of Rural Studies, 97, 105 – 114.

Qu M, Zollet S, 2023b. Rural art festivals and creative social entrepreneurship [J]. Event Management, 27 (8), 1219 – 1235.

Ray C, 2006. Neo – Endogenous rural development in the EU. In the handbook of rural studies [M]. Thousand Oaks: SAGE Publications Ltd.

Richter R, Christmann G B, 2023. On the role of key players in rural social innovation processes [J]. Journal of Rural Studies, 99, 213 – 222.

Sangiorgi D, 2011. Transformative services and transformation design [J]. International Journal of Design, 5 (2), 29 – 40.

Schneider C Q, Wagemann C, 2012. Set – Theoretic methods for the social sciences: A guide to qualitative comparative Analysis [M]. Cambridge: Cambridge University Press.

Sun J, Zhang N, Vanhoutte B, et al. , 2021. Subjective wellbeing in rural China: How social environments influence the diurnal rhythms of affect [J]. International Journal of Environmental Research and Public Health, 18 (8).

Thompson N, 2015. Seeing Power: Art and Activism in the Twenty – First Century [M]. New York: Melville House.

Tsurumi K, Kawata T, 1989. Endogenous development theory [M]. Tokyo: Tokyo University Press.

Wang M, 2018. Place – making for the people: Socially engaged art in rural China [J]. China Information, 32 (2), 244 – 269.

Wang W, Bryan – Kinns N, Ji T, 2016. Using community engagement to drive co – creation in rural China [J]. International Journal of Design, 10 (1), 37 – 52.

Whiteley N, 1993. Design for society [M]. London: Reaktion.

Woodhouse E, Patton J W, 2004. Introduction: Design by society: Science and technology studies and the social shaping of design [J]. Design Issues, 20 (3), 1 – 12.

Xiao C, Zhou J, Shen X, et al. , 2022. Rural living environment governance: A survey and comparison between two villages in Henan province of China [J]. Sustainability, 14, 14136.

Xiao Y, Jiang C, 2023. Industrial designers' thinking in the stage of concept generation for social design: themes, strategies and modes [J]. International Journal of Technology and Design Education, 33 (1), 281 – 311.

Xin S, Gallent N, 2024. Conceptualising 'neo – exogenous development': The active party – state and activated communities in Chinese rural governance and development [J]. Journal of Rural Studies, 109, 103306.

Yang C F, Sung T J, 2016. Service design for social innovation through participatory action research [J]. International Journal of Design, 10 (1), 21 – 36.

Yang M Y, 2015. Industrial design students design for social innovation: Case Study in a

Taiwanese Village [J]. Design and Culture, 7 (3), 451 - 464.

Yee J S R, White H, 2016. The goldilocks conundrum: The 'just right' conditions for design to achieve impact in public and third sector projects [J]. International Journal of Design, 10 (1), 7 - 19.

Zhou Y, 2013. A comprehensive study of happiness among adults in China [M]. Dissertations & Theses - Gradworks.

Zimmerman M A, Rappaport J, 1988. Citizen participation, perceived control, and psychological empowerment [J]. American Journal of Community Psychology, 16 (5), 725 - 750.